무역영어의 정석

실전 무역영어

원문희

무역영어 1급

신용장 통일규칙

CISG 해설

유튜브 강의

도서출판 두남

머리말

이 책을 쓰면서 문득 지난날을 돌이켜 보게 되었습니다. 저는 신입사원으로 4년간 무역관리 업무를 마치고 30여 년간 해외영업을 하면서 30개국 이상 해외 출장을 다니며 많은 바이어들을 만나 숱한 상담을 하고 계약을 성사시켰습니다. 그리고 최근에는 대학교 겸임교수로 재직하면서 무역영어 강의를 하였고 2020년부터 대한상공회의소에서 일반인들을 대상으로 무역실무 강의를 하면서 효과적인 상담과 거래를 위하여 무역영어가 무역업계 종사자와 학생들에게 무엇보다 선행되어야 한다는 것을 절실히 느꼈습니다.

무역업에 종사하고 무역실무를 가르치면서 주위에서 다양한 무역거래에 관한 질문을 받아왔고 또 해외 거래처들과 e-mail 교신 중 어려운 내용을 명확하게 밝히지 못하여 애를 쓰는 실무자들을 여러 번 지켜보았습니다. 기본적 무역이론의 지식과 무역영어 표현 능력 부족으로 원만하게 일 처리를 하지 못하고 있다는 사례가 많다는 것을 발견하였습니다. 이에 무역의 기본이론에 충실하고 그 원리에 맞게 대응할 수 있도록 돕기 위하여 그 간의 실무 경험을 바탕으로 실제 활용될 수 있는 내용을 중심으로 『실전무역영어』를 출간하게 되었습니다. 이 책의 특징은 다음과 같습니다.

첫째, 실무 부분의 활용성을 높였습니다.

대부분의 경우 영업부서에서는 영업만 담당하고 관리부서에서는 관리만 담당하는 경우가 많아서 서로의 업무분야에 대한 이해 부족으로 문제가 발생하면 해결하는 데 시간이 많이 소요됩니다. 30여 년간 해외영업, 수출입관리 등을 하면서 무역실무에서 자주 일어나는 내용을 중심으로 실무적인 해설도 본인이 알고 있는 분야에 대해서는 보다 충실히 해설하였습니다.

둘째, 무역영어 1급 자격시험을 공부하는 학도들을 위하여 내용을 충실히 서술하였습니다.

단순히 실무자들의 무역영어 능력 향상뿐 아니라 대학교에서 학생들에게 무역영어를 가르치면서 학생들이 어려워하는 부분을 충실히 설명하였고, 시험에 출제되는 내용을 상세하게 설명하여 책을 정독하면 무역영어 능력이 눈부시게 달라질 것으로 확신합니다. 아울러 무역영어 1급 수준에 도달하지 못한 독자들을 위하여 보다 쉽게 이해할 수 있도록 필요 부분에는 상세한 설명을 덧붙였습니다.

셋째, 국 · 영문 혼용체의 문장을 사용하였습니다.

기존의 무역영어 서적은 내용이 방대하고 어려워 공부를 하려면 그 내용을 읽어나가는 데도 장시간이 소요되고 초보자들이 이해하기 어려운 부분이 많이 수록되어 결국 끝까지 필독하기 어려운 점이 있었기에 무역영어 1급 수준이 되지 않는 학도들과 실무자들이 빨리 무역실무를 이해하고 어려운 무역용어까지 별도로 공부해야 하는 불편함을 덜어주기 위해 무역용어 및 서술과정 전 분야에 영어를 혼용하여 그냥 읽기만 하여도 무역영어 능력이 향상되도록 영문을 혼용하여 서술하였습니다.

넷째, 무역거래의 기본체계 확립에 중점을 두었습니다.

무역거래는 기본적으로 준비, 계약의 성립, 계약의 이행을 통해 종료된다는 기본적인 체계를 통해 무역실무의 전반적인 부분에 보다 심도있게 접근할 수 있도록 하였습니다. 무역실무 지식의 향상을 도모하면서 동시에 무역영어 능력이 향상되는 일석이조의 효과가 있을 것으로 기대합니다.

부족한 부분은 많지만 보다 무역에 관한 이론적 체계를 확립하기를 바라며 무역업에 종사하는 분들, 무역영어를 배우고자 하는 독자, 무역영어 1급 자격증 취득을 하려는 학도들에게 도움이 되기를 바랍니다.

끝으로 이 책이 발간될 수 있도록 도움을 주신 도서출판 두남 사장님, 이승구 상무님을 비롯하여 도움을 주신 모든 분들께 진심으로 감사드립니다.

2024년 8월

원 문 희

목 차

제1부 _ 무역의 기본이론

제2부 _ 무역계약의 성립

제3부 _ 무역계약의 이행

제1부

무역의 기본이론

CHAPTER 1

무역의 개념과 거래 형태

제1절 무역의 개념

무역(international trade)의 개념을 한마디로 정의하기란 쉽지 않다. 학자들의 이론을 이용하여 접근하는 방법도 있으나 간단히 쉽게 개념을 정립하고 실무를 통해 여러 가지 과정을 습득하면 나름대로의 개념이 후에 새롭게 정립될 것이다.

무역(international trade)이란 국제재화(International Goods)를 국가 간에 팔고(selling), 사고((buying), 교환(exchanging)하는 행위라 볼 수 있다. 즉 여러 가치를 지닌 재화(goods)를 팔고(selling), 사고(buying)는 일련의 행위이다.

▸▸ Trade : the business of buying, selling, or exchanging goods between countries.

우리는 흔히 무역(international trade)하면 수출(export)을 떠올리게 된다. 그러나 꼭 수출(export)만이 능사는 아니다. 좋은 물건(goods)을 팔아서 외화를 벌어들이고 또 우리나라에 필요한 재화(goods)를 수입(import)을 해와서 국내에서 사용된다면 국민의 삶의 질이 향상되는 것이다.

현대 사회에 와서는 다양한 용역의 서비스도 국가 간에 이루어지고 있으나 우선은 재화(goods)를 중심으로 개념 정립을 해두는 것이 무역을 이해하는 데 도움이 될 것이다.

제2절 결제 방식에 의한 국제 거래 형태

1. 의의

무역(International Trade)에 있어서 경시할 수 없는 가장 중요한 부분 중의 하나는 대금((payment)을 원만히 주고받는 것이다. 아무리 좋은 물품(goods)을 수출(export)하고 그에 상응하는 상당한 이익(profit)이 있다 하더라도 대금결제(Payment of the price)가 원만히 이루어지지 않는다면 모두 물거품이 되고 만다. 여기서는 가장 보편적으로 이루어지는 결제 방식에 대해서 다루고자 한다.

적어도 실무자들은 다음 언급되는 결제 방식을 철저히 숙지하여야 하며, 추후 다시 자세한 내용을 다루고자 한다.

2. 결제방식의 종류

1) 화환신용장(Letter of credit)

신용장(letter of credit)은 국가 간 무역거래에서 가장 많이 이루어지는 대금결제 방법 중의 하나이다. 국가 간의 거래에 있어서는 특별한 경우를 제외하고 주문 당일 물품(goods)을 공급(supply)하고 대금결제를 받기는 어렵다.

계약이 성사(formation of contract)되고 물품(goods)이 공급(supply)되기까지 일정 시일이 소요되며 단순히 계약서(sales contract)만 가지고는 이해 당사자(party) 간의 원만한 거래가 어렵다.

이에 개설은행(Opening Bank)을 통하여 신용장(Letter of Credit)이 개설되고 신용장 수혜자는(Beneficiary) 이를 수취함으로써 신용장(Letter of Credit)에 지시된 기일 안에 물품(goods)을 생산(production)한 후 선적(shipment)하고 그에 해당되는 증빙 서류(evidential document)를 거래은행에 제시(presentation)하면 원만히 대금결제가 이루어진다. 신용장(letter of credit)의 종류, 당사자, 조건 등은 실무자들이 반드시 숙지해야 할 부분이므로 별도로 언급하기로 한다.

2) 송금방식(Telegraphic Transfer)

수입량이 적어 자금 부담이 적은 거래이거나 수출자(seller)가 수입자(buyer)의 신용(credit)을 의심하지 않는 경우 또는 수입자(buyer)가 고의로 수입관세(import duties)를 적게 내기 위하여 원래 매입가격보다 낮은 가격(Under value)

으로 수입 통관(custom clearance)을 하려고 할 때 이런 방식을 택하기도 한다.

그러나 실제 가격보다 낮게(Under value) 신고된 물건은 덤핑(dumping) 문제나 무역 분쟁(dispute)의 원인을 제공할 수 있으므로 적극적으로 권장할 사항은 아니다. 서로 간에 정당한 방법으로 거래가 성사되어야 장기적이고 지속적인 거래가 이루어질 수 있으며 이는 국가 신인도(sovereign ratings)에도 영향을 줄 수 있기 때문이다.

이러한 경우에 물품(goods)을 생산하기 전에 송금이 이루어지는 경우도 있고 물품(goods)을 생산하여 최종 생산량이 확정된 후에 송금(remittance)해 주는 경우도 있다. 수출자(seller) 입장에서 가장 바람직한 방법은 선불(pay in advance)로 받는 것이 물론 가장 바람직한 방법이며, 대부분 수입자들도 선불(Advance Payment)로 송금(remittance)을 해주는 경우가 많다.

이 외에도 물품의 인도 인수와 동시에 수출 대금을 외화로 영수 또는 지급하는 방식 COD(Cash on delivery)과 서류의 인도 인수와 동시에 지급하는 CAD (Cash against document) 방식이 있다.

3) 추심결제방식(Collections)

이 방식은 신용장이 없이 수출자(seller)가 수출자의 거래은행에 환어음(Bill of Exchange)과 선적서류(Shipping Documents)를 제시하고 수출자의 거래은행(Remitting Bank)은 수입업자의 은행(Collecting Bank)에 이 서류(document)를 발송하게 되고 수입업자(buyer)의 은행은 다시 수입업자(buyer, Drawee)에게 이 서류를 제시(presentation)하여 대금결제를 받는다. 이는 D/A(Document against Acceptance)와 D/P(Document against Payment)로 구분되며 추심통일규칙(Uniform Rules for Collections)이 적용된다.

(1) D/A(Document against Acceptance)

이 거래는 쉽게 말해서 일종의 신용거래(credit transaction)이다. 추심은행(collecting bank)이 수입업자(buyer)에게 환어음(Bill of Exchange)을 제시하면 수입업자(buyer)는 단순 서명만으로도 선적서류(shipping document)를 수취할 수 있으며 대금 지불은 하지 않은 상태에서 물품을 인수할 수 있다. 이는 보통 수입업자(buyer)에게 외상 기일이 주어지기 때문에 D/A(Document against Acceptance) 기간이 주어진다. (ex : D/A90 Days)

(2) D/P(Document against Payment)

이는 수입자(buyer)가 선적서류(shipping document)를 수취할 때 대금결제(pay the price)를 담보하는 조건이므로 외상거래(credit transaction)라 볼 수는 없다. 그러나 역시 대금결제가 이루어지기까지 상당한 시간 동안 기다려야 하고 먼저 생산과 선적을 해야 하는 측면에서 수출자의 부담은 존재한다.

D/A(Document against Acceptance) 및 D/P(Document against Payment) 방식은 대금결제가 완전히 보장되지 않으므로 수출자(seller)는 상대의 신용도(credit)를 면밀히 따져 보아야 할 것이다. 특히 D/A(Document against Acceptance)의 경우에는 물품(goods) 인수 후 상당 기일이 지난 후에 결제하는 방법이므로 수출자(seller)는 이런 수출 방식을 택할 때 신중하여야 할 것이다.

제3절 무역거래의 특수성

1. 의의

무역(international trade)은 국제간에 국경(border)을 넘어 이루어지는 거래이므로 내국거래(domestic transaction)와는 다른 보다 더 복잡한 절차와 형식을 띠고 있다.

따라서 국경(border)을 넘나들 때에 수출입 통관(custom clearance) 절차가 필요하며, 물품(goods)의 이동거리가 비교적 멀기 때문에 운송수단(means of transport) 또한 다르고, 이 과정에서 생기는 각종의 위험(risk)이 발생할 소지가 있는데, 이를 방지 내지 담보하기 위하여 보험(insurance)에 가입하게 된다.

기본적으로 물품 매매 시에는 매도인(seller)이 상품을 매도하고 매수인(buyer)은 대금결제(payment)와 더불어 물품을 인도(delivery)받는다. 국제무역에 있어서는 다음과 같은 특수성이 있다.

2. 국제무역의 특수성

1) 수출입의 통관(Customs clearance)

국내거래(domestic transaction)인 경우에는 수출입 통관절차가 필요하지 않다. 그러나 국제간의 무역에는 반드시 통관(custom clearance)이란 절차를 거치게 된다.

2) 해상의존성

물품은 항공기(air) 또는 선박(vessel)을 통하여 이루어짐이 대부분이나 수용물량(quantity)과 비용(cost)을 고려할 때 주로 해상에 의존하게 된다.

3) 위험성(Risk)

국적이 다른 나라로 비교적 먼 거리를 물품이 이동하기 때문에 운송 중의 위험(Transportation Risk)이 존재하고 대금결제시의 환율(exchange rate)이 차이가 날 수 있기 때문에 환율변동의 위험(Exchange Risk)이 존재하며 상대국의 내란(rebellion), 전쟁(war) 등의 비상사태 발생(Emergency Risk) 시에도 위험은 존재한다. 또한 매수인(buyer)의 신용 상태의 변화를 쉽게 파악하지 못하는 경우가 많으므로 상대방의 도산(Credit Risk) 등 상업위험(Commercial Risk)도 존재하게 된다.

4) 산업연관성

무역(international trade)은 상대적으로 자국의 경쟁력이 높은 물품(competitive goods)을 수출하게 되고 경쟁력이 낮은 물품(goods)을 수입(import)하게 된다. 이에 따라 생산의 특화가 이루어지고 국제 분업화의 기능이 촉진(promote international division of labor)되며 교역이 활발해 짐으로써 이에 필요한 인력이 필요하게 되므로 고용촉진효과(employment promotion)가 생긴다.

5) 다수의 종속계약 수반

매도인(seller)과 매수인(buyer)과의 계약이 성사되면 계약물품의 운송(transportation)을 위하여 운송계약(carriage contract)이 필요하고, 위험에 대비하여 보험계약(contract of insurance)이 필요하고, 국제간의 서로 다른 통화(currency)의 결제를 위한 금융계약도 필요하다. 이와 같이 무역에는 다수의 종속계약이 필연적으로 따르게 된다.

제4절 거래 형태에 의한 무역의 분류

1. 위탁판매 수출 및 수탁판매 수입

1) 의의

(1) 위탁판매 수출(Consignment Export Trade)

위탁판매 수출(Consignment Export Trade)이란 수출상(seller)이 대금결제 없이 무환으로 수출(export without exchange)하여 소유권(property)을 유보하고, 수입상인 매수인(buyer)이 이를 통하여 판매하도록 하고 해당 물품이 판매된 범위 안에서 매수인(buyer)이 송금을 하는 형태를 말한다. 이때 미판매된 잔여 물품은 통상적으로 반환하게 된다.

(2) 수탁판매 수입(Consignment Import Trade)

수탁판매 수입이란(Consignment Import Trade) 수입상이 대금결제 없이 무환으로 물품을 수입하여(import without exchange) 판매를 위탁받은 범위 내에서 당해 물품을 판매하고, 판매된 범위 내에서 대금을 송금(remittance)하는 형태의 수입(import)을 말한다.

2) 특징

수출상(seller)이 자신의 위험(risk) 및 비용부담(cost) 하에 수출하는 것이므로 물품이 이동되더라도 그 소유권(property)은 위탁자에게 있으며 판매하고 남은 물품은 소유권자인 위탁자에게 반환되며 수탁자는 판매대금 중에서 경비 및 수수료 등을 제한 금액을 위탁자에게 송금(remittance)한다. 따라서 수탁자의 입장에서는 자기 자본 없이 특정 물품(specific goods)을 수입(import)할 수 있으며 수입 또는 판매에 대한 위험(risk)의 부담을 할 필요가 없으며 판매된 범위 내에서 일정한 수수료의 수입이 있다고 할 것이나 수출상의 입장에서는 수출입에 따르는 위험(risk) 및 비용(cost)을 부담하고 수입상의 신용도에 따라 판매대금 회수에 위험이 있을 수 있기 때문에 신중을 기해야 할 것이다.

2. 수탁가공무역 및 위탁가공무역

1) 의의

(1) 위탁가공무역(Processing Trade on consignment)

위탁가공무역(Processing Trade on consignment)은 외국에서 가공할 원자재의 일부 또는 전부를 거래 상대방에게 수출하여 이를 가공한 후 가공임을 지급한 후 수입하는 형태로써 무환으로 수입할 때 무환 위탁가공이라 하고 유환으로 수입할 때 유환 위탁가공이라고 한다.

(2) 수탁가공무역(Processing Trade on trust)

수탁가공무역(Processing Trade on trust) 국내에서 가공할 원자재의 일부 또는 전부를 거래 상대방으로부터 수입하여 이를 가공한 후 가공임을 받고 수출하는 형태로써 무환으로 수출(export without exchange)할 때 무환 수탁가공이라 하고 유환으로 수출할 때 이를 유환 수탁가공이라고 한다.

2) 위탁가공무역의 목적

위탁가공무역(processing trade)은 원자재를 거래상대방에게 위탁하여 이를 가공하여 수입 또는 수출하는 방식으로써 노동 집약적 상품인 경우 인건비가 저렴한 국가의 노동력을 이용하기 위하여 개도국 또는 후진국을 상대로 가공무역이 이루어지며 때에 따라서 고도의 기술력이 필요한 경우에는 선진국과의 가공무역을 통하여 위탁가공무역이 이루어진다.

3. 외국인도 수출

외국인도 수출이란 수출대금은 국내에서 영수하지만 국내에서 통관되지 아니한 수출 물품 등을 외국으로 인도하거나 제공하는 수출을 말한다.

산업설비 수출 또는 해외건설을 비롯한 해외 사업 현장에서 필요한 물품을 외국에서 수입하여 사용한 후 이를 국내에 반입하지 않고 다시 수출한다거나 또는 항해 중인 선박 등을 현지에서 수출하고자 하는 경우에 이를 일반적인 거래 형태로 할 경우 해외에서 설비 또는 선박을 국내에 반입한 후 다시 수출통관을 하며 비용과 시간이 많이 소요될 수 있다. 이러한 경우에 해외에서 국내로 해당 물품을 반입하지 않고 수출하고 국내 은행을 통하여 영수가 이루어진다면 많은 시간과 비용을 절약할 수 있을 것이다.

4. 외국인수 수입

외국인수 수입이란 수입대금은 국내에서 지급되지만 수입 물품 등은 외국에서 인수하거나 제공받는 수입을 말한다. 매수인이 매매계약을 체결하여 수출상으로 하여금 물품을 제3국으로 선적하도록 하고, 당해 운송서류를 제3국으로 송부하여 제3국에서 물품을 인수하는 형태로서 대금지급은 국내의 은행을 통하여 이루어진다. 산업 설비수출, 해외건설 및 용역사업 수행 시 기자재의 원활한 조달을 위하여 필요한 거래 방식이다.

5. 중계무역(Intermediary Trade)

중계무역(Intermediary Trace)이란 수출할 것을 목적으로 물품 등을 수입하여 물품을 국내에 반입하지 아니하고 수출하는 수출입을 말한다. 즉 수요국과 공급국 사이에서 일정한 중계차익을 목적으로 하는 거래방식이다.

6. 무환 수출 · 무환 수입(Export without foreign exchange, Import without foreign exchange)

무환수출(Export without foreign exchange)이란 외국환 거래가 수반되지 아니하는 물품의 수출을 말하며 무환수입(Import without foreign exchange)이란 외국환 거래가 수반되지 아니하는 물품의 수입을 말한다.

7. 연계무역(Counter Trade)

연계무역이란 물물교환(Barter Trade), 구상무역(Compensation Trade), 대응구매(Counter Purchase), 제품 환매(Buy Back) 등의 형태에 의하여 수출과 수입이 연계되어 이루어지는 수출입을 말한다.

1) 물물교환(Barter Trade)

물물교환(Barter Trade)이란 환거래가 발생하지 않고 단순히 상품을 교환하는 방식의 무역거래로서 수입의 필요성이 있고 가격도 매칭이 되어야 하기 때문에 실지로 거래에 활용되기는 쉽지 않고 대응수입의무는 3국으로 전가되지 않는다.

2) 구상무역(Compensation Trade)

구상무역(Compensation Trade)이란 수출입 대금에 상응하는 수입 · 수출로 상계하는 무역으로 물물교환(barter trade)의 형태와 유사하나 환거래가 발생하며 대응 의무를 제3국으로 전환할 수 있는 거래이다.

구상무역에 사용되는 신용장

① Back to back L/C : 수출입의 균형을 위하여 동액의 수출입신용장을 동시에 개설함으로써 유효하다는 조건부 신용장

② Tomas L/C : 수출업자도 신용장을 개설하겠다는 보증서를 부가해야 유효한 신용장

③ Escrow L/C : 수입자가 신용장 매입대금을 수출업자에게 지급하지 않고 수익자 명의의 escrow 계정에 기탁하여 두었다가 원 신용장 개설자로부터 수입하는 상품의 대금결제에만 사용하도록 규정한 신용장

3) 대응구매(Counter Purchase)

대응구매(Counter Purchase)란 수출액의 일정비율에 상당하는 상품을 수입해야 한다는 면에서 구상무역(compensation trade)과 비슷하나 수출과 수입에 대한 두 개의 계약서가 작성되고 두 개의 신용장이 사용되는 별도 거래(two-way trade) 방식이다.

4) 제품환매(Buy Back)

제품환매(Buy Back)란 기술 설비 또는 플랜트를 수출하고 이를 통하여 생산된 제품을 수입하는 형태의 거래방식으로 기술이전이 수반되는 경우에는 이를 산업협력방식(Industrial Cooperation)이라 한다.

8. 임대차무역

임대차무역이란 대금결제 없이 임대기간 동안 임대료를 지급하는 방식에 의하여 수출입하는 거래방식을 말한다. 이에는 임대수출과 임차수입 두 종류가 있다.

1) 임대수출

임대수출이란 임대(사용임대를 포함한다.) 계약에 의하여 기계, 물품 등을 수출하여 일정기간 후 다시 수입하거나 그 기간의 만료 전 또는 만료 후 기계, 해당 물품 등의 소유권(property)을 이전하는 수출을 말한다.

2) 임차수입

임차수입이란 임차(사용임차를 포함한다) 계약에 의하여 기계, 물품 등을 수입하여 일정기간 후 다시 수출하거나 그 기간의 만료 전 또는 만료 후 기계, 해당 물품의 소유권(property)을 이전받는 수입을 말한다.

3) 특징

임대차 무역에 있어서 계약의 당사자는 매매계약이 아닌 임대차 계약을 체결하며 물품에 대한 대금결제 없이 수출입이 이루어지며 임대기간 동안에는 사용료가 지급되며 소유권(property)은 그 기간 동안 유보되고 임대기간 만료 시에는 소유권(property)을 이전하거나 또는 이전하지 않는 조건에 합의한다.

9. 보세창고도 거래(BWT)

보세창고도 거래(Bonded Warehouse Transaction)는 위탁판매방식의 변형거래로서 수출상(seller)이 수입국에 지점 또는 출장소, 대리점 등을 설치하고 수입국의 보세창고(Bonded Warehouse)에 상품을 무상으로 반출하고 현지에서 수입상(buyer)들과의 상담을 통하여 직접 판매하는 거래방식을 말한다. 이는 수입상(buyer)을 확정하지 않은 상태에서 매출이 확대될 것을 예상하여 미리 상품을 만들어 상대국으로 반출하고 수입통관 미필상태에서 판매를 촉진하려고 할 때 사용하는 방식이다.

수입상(buyer)을 충분히 물색한 후 신속하게 물품을 공급하기 때문에 수입상(buyer)의 입장에서는 납기에 대한 문제의 소지가 없으며 신속하게 물품을 수입하여 판매할 수 있는 장점이 있다. 하지만 수출상(seller)은 판매의 예측이 잘못되는 경우의 위험과 비용을 부담해야 하기 때문에 단기간에 이를 소진하지 못하면 창고료 및 물류비용 등을 부담해야 하고 판매에 실패하면 재고부담(stock)만 앉게 되므로 사전에 면밀한 조사를 통해 정확한 예측을 하여야 하는 것이 무척 중요하다.

CHAPTER 2

실무자의 기초지식

제1절 실무자가 알아야 할 기초지식

무역업에 종사하려면 기본적으로 무역에 관한 기초적 지식을 습득하여야 한다. 무역은 국내 상거래와는 달리 국적을 달리하는 나라 사이에서 이루어지는 거래이므로 거래 절차도 보다 복잡하고 어렵다고 할 수 있다. 따라서 어떠한 방법으로 거래가 성사되고 어떠한 절차를 거쳐 거래가 종결되는지를 실무자들은 습득하여야 한다. 기본적으로 다음의 지식을 갖추고 있으면 거래가 훨씬 용이하게 이루어지며 거래 성사 후 종료 시점까지 분쟁과 마찰의 소지를 줄일 수 있다.

1. 대금결제(Payment)

무역거래는 결국 매도인(seller)이 매수인(buyer)이 주문(purchase order)하는 물품을 상대방에게 인도하면(Deliver the goods) 매수인(buyer)은 그 인도를 수령(Take the delivery)하고 그에 대한 대가로 대금을 지불(Pay the price for the goods)하는 일련의 과정이라고 말할 수 있다. 대금결제의 방법과 시기에 따라 매도인(seller) 또는 매수인(buyer)에게는 위험(risk)부담이 존재한다. 매도인(seller)은 매수인(buyer)과의 관계에서 거래의 안전성을 해치지 않는 범위 내에서 원만하게 대금결제를 받을 수 있도록 결제조건(terms of payment)을 잘 협의하는 것이 바람직할 것이다.

2. 상품지식(knowledge of the products)

상품(goods)을 사고파는 경우 그 물품에 대한 지식(knowledge)을 갖추고 있어야 거래가 보다 쉬워진다는 것은 너무도 당연하다. 상품의 특성이 어떠하며 용도(usage)는 어떠하며 구성이 어떻게 되어 있다는 내용을 정확히 파악하여 거래에 활용한다면 거래를 보다 쉽게 이끌어 낼 수 있다.

아울러 자신의 상품이 유사상품과의 비교우위(comparative advantage)에 있다면 일반적 제품과 우수한 특징(excellent feature)을 부각시키고 부가가치 또한 상승시켜서 보다 더 많은 영업 이익을 창출할 수 있다.

일반적으로는 상품(goods)에 대한 지식의 정도가 어느 정도 갖추어지면 영업이 가능하나 기술적 특성(technical character)을 매우 중요시하는 상품을 다루는 경우에는 상품(goods)에 대한 해박한 지식(extensive knowledge)과 전문적 지식(technical knowledge)을 갖추는 것이 보다 유리함은 말할 나위가 없다.

3. 거래조건(Trade term)

거래조건(Trade Term)은 대금결제(payment) 방법과 또는 선적 조건(shipment)에 의하여 가장 안정적이고 확실한 방법을 선택하는 것이 중요하다. 수입국의 관세(duty) 또는 기타 통관(custom clearance)에 관한 지식이 없으면서 상대의 요구에 따라 도착지 인도조건의 거래를 한다거나 상대국의 상 관행(usage of trade) 및 신용도가 정확히 파악되지 않은 상태에서 D/A(Document against payment) 거래를 한다면 거래 이후 매수인(buyer)에게 물품을 전달하는 과정에서 문제가 발생하거나 매도인(seller)이 물품대금을 수령함에 있어서 많은 어려움을 겪게 된다. 따라서 사후에 문제가 발생하지 않도록 계약 단계부터 거래조건을 확실히 알고 그 상황에 맞게 능동적으로 대처해야 한다.

4. 통관에 관한 지식(knowledge of customs clearance)

무역은 관세선(Customs line)을 통과하여 국제간에 이루어지는 거래이다. 일반적으로 수출 시에는 수출통관(Export customs clearance)을 해야 하며 수입 시에는 수입통관(Import customs clearance)을 해야 한다. 우리나라에서도 물품을 수출할 경우에 수출통관절차에 따라 수출신고(export declaration)를 해야 하며 수출신고(export declaration)를 마치면 수출신고필증이 발급된다. 일반적으로 수출신고(export declaration)는 관세사(customs broker)를 통하여 이루어지고 있다. 수입신고(import declaration)의 경우에는 도착지 인도조건 중 DDP(Delivered Duty Paid) 조건을 제외하고 매수인(buyer)이 수입국에서 수입신고(import declaration)를 하게 되는데 일반적으로 송장(Invoice)와 원산지 증명서(Certificate of Origin), 포장명세서(Packing List) 등을 가지고 수입통관을 하게 된다.

도착지 인도조건이 아니더라도 일단 계약이 체결되고 이에 따른 물품인도(delivery)가 이루어지게 되면 매도인(seller)은 매수인(buyer)이 수입통관(customs clearance)을 하는데 불편함이 없도록 서류를 제공하고 필요한 요구사항에 맞게 협조해 주어야 한다.

5. 상관습에 관한 지식(Usage of trade)

무역거래에 있어서 서로 다른 언어, 문화, 지리적 환경, 전통 등에 의하여 상관습(Usage of Trade, Custom of Trade) 또한 동일하지 않은 경우도 많다. 대금결제 방법의 차이, 거래조건의 차이, 무역거래에 대한 인식 등이 동일하지 않을 수 있기 때문에 이에 대한 사항을 잘 알아 둘 필요가 있다. 과거에 호주에서의 송금방식(T/T, Telegraphic Transfer) 거래를 제의받은 적이 있다. 선수금(advance payment)을 주어야 작업을 시작하겠다고 상대방에게 선수금(advance payment)을 강요하다가 거래가 실패로 이루어진 적이 있다.

그 후 거래에서 상대방의 요구에 따라 작업을 하고 물품인도(delivery) 전 대금을 수령하여 선적(shipment)이 이루어진 적이 있다. 실제로 그 이후 대금결제에 대한 문제는 발생한 적이 없었다. 상대의 상관습(Usage of Trade, Custom of Trade)을 이해하지 못하고 일방의 주장만을 고집한다면 이 또한 바람직한 방법이라 볼 수 없다.

6. 신용장에 관한 지식(Letter of Credit)

신용장(Letter Of Credit)은 가장 일반적인 대금결제 방법 중의 하나이다. 신용장(letter of credit)의 신용장 개설의뢰인(Applicant)의 요청과 지시에 의하여 신용장 개설은행(Opening Bank)에서 신용장의 수익자(Beneficiary)인 매도인(seller)에게 개설되는 서류로서 신용장(letter of credit)에 명시된 서류(document)를 완비하여 은행에 제시(presentation)하면 이를 매입은행(Negotiating bank)에서 이를 매입(negotiation)하여 대금결제가 이루어지는 방식이다. 신용장(letter of credit)은 대부분 정형화되어 있기 때문에 몇 번만 신용장(letter of credit)을 살펴보면 신용장(letter of credit)을 통하여 결제가 이루어지는 방식을 습득하게 된다. 다만 특별사항(Special instruction)이나 일반적이 아닌 서류(document)를 제시(presentation)하라는 문구가 포함되어 있을 수도 있기 때문에 신용장(letter of credit) 수령 시에 제시서류(document required) 사항을 꼼꼼히 살피는 것이 매우 중요하다. 또한 신용장(letter of credit)은 독립된 서류이므로 계약 내용과 불일치한 문구(lack of confirmity)가 삽입되었을 경우에는 반드시 계약에 일치하도록 신용장의 조건변경(Amend)을 의뢰하여 서류로 인한 하자가 발생하지 않도록 유의하여야 한다.

7. 운송에 관한 지식(Transportation)

무역거래는 국제간에 이루어지므로 물품을 생산한 후에 내륙운송(Inland Transportation)을 거쳐 주로 항공기(Air) 또는 선박(Vessel)을 이용하여 매수인(buyer)이 지정하는 장소까지 운송(transport)을 해야 한다. 따라서 내륙운송(Inland Transportation)의 절차와 비용 그리고 항공기를 이용할 경우에 발생되는 비용 및 시간 선박을 이용하는 경우에 발생되는 시간 및 비용을 기본으로 비용 산정의 기본단위 즉 무게(weight)를 중심으로 하는지 부피(cubic meter)를 중심으로 비용이 산정되는지 선적한 이후 매수인(buyer)이 물품을 인도하는데 필요한 서류가 무엇인지 등을 알아보고 거기에 합당하게 비용(cost) 산정을 하여야 하며 통관(customs clearance)에 문제가 없도록 이를 주의 깊게 살펴야 한다.

알아두면 도움이 되는 무역 용어

① **S/R(Shipping Request : 선적 요청서)** : 선사 또는 forwarder에게 선적을 요청할 때 사용하는 서류
② **Closing Time(마감시간)** : 선사에서 수출 물품을 선적하기 위해 받을 수 있는 시간
③ **ETD(Estimated Time of Departure)** : 출항예정시간(출항예정일)
④ **ETA(Estimate Time of Arrival)** : 도착예정시간(도착예정일)
⑤ **D/O(Delivery Order)** : 화물인도지시서
⑥ **L/G(Letter of Guarantee)** : 수입화물선취보증서

8. 보험에 관한 지식(Insurance)

보험(insurance)은 일반적으로 CIF(Cost insurance and freight) 또는 CIP(Carriage and Insurance Paid to)의 경우에 매도인(seller)의 비용부담으로 보험(insurance)을 부보하게 되지만 기타의 경우에 매수인(buyer)이 보험(insurance)을 부보하는 경우도 있으며 도착지 인도조건의 경우에는 매도인(seller)이 물품(goods)의 위험(risk)에 대하여 안전성을 담보하기 위하여 임의로 보험(insurance)을 부보하는 경우도 있다. 통상적으로 CIF Value의 110%에서 125% 범위 내에서 보험(insurance)을 부보한다. 특히 중동지역(middle east area)은 125%로 요구하는 경우가 많으며 기타지역은 상업이익(commercial profit)을 감안하여 110%로 보험(insurance)을 부보하는 것이 일반적이다.

보험요율(Insurance Rate, Premium Rate)은 물품의 금액(amount), 도착지의 위험도(risk), 항해 거리 및 시간에 따라 각기 그 요율을 달리하지만 수출금액(export amount)에 비하여 비용(cost)이 많이 발생되는 부분은 아니다.

9. 외국어(Foreign language)

무역(international trade)은 국제간에 이루어지는 거래이므로 상대방과의 교신(correspondence)을 위하여 상대국 언어를 사용하거나 제3국의 언어를 사용하여 교신(correspondence)을 하게 된다. 물론 내국인과 무역을 하는 경우에 외국어의 활용도는 낮을 수 있으나 실지로는 대부분의 국가에 있어서 영어를 중심으로 교신(correspondence)이 이루어지고 있다. 유창한 언어 실력이 있다면 더할 나위 없이 좋겠지만 최소한의 의사표현 능력과 서신을 주고받을 수 있는 정도의 실력은 확보하여야 무역거래의 불편함을 덜 수 있다.

10. 거래진행과정(process of business)

실무자들은 자신의 상품(goods)이 어떠한 절차를 거쳐 어떤 식으로 계약이 성립(formation of contract)되며 이를 이행(performance)하는 과정을 통하여 원만한 이행과정을 거처 거래가 종료(termination)됨을 알아야 한다. 1년이 넘게 같은 물품(goods)을 동일한 거래처에 수출하면서 정작 자신의 물품(goods)이 어떤 절차와 과정을 거치는지 정확하게 숙지하지 못하는 실무자들도 자주 보게 된다. 이는 자신의 노력이 부족한 면도 있고 또한 거래가 진행되면서 알아야 할 기초지식의 습득을 하지 못함으로써 비롯되는 경우도 있다. 따라서 필요한 기초지식 습득을 위하여 노력하고 거래 진행과정을 차분히 살피면서 이를 정리하여 두면 전 거래 과정을 쉽게 파악할 수 있다. 거래진행과정은 물품(goods)이 어떠하냐에 따라 절차(procedure)가 조금씩 다를 수 있고 거래의 상대방에 따라 순서도 조금씩 뒤바뀔 수도 있다. 이를 잘 파악하여 원만하게 업무처리를 하는 것이 분쟁(dispute)도 줄이고 원만한 거래를 할 수 있는 초석을 다지는 것이다.

제2절 서류관련 지식

실무자들 중에서 영업을 담당하고 있는 경우 서류(documents)에 관한 지식을 경시하는 경우가 많으며 또한 서류(documents)는 대부분 영업담당이 아닌 다른 담당자가 이를 처리하는 경우가 많다. 사정이 이러하다 보니 서류(documents)를 경시하여 멀쩡하게 이루어진 계약(contract)이 제대로 이행(performance)되지 않아 대금결제(payment)의 순간에 문제가 발생하는 경우도 가끔씩 발생하게 된다. 일정한 이익(profit)을 중심으로 영업을 하는 것이기 때문에 한순간에 발생한 서류(documents)의 문제는 더욱 크게 확대될 수 있으며 그동안 많은 수고에도 불구하고 그간 영업으로 인한 이익(profit)을 상쇄시키기도 하고 또한 더욱 큰 손실(loss)을 발생시킬 수도 있다. 따라서 서류(documents)에 관한 기본적 지식을 습득하여 문제가 발생하지 않도록 영업에 반영시키는 일도 또한 매우 중요하다.

1. 서류관련 기초지식(knowledge of document)

1) 프로포마 인보이스(견적송장, Proforma-Invoice)

프로포마 인보이스(Proforma Invoice)는 주로 거래가 확정되는 단계에서 매도인(seller)이 매수인(buyer)에게 가격(unit price), 선적(shipment), 납기(delivery), 도착지(final destination), 물품(goods)에 대한 사항이 나타나도록 작성되는 견적 송장의 의미를 지닌다. 섬유류(textiles)의 경우에는 영국, 프랑스, 그리스, 이스라엘, 남아공 등의 국가로 수출될 때 매수인(buyer)의 요청에 의하여 매도인(seller)이 이를 작성하여 송부하며 매수인(buyer)은 이를 바탕으로 신용장

(letter of credit)을 개설(open)하거나 결제 조건에 따라 원만하게 서로의 의무(obligation)를 이행한다.

통상적으로 프로포마 인보이스(Proforma Invoice)가 발행되면 상대방이 이에 서명하여 다시 반송(return)하는 경우도 있고 그대로 받아들이는 경우도 있다. 이때 상대방의 서명을 카운터 사인(counter sign)이라고 한다. 별도의 계약서(Sales contract)는 발행되지 않는 것이 통상적이나 프로포마 인보이스(Proforma Invoice)가 계약서의 역할을 하는 것은 아니다.

2) 매매계약서(Sales Contract)

매도인(seller)과 매수인(buyer)이 물품 매매계약이 성립(formation of the contract)되려면 매매계약서(Sales Contract)를 작성하여 서로가 서명을 하여 한 부씩 보관하는 것이 원칙이다. 계약 내용을 문서화함으로써 미래에 발생할 수도 있는 분쟁(dispute)을 사전에 예방하고, 계약내용의 증거 자료(evidence of the contract)로 활용함이 바람직하다.

매매계약서(sales contract)에는 계약 물품에 대한 내용(goods), 가격조건(trade terms), 단가(unit price), 수량(quantity), 금액(amount), 포장방법(packing), 보험의 부담자 도착항(insurance), 선적기일(delivery) 등이 명시된다.

3) 견본 발송용 Invoice(Invoice for sample)

본 거래가 이루어지기 전에 매도인(seller)이 매수인(buyer)에게 주문(order)하고자 하는 물품이 맞는지 또는 품질이 만족스러운지 등에 대한 확인을 위하여 샘플(sample)을 발송하게 되는데 이때 작성하는 서류(document)가 샘플 발송용 인보이스(Invoice for sample)이다. 보통 견본(sample) 발송 시에는 특송업체(courier)의 Bill과 Invoice를 견본(sample)과 함께 첨부하게 된다. 이때 가격(price)을 너무 높게 표시하면 매수인(buyer)의 국가에서 관세(duties, tariff)를 부담할 수도 있기 때문에 상관행상 낮은 금액(under value)을 표시하거나 아예 No commercial Value라고 표시하여 관세(duties, tariff)부담을 없애는 것에 유의하여야 한다.

4) Indent 또는 Purchase Order

Indent나 Purchase Order는 매수인(buyer) 측에서 이를 발행하는 구매 주문서(purchase order)로 이해하는 것이 좋을 듯하다. 매도인(seller)과 매수인(buyer) 사이에서 계약이 성립(formation of contract)되면 계약서(Sales contract : 매도인이나 매수인(buyer)이 발행하고 서명), Proforma Invoice(매도인 발행), Purchase order(매수인 발행) 등으로 물품생산(production) 및 결제(payment)가 이루어지게 된다.

5) 청약서(Offer Sheet)

청약(Offer)이란 청약자(Offeror)가 피청약자(Offeree)에게 어떤 대상 물품(goods)에 대하여 일정한 조건을 제시(presentation)하여 그 조건에 따라 계약(sales contract)을 체결하고 자하는 확정적 의사 표시(A proposal for concluding a contract)이다. 청약서(offer sheet)는 이러한 내용이 담긴 서류(document)를 말한다. 청약서(Offer sheet)는 해외 매수인(buyer)에게 보내지거나 및 국내에서 내국 신용장 개설(Local L/C) 시 또는 구매승인서 개설 시에도 청약서(offer sheet)를 활용하기도 한다.

6) 독점판매계약서(Exclusive Sales Contract)

수출자인 매도인(seller)과 수입자인 매수인(buyer)과의 관계에서 특정 시장에 대해 독점권(exclusive rights)을 부여하고자 할 때 양자의 합의(agreement)가 있다면 독점판매계약(exclusive sales contract)이 체결될 수 있다. 독점계약(exclusive contract)은 매도인(seller)의 입장에서 볼 때는 특정시장(specific market)에 다양한 판매기회(sales opportunity)를 상실하는 것이므로 이로 발생되는 영업 손실(business loss)에 대한 정당한 평가가 이루어져야 하며 매수인(buyer)의 경우에는 특정 물품(specific goods)을 독점적으로 활용하여 영업이익(business profits)을 창출하는 만큼 매도인(seller)에 대한 배려가 이루어져야 한다. 이러한 사항이 합의(agreement)되면 독점계약(exclusive contract)이 이루어질 수 있다.

2. 네고서류(document for negotiation)

무역거래(international trade) 시 네고(negotiation)는 반드시 거치는 과정이다. 무역거래(international trade)는 유상계약(Remunerative Contract)으로써 수출자(seller)가 물품을 인도(delivery)하고 그에 대한 대금결제(payment)를 받기

위하여 제시하는 서류(document)로서 수출자(seller)는 수입자(buyer)가 자신이 수출한 물품(goods)을 원만히 통관(custom clearance)하고 대금결제(payment)를 할 수 있도록 필요한 모든 부분에 대한 서류(document)를 완전히 구비해서 이를 제시(presentation)하여야 무역거래가 장기적 반복적으로 이루어질 수 있다. 즉 무역거래(international trade) 시에 수출의 상대국인 수입국(importing country)에서 그 물품(goods)을 구매하기 위하여 여러 가지 서류(document)가 필요한 경우에 물품(goods) 대금결제를 위하여 필요한 송장(Invoice), 물품 수량에 관한 서류(Packing list, Packing detail), 중량에 관한 서류(weight note), 통관(custom clearance)에 필요한 서류(document for custom clearance)를 준비하여야 하며 상대국의 국가에서 수입에 대한 규제를 하는 경우도 있고 통계목적으로 이를 필요로 하는 경우도 있다. 수출자(seller)는 이 모든 필요한 서류(document)를 구비하게 되는데 이러한 서류를 네고서류(document for negotiation)라고 부른다.

네고서류는 경우에 따라서 요구하는 특수한 경우를 제외하고는 아래의 서류가 일반적으로 필요한 네고서류에 해당된다.

※ Negotiation : Exchange for money

1) 환어음(Bill of Exchange)

환(exchange)이란 멀리 있는 채권자에게 현금(cash) 대신에 어음(draft), 수표(check), 증서 따위를 보내어 결제하는 방식을 말하는 것으로 환어음(Bill of exchange)은 외국환(foreign exchange)으로 결제를 받기 위하여 작성하는 어음(bill)을 말하며 외국환(foreign exchange)이란 결제통화(currency for settling trade accounts)가 우리나라 통화(currency)가 아닌 다른 나라의 통화(currency)를 외국환(foreign exchange)이라 한다. 결제수단으로 가장 보편적으로 사용되고 있는 통화는 US달러이며, 때에 따라서 유로달러, 일본의 엔 등이 사용되기도 한다.

2) 상업송장(Commercial Invoice)

상업송장(Commercial Invoice)은 매도인(seller)이 매수인(Buyer)에게 작성하여 보내는 선적서류(shipment document) 중의 하나로서 매매계약 내용대로 정당하게 수출을 이행하였음을 밝히는 서류(document)이다. 상업송장(Commercial

Invoice)은 명세서(statements), 계산서, 대금청구서(payment bill)를 겸한 선적서류(shipping document)이다.

3) 포장명세서(Packing list)

포장명세서(Packing list)라 함은 포장 속에 들어 있는 물품의 내용을 명시한 서류(document)이다. 통상적으로는 그냥 Packing list라고 부른다. 포장 명세서(Packing list)에는 포장한 수량(quantity), 순중량(net weight), 총중량(gross weight) 화인(case mark, shipping mark), 포장의 연번(carton no) 등이 나타나 있다. 포장명세서(packing list)는 무역서류의 기본서류이며 상업송장(Commercial Invoice)의 보충적인 역할을 한다. 또한 포장명세서(packing list)는 수출입지의 통관(customs clearance)시 심사자료로 활용되며 양륙지에서 화물(cargo)처리 시에도 포장명세서(Packing list)가 있어야 물품(goods)의 확인이 용이하다.

4) 세부포장명세서(Detailed Packing List)

세부포장명세서(Detailed Packing List)는 개개의 포장 속에 들어 있는 물품내용을 명시한 서류(document)라 하겠다. 이에는 개개의 포장속의 수량(quantity)이 모두 나열되어 있기 때문에 개개의 포장 속에 내용물을 보지 않고 세부포장명세서(Detailed Packing List)만 보아도 수량(quantity) 및 물품(goods)에 대한 세부적인 내용을 확인할 수 있도록 되어 있다.

5) 포장신고서(Packing Declaration)

포장신고서(Packing Declaration)는 수출포장(export packing) 시 포장재료(packing material)에 대하여 수입국에서 불허하는 재료(material)가 포함되어 있는지를 확인하기 위하여 작성하는 서류(document)이다. 다시 말해서 포장재료(Packing Material)를 규정에 허용하지 않는 재료를 사용하여 포장하고 그대로 신고한다면 수입국에서 통관(customs clearance)이 불허될 수도 있다. 따라서 수출포장(export packing) 시에 포장재료(Packing Material)도 수입국(importing country)에서 금지(prohibition)하는 재료(material)를 사용하지 않도록 하여야 할 것이며 이에 따라 수입국(importing country)에서 요구하는 양식(form)에 따라 또는 자유로운 양식으로 신고서를 작성하여 첨부한다.

6) 선하증권(Bill of Lading)

선하증권(Bill of Lading)은 물품(goods)의 인도 인수를 위하여 물품운송(transport)의 임무를 맡은 운송인(carrier)이 선적(shipment)을 증명하는 증권으로, 운송인(carrier)이 동 증권과의 상환으로 물품을 인도할 것을 약정하는 유가증권(negotiable securities)이다. 이는 그 자체가 화물(cargo)을 상징하는 권리증권(Document of title)이며, 운송계약의 증거(Evidence of contract)로서 활용되며, 화물 수령증(Receipt for goods)으로서의 역할도 담당하게 된다.

유통증권인 선하증권(Bill of Lading)의 양도는 화물(cargo)의 양도와 같은 법률적 효과를 지닌다. 지시식 선하증권(Order B/L, To the order of)은 배서(endorsement)에 의해서 양도되며, 무기명식(To Order)의 경우에는 교부(delivery)에 의해서 양도되지만 기명식 선하증권(Straight B/L)은 수하인(consignee)이 정해져 있는데 이러한 경우 실정법에서 특별히 인정하는 경우를 제외하고 양도가 불가능하다.

7) 해상화물 운송장(Sea waybill)

해상화물 운송장(Sea waybill)은 해상 운송인(carrier)이 운송화물(cargo)의 수령사실을 증명하고 운송계약의 내용을 증빙(evidence of transportation contract)하기 위하여 송하인(Shipper, Exporter, Consignor)에게 발행하는 서류(document)로서 권리 증권(document of title)이 아닌 유통성이 없는 운송서류(nonnegotiable document)를 말한다. 이는 유통증권이 아니기 때문에 양도가 불가능하며 수하인(consignee)을 기명으로 하는 기명식으로 발행되는 운송 서류(transport document)이다.

8) 항공화물 운송장(Air waybill)

항공화물 운송장(Air waybill)은 항공운송에서 송하인(shipper, consignor)과 항공운송인(Air Freight Forwarder) 간에 화물(cargo)운송의 계약이 체결되었다는 것을 나타내는 증거서류인 동시에 송하인으로부터 화물(cargo)을 운송하기 위하여 수령하였다는 증거이다.

9) 복합운송증권(Multimodal Transport Document)

복합운송증권(Multimodal Transport Document)은 복합운송인(Multimodal

Transport Operator)에 의해 화물(cargo)이 인수된 한 국가 내에 있는 일정한 장소로부터 다른 국가 내에 위치한 인도 예정된 일정한 장소까지 복합운송계약(multimodal transport contract)에 의거하여, 적어도 두 개의 다른 운송방식(at least two different modes of transport)에 의하여 화물(cargo)을 운송할 경우에 각 구간별 운송증권이 아닌 하나로 발행된 운송증권을 말한다.

복합운송(multimodal transport)은 운송수단이 적어도 둘 이상의 다른 운송수단이(at least two different modes of transport) 사용되고 복합운송인(Multimodal Transport Operator)이 전 구간의 운송에 대하여 단일책임을(uniform liability) 지며 일관운송(through carriage)을 통하여 일관운임(through rate)이 적용된다.

10) 해상보험증권(Marine insurance policy)

해상보험증권(Marine insurance policy)은 보험계약(insurance contract)의 성립과 내용을 증명하기 위해 보험자(Insurer)가 작성하고 기명날인 또는 서명하여 보험계약자(Policy Holder)에게 교부하는 증서이다.

보험증권(Marine insurance policy)은 배서(endorsement) 또는 인도에 의하여 양도될 수 있으며 피보험자(insured), 보험자(Insurer), 모험목적(Subject-Matter Insured), 보험가액(Insurable value), 위험(perils)의 종류 등이 명시되어 있고 뒤편에는 보상하는 손해와 보상하지 않는 손해 등에 대한 내용이 조그마한 글씨로 새겨져 있는데 쌍방의 의사가 아닌 보험자(Insurer)가 일방적으로 명시한 조항인데 이러한 계약을 부합계약(adhesive contract)이라고 한다.

> **부합계약**
>
> 당사자 한 쪽이 계약 내용을 미리 결정하여 다른 한 쪽은 계약 내용을 결정할 자유가 없는 계약

11) 중량 및 용적증명서(Certificate of Weight and Measurement)

중량(weight) 및 용적증명서(Certificate of Weight and Measurement)는 수출자(seller)가 수출하는 물품(goods)에 대하여 중량(weight) 및 용적(measurement)을 표기하고 이에 대한 확인을 하여 발급하는 서류(document)이다. 이러한 서류(document)가 필요한 이유는 수입국에서 통관(custom clearance)을 할

때 심사 대상이 될 경우도 있고 항공기(air) 수출의 경우 수입자(buyer)가 운임(freight charge)을 부담하는 경우에 항공운임료 산정을 용이하게 할 수도 있다.

12) 원산지증명서(Certificate of Origin)

원산지증명서(Certificate of Origin)는 수출물품을 생산 제조한 국가를 기준으로 발행된 증명서(certificate)를 말하는데 이는 원산지 규정(Rule of Origins)에 따라 발급되는 서류(document)이다. 원산지 증명서(Certificate of Origin)를 통하여 수출국에 특혜관세(preferential duties)를 부여할 수도 있고 단순 무역 통계 자료로 활용될 수도 있으며, 불공정 무역거래(unfair trade) 시에 이를 시정하기 위한 자료로 활용되기도 한다.

13) 수익자증명서(Beneficiary Certificate)

수익자증명서(Beneficiary Certificate)란 보통 매도인(seller)이 매수인(buyer)의 요구에 부응하기 위하여 매수인(buyer)이 요구하는 내용을 명기하고 매도인(seller)이 이에 서명 또는 날인하는 방식으로 작성되는 서류(document)로서 특정한 형식에 구애되지 않는 서류(document)이지만 그 내용은 반드시 매수인(buyer)이 요구하는 내용을 명시하여 작성하여야 하며 신용장(letter of credit) 거래 시에는 신용장(letter of credit)에 명시된 내용이 반드시 포함되어야 한다.

14) 검품증명서(Inspection Certificate)

검품증명서(Inspection Certificate)란 수출하고자 하는 물품(goods)의 품질(quality)을 검사(inspection)하고 계약 조건대로 물품이 생산되었는지를 확인하기 위하여 발급하는 서류(document)이다. 이는 매수인(buyer)의 의뢰에 의하여 검정기관에 의하여 발급되는 경우도 있고 매수인(buyer)의 대리인 또는 수출지의 매수인(buyer)의 대리인(Agent)이 발급하는 경우도 있으며 수출자(seller)가 직접 검품증명서(Inspection Certificate)를 발급하여 서류(document)에 첨부하는 경우도 있다.

제3절 국제 규칙 및 조약

1. 신용장 통일규칙(Uniform Customs and practice for Documentary Credits)

신용장 통일규칙(Uniform customs and practice for Documentary Credits)은 무역거래(international trade)의 대금결제에 있어서 발생할 수 있는 문제점을 해소하고 보다 원활한 무역거래(international trade)가 이루어지도록 하기 위하여 국제 상업회의소(International Chamber of Commerce)가 화환 신용장의 형식, 용어, 해석의 기준 등에 대하여 규정한 국제 규범(international rule)이라 할 수 있다. 실무에서는 주로 용어의 해석(interpretation)과 서류(document)를 제시(presentation)할 때 제시해야 할 서류(document)의 작성기준 등에 대하여 숙지하고 있어야 신용장 내용에 일치하는 서류(complying document)를 작성할 수 있기 때문에 기본적 용어를 중심으로 문구의 해석(interpretation)에 대한 기준에 대한 지식을 습득하는 것이 필요하다.

2. Incoterms 2020(정형거래조건)

정형거래조건(Incoterms)은 International Rule for the interpretation of Trade Terms를 말하며 정형거래조건의 해석(interpretation)에 관한 국제 규칙(international rule)이다. 인코텀즈(Incoterms)는 정형거래조건의 해석(interpretation)에 관하여 일련의 국제 규칙(a set of international rules for the interpretation)을 제공함으로써 국가 간 거래조건에 대한 상이한 해석(interpretation)을 함에 따른 불확실성(the uncertainties of different interpretation)을 제거 또는 감소시키기 위하여 국제 상업 회의소(International Chamber of Commerce)가 1936년에 거래조건의 해석(interpretation)에 관한 일련의 국제 규칙을 출판하였고 현재는 시대의 상 관행에 적응하기 위해 개정된 Incoterms 2020을 사용하고 있다. 각 거래 조건별로 당사자의 의무(obligations)와 물품에 대한 위험과 비용의 이전(passing of risks and costs relation to the goods) 등의 사항에 대하여 숙지하고 있어야 원활한 거래가 이루어질 수 있다.

3. 추심통일 규칙(Uniform Rules for Collections)

무역거래(international trade)시 필수적으로 수반되는 것은 유상계약(Remunerative contract)이기 때문에 대금결제를 어떻게 하느냐가 또 하나의 중요한 요소이다. 신용장(letter of credit), 전신환(Telegraphic transfer) 등에 의하여 결제(payment)가 이루어지는 경우도 있으나 추심(collection)을 통하여 결제(payment)가 이루어지는 경우도 있다.

이러한 경우에 추심의 정의(Definition of Collection), 추심 당사자(Parties to a Collection), 제시형식(Form of Presentation), 의무 및 책임(Liabilities and Responsibilities) 등에 대하여 알기 위하여서 추심통일 규칙(Uniform Rules for Collection)을 살펴보는 것이 필요하다.

4. CISG(비엔나 협약)

CISG란 국제 물품매매에 관한 UN협약을 말하는 것으로 그 명칭은 UN Convention on International Contract of Sale of Goods에서 머리글자를 따서 붙인 명칭이며 일명 비엔나 협약이라고 하기도 한다. CISG에서는 협약의 적용 범위와 적용 제외되는 부분이 명시되어 있으며 계약의 성립(Formation of the contract), 물품의 매매(Sale of goods), 매도인과 매수인의 의무(Obligations of the seller and buyer) 등에 대하여 명시되어 있으며 계약의 상대방이 의무를 이행(performance of obligation)하지 않을 때 구제 조치(Remedies)에 대하여도 명시되어 있다.

CHAPTER 3 수출과 결제

제1절 품목의 선정과 거래선 발굴

1. 품목의 선정

수출(export)을 하려면 수출의 대상 즉 품목(goods)을 선정해야 한다. 무엇보다도 수출(export)하고자 하는 대상 품목(specific goods)에 전문적 지식(technical knowledge)과 해박한 지식(extensive knowledge)을 가지고 있다면 아무래도 수출(export)이 용이할 수밖에 없다. 그러나 수출자(seller)가 수출(export)하려는 품목(specific goods)을 반드시 꿰차고 있어야 하는 것은 아니다. 관심품목(specific goods)이 정해지면 스스로 품목(specific goods)에 대한 어느 정도 식견(knowledge)이 갖추어지지 못하면 여러 가지 문제가 발생되므로 스스로의 필요성에 의해 노력을 하다 보면 해당 지식을 갖추게 된다.

품목(specific goods)이 선정되고 나서 해당 품목(goods)을 어떤 방법으로 수출(export)해야 할지를 사전에 파악하는 것도 중요한 일이다. 우선 판매부터 해놓고 추후 수출 방법을 파악하는 것은 바람직한 방법이 아니다. 해당 품목(goods)이 아무 규제 없이 수출할 수 있는 품목(goods)인가 또는 수입(import)하고자 하는 국가에서 아무런 규제 없이 수입(import)할 수 있는가의 여부와 선적서류(Shipping Document)와 수출입에 필요한 구비서류(Document required)를 발급받을 수 있는지를 사전에 꼼꼼히 따져 보아야 한다.

2. 거래선 발굴

1) 시장조사(Market research)

수출(export)하고자 하는 품목이 있다 하더라도 해당 품목을 팔 곳이 없다면 아무런 소용이 없다. 그렇다면 어느 나라 누구에게 팔 것인가를 찾아내야 한다. 시장성장잠재력(Market Expansion Potential)과 구매력이 있는 고객을 발견하고 그들의 기호에 관심을 갖고, 물량적 구조(quantity), 가격적 구조(price), 시기(season) 등을 조사 연구 분석하는 것이 해외 시장조사(Overseas Market Research)의 큰 의의라 할 수 있다.

(1) 지리적 여건 및 기후(geographic location and climate)

지리적 여건 및 기후(geographic location and climate)는 인간의 생활양식에 다양한 영향을 미친다. 즉 북극에 가까운 추운 나라에서 외출을 하려면 보온이 잘 되는 따뜻한 옷을 입고 외출을 해야 하지만 적도에 가까운 나라에서는 상대적으로 두꺼운 외투의 필요성은 적다. 눈 구경을 못 하는 나라에 스키복을 판다면 노력에 대한 대가가 상대적으로 낮게 마련이다.

(2) 인구 및 인구 증가(population and population growth)

수요가 많으면 공급량도 많이 필요하듯이 인구 및 인구증가(population and population growth)가 차지하는 비중도 품목(goods)에 따라 영향을 주고받는다. 예를 들어 중국에 이쑤시개 하나씩 팔아도 수억이 넘는 물량이 되는 것처럼 인구 밀도(population density)와 인구수에도 관심을 가져볼 필요가 있다.

(3) 금융기관 및 결제 방법(Payment condition)

결제조건(Payment condition)은 거래를 시작함에 있어 결코 가벼이 할 수 없는 중요한 부분이다. 무엇보다도 대금결제가 원만히 이루어지지 않는다면 공들여 쌓은 탑이 허사가 될 수 있기 때문이다.

거래 국가들의 특성에 따라 일람불신용장 거래(at sight L/C), 기한부 신용장 거래(Usance L/C), D/A(Document Against Acceptance), D/P(Document Against Payment), T/T(Telegraphic Transfer) 등에 의한 거래로 이루어지고 있으며 또 어떤 나라는 선수금 일부, 선적 시 잔금 지급 등의 여러 형태로 결제 방법을 바꿀 수 있다.

(4) 일반 상도덕 및 관습(Usage of Trade)

상도덕 및 관습(Usage of Trade)을 파악해 두는 것도 무역거래(international trade)에 필요한 부분이다. 주로 거래는 일대일 혹은 다자간 상담을 통하여 이루어지거나 서신(Letter), Fax, Mail 등을 통하여 이루어진다. 상대방의 상관습

(Usage of Trade)을 잘 파악해 두면 상당히 도움이 된다.

예를 들어 중동의 아랍 상인들이나 인도계 상인들은 흥정(negotiation)을 좋아하기 때문에 적정가격(reasonable price)에 맨 처음부터 가격(price)을 제시(offer)하면 실패하기가 십상이다. 할인(Discount)을 해주지 않으면 끝까지 매달리는 경우가 많기 때문이다. 만일에 사우디아라비아에 갔다고 하면 많은 인내심이 있어야 한다. 그들은 하루에도 몇 번씩 기도를 해야 하고 살듯 말듯하다가 상담을 다음 날로 연기시키기가 일쑤이기 때문이다.

또한 종교적 이유나 국경일 등으로 휴무인 경우도 잘 파악하여야 한다. 유럽에서는 여름휴가가 우리나라에 비해 훨씬 길고 크리스마스 근처의 연말 휴일도 우리나라보다 상대적으로 길다.

(5) 국민 총생산 및 개인처분가능소득(gross national product, personal disposable income)

국민 총생산 및 개인처분가능소득(gross national product, personal disposable income)을 파악해 두는 것도 도움이 될 수 있다. 이는 국민의 생활수준과 물가수준 및 사회경제수준(social economy level)을 파악하는데 도움이 될 수 있기 때문이다.

국민의 실질 경제 소득이 낮은 나라에 너무 비싼 물품을 판매하면 상대적으로 구매로 연결되기 어렵고 또한 부유한 국가에 너무 싸구려 물품(cheap goods)만을 공급(supply)한다면 이 또한 바람직한 판매 방법이라 할 수 없다.

(6) 자체 현지조사(field work)

자체적으로 해외시장을 직접 방문하여 시장정보를 수집한다면 보다 구체적으로 면밀히 시장 상황(market situation)을 파악할 수 있다는 장점이 있기는 하나 직접 해외 출장(overseas trip)을 가려면 출장비용과 시간이 필요하기 때문에 품목(specific goods)에 대한 사전 조사를 충분히 하여 비용과 시간을 줄일 수 있도록 하는 것이 바람직하다.

2) 각종 기관을 활용하는 방법

무역협회나 코트라 등의 각종 기관에 의뢰하여 해외시장 정보(overseas market information)나 바이어 주소 등을 확보할 수 있다. 비용이 절감된다는 장점이 있으나 바이어와의 교신 등을 통해 보다 정확하고 확실한 구매가 이루어지기까지 어느 정도 시간과 비용이 필요함을 사전에 알아두어야 한다.

3) 무역사절단(Trade mission)

무역사절단(Trade mission)이란 정부 또는 기타 공공기관의 지원을 통하여 대규모 수출상이 한꺼번에 해외에 파견되어 전시회를 가지면서 매수인(buyer)을 발굴하고 시장을 개척하기 위하여 임시로 조직하는 단체를 말한다.

정부 또는 공공기관의 지원금과 많은 수출상이 한꺼번에 나가기 때문에 항공료나 숙박료 등이 절감되고 또한 매수인(buyer)들도 이 소식을 듣고 한꺼번에 전시회(show)에 참가하기 때문에 여러 매수인(buyer)을 한꺼번에 만날 수 있는 장점이 있다.

제2절 거래진행과정

품목(goods)의 선정과 거래처(buyer)가 확보되면 우선 상대방의 의사를 물어보아야 한다. 수출자(seller)가 다루는 품목(goods)과 수입상(buyer)이 취급하는 품목(goods)이 설사 동일하다 하더라도 정중히 상대방의 의사를 물어 상대방에서 승낙(acceptance)이 떨어져야 한다.

이때 수입상(buyer)은 여러 가지 이유로 정중히 거절(decline the request)할 수 있다. 즉 이미 많은 거래처(seller)가 확보되어 더 이상 신규 거래처에 대한 매력을 느끼지 못한다거나 시대가 빨리 급변하는 것처럼 수입상(buyer)도 취급품목(goods)을 변경하는 수도 있다.

거래 진행 과정을 일목요연하게 나열하는 것은 쉽지 않은 일이다. 그것은 우선 해당 품목마다 진행되는 절차(process)가 조금씩 다르고 또한 동일 품목(goods)이라 하더라도 해당 국가의 거래 형태나 수입자(buyer)에 따라 차이가 발생하기 때문이다.

여기서는 주로 섬유(Textiles) 수출 시에 일어나는 과정을 단계별로 나누어 설명하였으며 기본적으로 이러한 단계를 거침을 이해해 두는 것이 필요하다.

1. 견본(Sample) 발송

견본(sample)을 발송하기 전에 상대방과의 교신(corres)이 이루어져야 함은 물론이고 상대방의 정확한 주소로 팔고자 하는 견본(sample) 즉 샘플을 발송하게 된다. 처음으로 샘플을 발송하는 경우라면 서신(Letter)과 함께 보내는 것이 바람직하고 만일 회사를 홍보하는 브로셔(brochure) 또는 회사를 이해하는 데 도움이 되는 자료를 함께 발송하면 더더욱 좋다.

견본(sample)을 발송하기 위해서는 우선 샘플이 필수적으로 준비되어야 하며 샘플 목록과 더불어 팔고자 하는 가격을 제시한 가격표(Price list)는 필수적으로 동봉되어야 한다. 아무리 좋은 샘플을 보내도 가격(price)이 없으면 상대방 또한 시간을 낭비해야 하고 그러다 보면 오더를 수주할 기회를 놓치게 된다. 이때 납기(delivery)가 어느 정도 확실한 것은 납기(delivery)도 함께 명시하면 그만큼 시간을 줄일 수 있다.

샘플 발송 준비가 끝나면 통관(custom clearance)을 위하여 송장(Invoice)이 필요하다. 샘플은 보통 무상(no commercial value)으로 보내기 때문에 "No Commercial Value"라고 송장(sample invoice)에 표기해야 통관 시 상대국에서 관세(custom duty)를 부담하지 않게 된다.

송장(Invoice), 가격표(Price list), 샘플(sample)이 준비되면 운송업체(courier)를 선택해야 한다. 이 운송업체(courier)는 도어 투 도어(Door to Door) 서비스, 즉 출발지에서 샘플을 수령하여 도착지의 매수인(buyer) 사무실까지 배달되는 업체(courier)를 선택함이 불편함을 없애준다. 일반적으로 이 방법을 많이 사용하고 있으나 매수인(buyer)과 운송업체(courier)간에 특송 배달 서비스 계약체결로 정해진 서비스 업체를 사용하는 경우도 있다. 이런 경우 샘플 운송비(Sample charge)는 주로 매수인(buyer)이 부담하는 것이 일반적이다.

샘플 발송은 우체국을 통해서 발송할 수도 있고 유명한 화물(cargo) 운송 배달 업체를 택할 수도 있으나 지역적 특성과 해당 소요시간을 감안하여 적절한 운송업체를 선택해야 한다. 가령 갑이라는 회사(courier)는 영국에 익일 배달이 되면서 가격 역시 저렴한 반면 미국은 시간도 더 걸리고 가격이 타사(courier)와 비교해 볼 때 비쌀 수 있고 을이라는 회사는 미국에 익일 배달(delivery)이 되면서 가격 역시 저렴하나 다른 지역은 시간과 비용이 더 소요되는 경우도 있다.

이는 각 운송회사(courier)마다 수송량이 많고 적음에 따라 그리고 빠르고 느린 차이와 해당 경비가 운송회사(courier)마다 차이가 있기 때문에 가장 효율적인 운송회사를 선택함이 시간과 경비를 줄이는 방법이다.

2. 조회(Inquiry)

견본(sample)을 발송하고 나면 지체없이 운송회사(courier)를 통해 해외 수입업자 즉 바이어가 샘플을 잘 수령하였는지 확인하여야 한다. 견본(sample) 수령이 확인되면 상대방이 문의가 올 때까지 기다릴 수도 있으나 상품의 수령을 확인하면서 적극적인 거래의 권유를 하게 된다.

이때 수입상(buyer)이 보낸 상품에 대해 관심을 갖게 되면 가격((price)이미 발송되었으나 보다 저렴한 가격을 위해), 선적시기(Delivery) 등에 대한 문의를 하게 된다. 이런 문의가 오는 단계를 인콰이어리(Inquiry)라 한다. 대부분은 수출자(seller)가 먼저 인콰이어리(Inquiry)를 유도해 내지만 특정 품목(specific goods)이 유명해져서 없어서 못 팔정도로 잘 팔리는 경우이거나 특화된 상품(specialized goods)이라 쉽게 구하지 못할 때에는 수입상(buyer)이 먼저 수입의사표시를 할 때도 있다. 이 역시 인콰이어리(Inquiry)라 할 수 있다.

3. 청약(Offer)

청약(Offer)이란 상대방에게 계약을 체결하고 싶다는 취지(A proposal for concluding a contract)의 내용과 상대방의 승낙(acceptance) 시 이에 구속(bind)된다는 확실한 의사표시를 전달하는 행위이다. 즉 인콰이어리(Inquiry)가 있을 때 가격(price) 및 납기(delivery) 등 거래의 주요사항을 알려주고 상대방의 승낙(acceptance)을 받아 내는 과정이라 볼 수 있다.

그러나 수출자(seller)만이 오퍼(Offer)를 하는 것은 아니다. 거꾸로 수입상(buyer)에서도 자기네들의 관심 품목(goods)을 자기네 요구 조건대로 제시하고 수출자(seller)의 승낙(acceptance)을 기다릴 때도 있다.

수출자(seller)가 제시할 때를 판매 오퍼(Selling offer) 수입자(buyer)가 제시할 때를 매입오퍼(Buying offer)라고 한다.

실질적으로 보면 수입상(buyer)이 청약(Offer)을 하는 경우는 드물고 수출자(seller)가 청약(Offer)을 하는 것이 대부분이다. 청약(Offer)은 성격에 따라 여러 종류가 있지만 대부분의 경우(Offer)에 기한부 또는 조건부로 청약(Conditional Offer)하는 것이 바람직하다. 이는 현대 사회의 급진적인 변화에 능동적으로 대처하기 위함으로 자칫 잘못 의사를 표시하면 대내외적 변화요인에 따라 손해가 발생하는 경우도 있기 때문이다. 따라서 장기적인 청약(Offer)보다는 단기적이지만 항상 서로의 경우에 알맞게 움직일 수 있도록 조건을 달아서 청약(Offer)

을 하는 것이 추이라고 볼 수 있다.

4. 반대청약(Counter Offer) 및 승낙(Acceptance)

수출자(seller)가 보낸 청약(Offer)을 그대로 수용하면 계약(contract) 단계로 넘어간다. 그러나 때에 따라서 가격(price) 인하를 요구하거나 납기(delivery)를 빠르게 해달라든가 하는 수입자(buyer)의 요구가 있게 마련이다.

이때 상대방이 자신들이 원하는 조건으로 추가(additions), 제한(limitations) 또는 변경(modifications)하는 것을 반대청약(counter Offer)이라고 부른다. 이 카운터 오퍼(counter Offer)를 승낙(acceptance)하게 되면 예전 오퍼(Offer)는 무시하고 카운터 오퍼 조건으로 변경된다.

▸▸ A reply to an offer which purports to be an acceptance but contains additions, limitations or other modification is a rejection of the offer and constitute a counter-offer.

5. 계약(Contract)

청약(Offer)은 결국 상대방의 승낙(Acceptance)이 있어야 한다. 상대방의 승낙(Acceptance)이 있으면 계약(contract)이 성립되는 것이다. 계약(contract)이 성사되면 쌍방 간에 서로의 주어진 조건에 따라 약속을 문서로 남기게 된다. 무역계약(international trade)은 불요식 계약(Informal Contract)이기 때문에 반드시 계약서가 문서로 남아야 할 필요는 없지만 분쟁(dispute)을 예방하기 위하여 계약서를 작성하는 것도 좋은 방법이다. 계약서에는 품명(description), 규격(width), 수량(quantity), 단가(unit price), 금액(amount), 대금지불방법(payment), 납기(delivery), 도착지(destination), 포장방법(packing : export standard packing) 등이 자세히 명기되어 있다.

한편 매 건마다 계약서를 체결하는 것은 실무에서는 일어나지 않을 수도 있다. 상기한 청약(Offer)을 승낙(Acceptance)과 동시에 바로 계약이 성립된 것으로 간주할 수 있는데, 이는 무역 특성상 불요식계약(Informal Contract)으로도 계약이 성립(formation of contract)될 수 있다는 특성과 거래처(buyer)와의 거래관계 및 기간이 오래되면 쌍방 간에 서로를 신뢰할 수 있는 상관습(usage of trade)이 형성되었기 때문이다.

실지로 가장 중요한 부분은 대금결제이기 때문에 선금을 미리 수취(advance

payment)한다거나 신용장(letter of credit)이 바로 내도하면 계약서 단계를 생략할 수도 있다. 그러나 어떤 형식으로든 물품 공급 계약은 필요하므로 계약서(contract)를 제외하고 매수인(buyer) 측에서 인덴트(Indent)를 발행한다거나 수출자(seller) 측에서 신용장(letter of credit) 개설을 목적으로 프로포마 인보이스(Proforma Invoice)를 발행하기도 한다.

6. 작업의뢰서의 작성

계약(contract)이 이루어지면 계약 내용에 따라 물품을 생산(production)하여야 한다. 이때 계약(contract) 내용대로 물품을 생산하기 위하여 필요한 물품 생산에 관한 내용이 담긴 작업의뢰서를 작성하게 된다. 이는 작업 지시서로 많이 불리고 있으나 지시는 권위적인 느낌이 내포되어 있으므로 작업의뢰서로 부르는 것이 더 나을 듯하여 작업의뢰서로 지칭할 것을 권유한다.

작업의뢰서는 회사마다 필요한 작업 내용을 담아야 하므로 양식(form)은 가장 편리하면서도 알기 쉽게 쓸 수 있는 양식(form)이면 되므로 특정 형식에 얽매일 필요는 없다. 작업의뢰서에 기입해야 할 내용은 정확한 물품내용, 수량, 납기, 생산방법, 포장방법 등에 대한 명기는 물론이거니와 물품의 불량(defect)이 없도록 사전에 주의사항이나 매수인(buyer)의 특별 요구사항(special instruction) 등을 누가 보아도 잘 이해할 수 있도록 쉽고 정확하게 작성하여야 한다.

공장에서 물품을 생산할 때는 작업의뢰서에 내용대로 물품을 생산하므로 정확한 물건이 약속된 날짜(delivery)까지 생산될 수 있도록 빈틈없이 작성하여야 한다.

7. 신용장 내도

오퍼(Offer)에 대한 승낙(Acceptance)이 있고 계약(contract)이 확정되면 매수인(buyer)은 수입자(buyer)의 거래은행(Issuing Bank, Opening Bank)에서 신용장(letter of credit)을 개설하게 된다. 신용장(L/C, letter of credit)의 개설은 수출자(seller)가 발행한 프로포마 인보이스(Proforma-Invoice)를 기준으로 할 수도 있으며 매수인(buyer) 측에서 미리 발송한 인덴트(Indent)를 기준으로 할 때도 있다. 그러나 중동(Middle East)의 경우에는 단순 주문(order)만으로 신용장(letter of credit)을 개설(open)하는 경우도 있다.

신용장(letter of credit)은 대부분 개설은행(Opening Bank)에서 수출자(seller)의 거래은행으로 통지되는 것이 일반적이나 개설은행(Opening Bank)과 신용장 통지은행(Advising Bank)과 거래관계가 없을 경우에는 제3의 은행으로 신용장(letter of credit)이 통지되는 경우도 있으며 신용장 개설은행(Issuing Bank)의 한국지점이 있다면 개설은행(Issuing Bank)의 한국지점(Branch)을 통하여 신용장(letter of credit)이 통지되는 경우도 있다.

여기서 통지은행(Advising Bank)이란 신용장(letter of credit)을 개설은행(Issuing Bank)으로부터 받아서 수출자(seller)에게 전달하는 은행을 가리킨다. 통지은행(Advising Bank)은 신용장이 도착하자마자 수출자(seller)에게 즉시 그 사실을 알려주어야 하며 수출자(seller)는 미리 신고된 인감증과 함께 신용장 수령증을 가지고 통지은행(Advising Bank)으로 가면 통지은행(Advising Bank)에서는 인감증과 신용장 수령증을 확인하고 소정의 통지 수수료를 받고 수출자(seller)에게 신용장(letter of credit)을 전달해준다.

이때 수출자(seller)는 신용장(letter of credit)을 수령하자마자 신용장의 기재사항이 사전에 계약된 대로 기재되었는지를 확인하여야 한다. 즉 품목(description), 수량(quantity), 단가(unit price), 금액(amount), 납기(latest shipment date)일 등과 네고 시 구비서류(documents)를 확인하고 만일 사전 계약내용과 다른 기재사항이 발견되었을 때는 즉각 신용장(letter of credit) 조건변경(amend)의뢰를 하여야 추후에 발생되는 문제를 막을 수 있다. 신용장(letter of credit)의 조건변경을 L/C Amend라고 한다.

8. 작업상황 점검

신용장(letter of credit)을 수령하면 본 작업이 시작된다. 본 작업의 시작은 신용장(letter of credit)을 수령한 후에 시작함이 바람직하다. 때에 따라서는 계약(contract)만 해놓고 신용장(letter of credit)을 개설하지 않는 경우도 가끔 발생하기 때문이다. 그러나 실제로 거래관계가 오래되었다든지 선진국인 경우에 대부분 약속대로 지켜진 날짜에 신용장(letter of credit)을 개설하는 것이 보편적이다. 작업상황을 점검(checking the production)할 때는 다음과 같은 사항에 유의하여야 한다. 우선 정해진 날짜에 작업을 완료하여 선적(shipment)할 수 있는가를 제일 먼저 점검하고 같은 품목이라도 매수인(buyer)마다 요구하는 조건이 조금씩 다를 수 있으므로 매수인(buyer)이 의뢰한 별도의 조건에 일치되게 작업을 할 것과 불량(defect)이 자주 발생하는 경우에는 불량률(fraction defective)을 최소화할 수 있도록 사전에 철저한 점검과 더불어 작업을 시작하여야 한다.

9. 수출승인

신용장(letter of credit)을 수령하고 작업이 시작되면 수출을 위한 서류준비에 착수하게 된다. 선적 서류(shipping document) 준비 이전에 제일 먼저 해야 할 서류준비는 해당 품목이 해당 기관장의 수출승인을 필요로 하는 것인지 아니면 단순히 면허를 하여 수출이 가능한지 파악을 하여야 한다. 쿼터(quota)품목이거나 기타 해당 기관장의 수출승인을 사전에 받아야 하는 품목이라면 먼저 수출 승인서를 해당기관에서 발급받아야 한다.

그 근거는 대외무역법 제14조에 명시되어 있다.

"산업자원부 장관이 헌법에 의하여 체결 공포된 조약과 일반적으로 승인된 국제 법규에 의한 의무의 이행 생물자원의 보호 등을 위하여 지정하는 물품을 수출 또는 수입하고자 하는 자는 산업자원부 장관의 승인을 얻어야 한다. 다만 긴급을 요하는 물품, 기타 수출 또는 수입 절차를 간소화하기 위한 물품으로써 대통령령이 정하는 기준에 해당하는 물품의 수출 또는 수입에 대하여는 그렇지 아니하다"(대외무역법 제14조 제2항).

대외무역법에서는 산자부 장관의 승인을 얻어야 하는 것으로 명시되어 있으나 대외무역법 시행령 제116조에 가면 해당 물품이 산업부장관이 지정하여 고시하는 관계 행정기관 또는 단체의 장에게 위탁함을 알 수 있다. 즉 수출승인은 산업자원부 장관의 업무를 위탁받아 다른 기관에서 승인서를 발급해주는 경우가 많다.

한편 수출 승인을 받을 필요가 없는 경우에는 수출통관 시 수출면장을 수출승인 없이 간단히 상업송장(Commercial Invoice), 포장명세서(Packing list)만으로도 수출면장을 발급받을 수 있다.

10. 외화획득용 원재료의 조달

외화획득용 원재료를 조달하는 방법은 크게 두 가지로 양분될 수 있다. 하나는 외국으로부터 원재료(raw material)를 수입(import)해서 수출(export)하는 방법이고 다른 하나는 국내 원재료(domestic material)를 구매하여 수출(export)하는 방식이다. 여기서는 국내에서 조달하는 방법을 중심으로 알아보기로 한다.

1) 내국 신용장에 의한 방법(Local L/C)

내국 신용장(Local L/C)은 외국 신용장 개설의뢰인(Applicant)으로부터 받은 원신용장(Master L/C, Original L/C)을 담보로 하여 국내 원자재 공급업자(supplier)에게 대금지급과 대금지급을 보증할 목적으로 발행하는 국내 신용장(Local L/C)을 말한다. 내국 신용장(Local L/C) 개설은 주로 수출자(seller)의 거래은행에서 발행하는 경우가 일반적이다.

또한 내국 신용장(Local L/C)을 수령한 원재료(domestic material) 공급업자(supplier)는 이 내국 신용장(Local L/C)으로 제2, 제3의 내국 신용장(Local L/C)을 발행할 수도 있다. 이러한 경우는 제일 먼저 내국 신용장(Local L/C)을 수취한 원재료 공급자(domestic material supplier)도 다시 다른 업체에 원료를 공급받아서 완제품을 수출자(seller)에게 공급할 때 발생된다. 이때 내국 신용장(Local L/C)을 수령한 국내 공급업자(domestic material supplier)는 정해진 기일 내에 수출자(seller)에게 물품(goods)을 공급하여야 한다.

수출자(seller)가 물품을 공급받고 나면 물품 수령증명서를 발행하게 된다. 이때 발행되는 물품 수령 증명서를 인수증이라고 부르기도 한다. 국내 공급업자(domestic material supplier)는 물품 수령증명서를 가지고 자기 거래은행에 가서 네고(Nego)하면 대금결제가 이루어지며(pay the price) 이때 대금결제를 해준 은행은 내국 신용장 개설은행에 대금을 결제를 다시 의뢰하게 된다.

내국 신용장 개설(Local L/C)의 가장 큰 목적은 수출자(seller)에게 있어서는 은행이 지급 보증을 해주는 것이므로 원자재의 조달을 현금의 지불 없이 미리 확보할 수 있는 장점이 있고 공급업자 역시 은행에서 지급을 보증하고 있으므로 안심하고 물품을 생산할 수 있다.

2) 구매승인서에 의한 방법

구매승인서에 의한 공급도 가능하다. 원칙적으로 내국 신용장에 의한 방법이 많이 사용되고 있으나 무역 금융 한도 부족이나 신용장을 수취하지 아니하고 현금으로 대금결제를 받을 경우 등 내국 신용장(Local L/C)을 개설하기 어려운 경우에는 구매승인서를 통해 수출이 이루어질 수 있다.

구매승인서 발급 신청은 대외무역법 관리규정 제4-2-7조에 명기되어 있다.

① 구매승인서를 발급받으려면 다음의 서류를 준비하여야 한다.

② 구매승인서를 발급받고자 하는 자는 별지 4-2호 서식에 의한 외화획득용

원료(물품) 구매승인서 신청서 3부에 다음 각호의 서류를 첨부하여 외국환 은행의 장에게 신청하여야 한다.

㉠ 제1항 각호의 1에 해당하는 서류

㉡ 외화 획득용 물품 공급계약서 또는 물품 매도 확약서 1부

㉢ 소요량 증명서 또는 소요량 계산서 1부(외화 획득용 원료의 경우에 한다)

구매승인서의 경우도 내국 신용장의 경우와 마찬가지로 1차 구매승인서를 기준으로 2차 구매승인서의 발급도 가능하다.

11. 선박스케줄 및 항공스케줄의 점검

작업(production)이 순차적으로 이루어지고 수출 서류(document)를 준비하면서 출고 일자에 맞게 선박스케줄(schedule)이나 항공스케줄(schedule)을 점검하여야 한다. 계약(contract) 시점에 선박(vessel)을 통한 수출이냐 비행기(air)를 통한 수출이냐가 결정되는데 항공 수출인 경우에는 다양한 비행기 스케줄(schedule)의 점검이 필수적(essential)이다.

선박(vessel)을 통한 수출인 경우에는 도착항(port of discharge)에 따라서 배(vessel)가 많은 경우도 있으나 일주일에 한 번 또는 심하면 한 달에 한 번 밖에 출항하지 않는 경우도 있는데 이때 납기(closing time)를 놓치면 심각한 문제에 봉착하게 되므로 사전 작업완료 시기와 스케줄(schedule) 점검은 아무리 강조해도 지나치지 않다.

비행기(air)를 통하여 수출이 이루어질 경우에는 한국에서 도착지(destination)로 바로 가는 비행기를 택하면 그만큼 빠르고 안전하다고 할 수 있으나 비행기 운임이 비싼 것이 단점이다. 아울러 성수기에는 물품의 생산을 완료하고도 항공기 스페이스(space)가 없어서 출고가 지연(delay)되는 경우도 가끔 발생한다.

이러한 문제점을 줄이기 위해서는 바이어 측과 약속한 납기일(delivery)보다 며칠 앞당겨 작업을 완료하고 확실하게 항공기 예약(reservation)을 하여 안전하고 신속한 방법을 택할 것을 권유한다. 항공기 운임은 각 항공사별로 천편일률적으로 똑같은 가격을 요구하지 않으므로 가장 저렴하고 가장 신속한 스케줄을 예약(reservation)하는 것이 바람직함을 아울러 일러둔다.

12. 검품(Inspection)

제품생산이 완료되면 보편적으로 불량은 없는지 매수인(buyer)의 요구조건 대로 생산이 되었는지 검품(Inspection)을 하여야 한다. 검품(Inspection)은 생산 공정(process)마다 계속 지켜가면서 하는 경우도 있고 생산이 완료된 시점에서 하는 경우도 있다. 이때 수량에 대비하여 일정 부분을 골라서 검품하여 이상이 없을 때 출고를 결정하는 약식 검품(Random Inspection)도 있으나 전 수량을 주의 깊게 살펴보는 전수 검사도 있다.

전수 검사(Total Inspection)는 매수인(buyer)의 신뢰를 쌓을 수 있고 나중에 손해배상청구(claim damages)의 소지가 없으므로 안정성 면에서 장점은 있으나 시간과 노력이 필요하고 경비(cost)도 많이 소요된다.

검품(Inspection) 시 제일 먼저 고려되어야 할 사항은 정확한 품질(Quality)과 매수인(buyer)의 요구조건이다. 정확한 품질(quality)과 매수인(buyer)의 기타 요구조건에 일치되는지를 잘 살펴서 검품(inspection)을 한다면 좋은 거래가 연속적으로 이루어질 가능성이 높다. 물품의 하자(lack of confirmity)가 발견된다면 즉시 이를 수정하여 바로 잡아야 함을 말할 필요도 없을 것이다.

13. 수출포장(Packing)

검품(Inspection)이 제대로 이루어지고 생산된 물품(goods)에 하자(lack of confirmity)가 없으면 수출포장(Packing)을 하게 된다. 이때 너무 많은 수량(quantity)을 한꺼번에 포장(packing)하면 잘 생산된 물품이 손상(damage)될 염려가 있으므로 물품이 손상(damage)되지 않도록 배려하여야 한다. 또한 너무 무거워서 수송(transport)에 어려움이 있다면 이 또한 알맞게 조정해야 한다.

그리고 포장(packing)을 할 때마다 정확한 수량(quantity)을 기재하여야 한다. 이때 기재된 수량(quantity)을 기준으로 세부 포장 명세서(Detail Packing List)가 작성된다. 그리고 외부에 물품의 식별이 가능하도록 간단한 표시를 하여 수입자(buyer)가 포장(packing)을 뜯지 않아도 내용물을 파악할 수 있도록 외부에 표기하여야 하는데 이를 화인(Packing Mark, Shipping Mark 또는 Case Mark)이라고 부른다.

포장방법

① **Solid packing** : Colour별로 구분하여 같은 Colour끼리 포장하는 방법. 대부분의 경우 이 방법을 사용함.

② **Assort Packing** : 서로 다른 Col를 같은 비율로 섞어서 포장하는 방법. 주로 중동 수출 시 이 방법을 사용함.

③ **Bale Packing** : 네모난 상자를 사용하지 않고 마대자루에 그대로 포장하는 방법. 많은 수량을 선적하고 포장단가를 아낄 때 사용함.

14. 수출통관(custom clearance)

수출통관(custom clearance)은 관세법의 규정에 따라 수출허가를 받고 세관을 통과하는 일련의 행위라 볼 수 있다. 매수인(buyer)의 요청대로 작업이 완료된 후 검품(inspection)과 수출포장(packing)이 끝나면 수출하고자 하는 물품(goods)을 선적하기 전까지 관할 세관장에게 수출신고를 하고 수리를 받아야 한다.

수출신고는 작업 수량(quantity)의 오차가 없으면 미리 면허를 하여도 되지만 수량(quantity)의 오차가 자주 발생하는 경우에는 수출포장(packing)을 끝내고 정확한 수량(quantity)을 파악한 후에 하는 것이 더 효과적이다. 수리를 받으면 수출신고필증을 교부받게 되는데 통상 이를 면장이라 부른다.

수출신고, 정정, 취하의 신청은 전자문서(EDI)로 할 수 있는데 아직까지 많은 수출업자들이 관세사(customs broker)를 통하여 수출신고를 하고 있다. 구비서류는 상업송장(Commercial Invoice), 포장명세서(Packing List), 수출승인서를 거래하고 있는 관세사에 e-mail로 송부하면 되는데 수출승인이 필요 없는 품목은 수출승인서를 제출하지 않아도 된다.

15. 화물수송의뢰

화물(cargo)수송의뢰는 국내운송(Local carriage)과 국제운송(international transportation) 두 가지 경우로 구분하여 설명하고자 한다. 즉 수출포장(packing)이 끝난 화물(cargo)을 수출통관(customs clearance)을 하고 선박(vessel)으로 수출할 경우 항구(port)까지 그리고 비행기로 수출할 경우에는 공항까지의 운송(transport)을 책임지는 국내운송(Local carriage)과 선박(vessel)이나 항공기

(air)를 통하여 직접 외국까지 운송(transport)을 책임지는 국제 운송(international transportation)으로 구분된다.

국내 운송(Local carriage)의 경우에는 사실상 화물(cargo) 수송의뢰는 미리 해두는 것이 좋지만 수출통관을 위한 모든 준비가 완료된 후이거나 포장(packing) 후 수출통관절차를 밟으면서 하는 경우가 많다.

그러나 국제 운송(international transportation)인 경우에는 미리 선박스케줄(boat schedule)이나 항공스케줄(air schedule)을 점검하여 선적요청(Shipping Request)을 해두어야 한다. 이때는 선적요청의뢰서(Shipping Request)를 미리 작성해두고 선적시기가 임박해오면 선사나 항공사에 정식 선적요청(Shipping Request)을 하여 완제품을 생산하고 나서 배나 항공기를 예약(reservation)하지 못해 수출이 지연(delay)되는 경우를 사전에 예방하여야 한다.

16. 화물의 선적(shipment)

국내 운송업체는 수출자(seller) 혹은 화주(consignor, shipper)의 의뢰를 받아 수출화물을 CY(Container Yard) 또는 CFS(Container Freight Station)에 인도하게 된다. 선박업자는 여러 화주(consignor, shipper)의 수출 화물(cargo)을 선적하기 편리하도록 분류하여 가면서 받아들인다. 화물(cargo)이 선박업자의 집하하는 장소에 반입되고 나면 등록 검량업자가 화물(cargo)의 용적(measurement)과 중량(weight)을 점검하여 증명서(certificate) 발급을 하게 된다.

통상적으로 직물(textiles)의 예를 들면 선박(vessel)을 통해서 수출할 경우에는 용적(measurement)으로 선박 운임비(freight)를 청구하기 때문에 부피(measurement)가 어느 정도냐에 따라 선박 운임비(freight)가 결정되고 항공기(air)의 경우에는 중량(weight)으로 항공 운임비를 청구하기 때문에 중량(weight)의 과다에 따라 항공 운임비가 달라질 수 있다. 화물(cargo)이 도착하여 용적(measurement) 및 중량(weight)의 점검이 끝나면 절차에 따라 본선에 선적(shipment)을 하게 되고 선박회사는 선하증권(Bill of Lading)을 발급하게 된다.

17. 네고(Negotiation) 및 선적서류(Shipping document) 송부

화물(cargo)의 선적(shipment)이 끝나면 신용장(letter of credit)의 지시사항(instruction)에 따라 네고서류(documents)를 작성하여 은행에 제시(presentation)하면 은행에서는 서류(document)를 신용장(letter of credit)의 내용과 비교

하여 정확하게 작성되었는지를 검토하고 불일치(discrepancy)가 없으면 수출자의 통장에 수출대금을 미리 입금시켜 준다. 이를 네고라고 부른다. (Negotiation : exchange for money)

여기서는 반드시 신용장(letter of credit)을 전제로 수출이 이루어지는 것이 아니므로 보편적인 서류(document)와 구분하여 알아보기로 한다. 일반적으로 신용장(letter of credit)에 의하지 않고 D/A(Document against Acceptance), D/P(Document against Payment) 혹은 선수금(cash in advance)을 수취하였을 때는 복잡한 서류(documents)보다는 기본적인 서류(documents)로 대체할 때가 많다. 그러나 매수인(buyer)의 특별 요구사항이 있다면 그에 따라야 함은 물론이다.

기본적으로 구비해야 할 서류는 다음과 같다.

① 상업 송장(Invoice)
② 원산지 증명서(Certificate of Origin)
③ 포장명세서(Packing List)
④ 세부 포장 명세서(Detailed Packing List)
⑤ 선하증권(B/L)(Bill of lading)
⑥ 보험서류(Insurance policy)
⑦ 기타서류

18. 사후관리

해외거래 시 제일 중요한 점은 해당 품목을 불량(defect) 없이 주어진 납기(delivery) 안에 생산하여 처음 계약(contract)된 대로 선적(shipment)하고 마지막까지 매수인(buyer) 측이 요구하는 서류(document)를 말끔히 준비하여 은행에 수출대전을 받는 일이다.

그러나 상기 과정으로 거래가 완전히 종료(termination)된 것은 아니다. 즉 사후 선적서류(shipping document)를 보내는 일과 견본(Shipment Sample)을 매수인(buyer) 주소로 발송해주어야 한다. 상기 과정이 끝나고 나더라도 추후 매수인(buyer)에게 미비한 사항이 있거나 수출 품목에 하자가 있는 경우를 대비하여 선적 견본(shipping sample)의 일부를 보관하고 있어야 하며 생산할 때 부분적 하자(lack of confirmity)가 있었다면 정확한 내용을 파악하여 잘 보관(keeping)하고 있어야 한다.

만일 선적(shipment) 이후 매수인(buyer) 인수거절(non-acceptance)이나 할인(Discount)요청이 있다면 무조건 매수인(buyer)의 요구대로 들어줄 것이 아니라 합리적 해결(reasonable settlement)을 하여야 하기 때문이다. 그러나 해당 품목의 사용이 불가능할 정도로 불량(defect)이 많다면 장기적으로 거래 지속을 위해 불량품을 선적해서는 안 되며 부분적인 하자(lack of conformity)가 발생되었다면 미리 매수인(buyer)에게 이를 알리고 선적(shipment) 가능 여부를 타진하는 것이 사후 문제(dispute)를 발생시키지 않는 바람직한 방법이라 볼 수 있다.

이와 같이 해당거래가 종료(termination)된다 하더라도 사후관리(post management)를 통하여 손해배상청구(claim damages)를 미연에 방지하고 Repeat Order(동일품목에 대한 반복주문)를 받은 경우 이를 원만히 수행할 수 있으며, 수출신고필증과 기타 구비서류(documents)를 통하여 수입 시 지불한 관세(duties, tariff) 등에 대하여 전부 또는 일부를 환급받을 수 있는 관세 환급(Duty Drawback)을 진행하게 되므로 사후관리(post management)는 무역거래에서 거래의 안정성 확보차원에서 반드시 거치는 무역실무의 주요한 부분이다.

실/전/무/역/영/어

제2부

무역계약의 성립

CHAPTER 1

무역계약의 본질

1. 의의

무역계약(trade contract)이란 국제간에 이루어지는 물품매매에 대한 계약(contract for international sale of goods)으로서 수출상인 매도인(seller)과 수입상(buyer)인 매수인(buyer)의 권리의무를 약정(obligation of the parties)하는 것이라 볼 수 있다.

이때의 주 내용은 매도인(seller)이 매수인(buyer)에게 물품(goods)에 대한 소유권을 인도하고(transfer the property in the goods), 매수인(buyer)은 인도된 물품을 수령(take delivery)하고 대금지급(pay the price)을 하는 것을 주 내용으로 한다. 무역계약(trade contract)은 본질적으로 국내 상거래와 흡사하지만 국제 거래(international transaction)로서의 특수성이 존재한다.

2. 무역계약의 법적 성질

무역계약(trade contract)은 매도인(seller)의 청약(offer)에 대한 매수인(buyer)의 승낙(acceptance)으로 이루어지거나 매수인(buyer)의 주문(order)에 대한 매도인(seller)의 주문승낙(acceptance)이 있으면 이루어지게 되는데 이를 낙성계약(Consensual contract)이라 한다.

또한 무역계약(trade contract)은 특정한 형식적 요건에 의해 이루어지기보다 구두 또는 문서 어느 식에 의해서도 무역계약은 성립할 수 있는데 이를 불요식계약(Informal contract)이라고 한다.

그리고 무역계약(trade contract)이 성립함으로써 매도인(seller)과 매수인(buyer) 간에는 채권 채무가 발생하게 된다. 즉 수출상인 매도인(seller)은 계약 내용에 따라 약정된 물품의 소유권(property)을 인도할 의무가 발생하며 매도인(seller)의 이러한 행위에 대해 매수인(buyer)은 약정된 물품을 수령(take delivery)하는 한편 대금지급의 의무(obligation of the payment)가 발생하게 된다. 이러한 것을 쌍무계약(Bilateral contract)이라고 한다.

마지막으로 무역계약(Trade contract)은 유상계약(Remunerative Contract)이라고 할 수 있다. 즉 무역계약(trade contract)은 약정물품의 인도(delivery)에 대한 대가로 대금을 수령하기 때문에 이를 유상계약(Remunerative Contract)이라고 하며 이에 상대되는 개념은 대가 없이 이루어지는 무상계약(Unremunerative Contract)이다.

계약 관련 용어

① 낙성계약(Consensual Contract) ↔ 요물계약(Substantial Contract)
② 불요식계약(Informal Contract) ↔ 요식계약(Formal Contract)
③ 쌍무계약(Bilateral Contract) ↔ 편무계약(Unilateral Contract)
④ 유상계약(Remunerative Contract) ↔ 무상계약(Unremunerative Contract)

3. 무역계약의 종속계약

무역계약(trade contract)은 국제간에 이루어지는 거래이므로 거래내용을 이행하기 위하여 여러 가지 부대적인 조치가 필요하다.

즉 국경(border)을 넘어 물품이 이동하기 위하여 주로 항공기(air)나 선박(vessel)의 운송수단(means of transport)을 이용하게 되고 이에 따라 운송계약(contract of carriage)이 체결되고 운송(transport) 중의 불의의 사고에 대비하거나 결제조건에 따르는 위험(risk) 등을 담보하기 위해 보험계약(insurance contract)을 체결하는 경우가 많으며 또한 국제간의 자본이동에 따르는 부대적인 관계는 금융기관을 통하여 해결하기 때문에 금융계약도 필요하게 된다.

이러한 계약은 무역계약이 가지는 특수성으로 인해 필연적으로 발생되는 종속계약이라 볼 수 있다.

1) 운송계약(Contract of Carriage)

(1) 의의

운송계약(Contract of Carriage)은 화물(cargo)을 의뢰하는 송하인(shipper, consignor)과 화물(cargo)을 운송하는 운송인(freight forwarder, carrier)과의 사

이에서 체결되는 것으로 송하인(shipper, consignor)이 의뢰한 화물(cargo)을 목적지 까지 운송해주는 것을 조건으로 운송인(freight forwarder, carrier)은 그에 대한 대가로서 운임(freight charge)을 받게 되며 운송서류(transport document) 또는 기타의 계약내용에 따라 물품을 받을 권리자에게 인도할 것을 약정하는 계약(contract)이다.

(2) **종류**

화물(cargo)의 운송은 해상(ocean)을 통해 이루어지는 것이 가장 보편적이라 할 수 있으나 운송의 형태(mode of transport)와 이동 수단(means of transport)에 따라 해상운송(carriage of goods by sea), 육상운송(International Road Transport), 항공운송(Air Transport) 또는 복합운송(Multimodal Transport) 등으로 구분할 수 있다.

(3) **계약의 당사자**

운송계약(contract of carriage)의 당사자(party)는 운송인(freight forwarder), 송하인(shipper), 수하인(consignee)으로 삼분할 수 있다.

운송인(freight forwarder, carrier)은 송하인(shipper, consignor)의 의뢰에 의하여 화물(cargo)을 목적지(destination)까지 운송(transport)해주고 화물증권 또는 계약내용에 따른 서류와의 상환으로 약정된 물품을 수하인(consignee)에게 전달(delivery)해주고 그에 대한 대가를 받는 자를 말한다. 송하인(shipper)은 스스로 또는 대리인(agent)으로 하여금 운송인(freight forwarder, carrier)과 화물운송계약(transportation contract)을 체결하는 자로서 화물(cargo)을 운송인(freight forwarder, carrier)에게 실제로 인도하는 자를 말한다.

수하인(consignee)은 화물의 인도 시점에 그 약정된 화물(cargo)을 수령할 권리가 있는 자를 말한다.

2) 해상보험계약(Contract of Marine Insurance)

(1) **의의**

해상보험계약(Contract of Marine Insurance)이란 보험자(Insurer, Assurer)가 피보험자(Insured, Assured)의 관계에서 향후 발생할지도 모르는 불특정 손해(losses)에 대하여 그 해상손해(marine losses)를 담보하기 위하여 계약에 의거하여 합의 방법 및 범위(in manner and to the extent thereby agreed) 내에서 해

상손해(marine losses)에 대한 보상을 약속하는 계약(the insurer undertakes to indemnify the assured against marine losses)이다.

(2) **계약의 당사자**

① **보험자(Insurer, Assurer)**

보험계약자(Policy Holder)로부터 보험료(insurance premium)를 받고 그 위험을 인수하는 자를 말한다. 보험자(Insurer, Assurer)는 위험을 인수하고 보험사고(perils insured) 발생 시 손해를 보상하는 의무를 지닌다.

② **보험계약자(Policy Holder)**

보험계약자(Policy Holder)란 보험계약을 청약하는 자로 보험료(premium)를 지불하고 보험 청약 시 보험인수 여부에 관한 중요한 사실을 고지할 의무를 부담하는 자를 말한다.

③ **피보험자(Insured, Assured)**

피보험자(Insured, Assured)란 보험사고 발생 시 보험 목적물에 대한 경제적 이해관계, 즉 피보험이익(Insurable Interest)을 갖고 보험자(Insurer, Assurer)로부터 보상을 받는 자를 말한다.

④ **기타의 당사자**

기타의 당사자로는 보험계약체결을 중개하는 보험중개인(Insurance broker)이 있고 보험계약자를 대리하여 보험계약의 체결을 대행하는 보험대리점(Insurance agency) 등이 있다.

3) 금융계약(Financial Contract)

(1) **의의**

금융계약은 무역거래 시 대금결제와 관련하여 수출상 또는 수입상이 각각의 거래은행에 금융과 관련하여 체결하는 환계약을 말한다. (foreign exchange contract)

(2) **유형**

수입상(buyer)은 신용장거래(Letter of Credit) 또는 추심결제방식(collection)의 거래 등을 함에 있어 해당 거래은행과 수입거래 약정서를 작성하여 이에 대한 지급 방법과 범위 등에 대해서 약정을 하며, 수출상(seller) 역시 수출대금 회수를 위하여 거래 외국환 은행과 수출거래 약정을 체결하는데, 거래약정서를 체결할 때 금액의 한도 등을 설정하게 된다.

CHAPTER 2

청약과 승낙

제1절 청약(Offer)

1. 청약의 의의

청약(Offer)이란 청약자(Offeror)가 피청약자(Offeree)에게 어떤 대상 물품에 대해 일정한 조건을 제시하여 그 조건에 따른 내용에 따라 상대방이 승낙(acceptance)을 하면 구속된다는 의사와 함께 계약을 체결하고자 하는 확정적 의사의 표시(A proposal for concluding a contract)를 말한다. 이때 청약의 주체는 매도인(seller)인 경우가 많지만 매수인(buyer) 역시 자신이 제시하는 조건으로 물품을 구매하고자 할 때 청약(offer)을 할 수 있다. 매도인(seller)의 의사표시를 매도청약(Selling offer)이라고 하면 매수인(buyer)의 의사표시를 매수청약(Buying Offer)이라 하며 이를 주문(Order)라 부르기도 한다.

2. 청약의 유인(Invitation to offer)

청약의 유인(Invitation to offer)이란 청약의 상대방을 유인하여 청약을 유도하는 행위로서 확정적 의사표시(A proposal for concluding a contract)를 결여한 의사표시에 불과하므로 계약을 성사시키기 위한 예비적 교섭의 의사표시(invitation to make offers)에 불과하다.

▸▸ A proposal other than one addressed to one or more specific persons is to be considered merely as an invitation to make offers, unless the contrary is clearly indicated by the person making the proposal.

따라서 상대방의 승낙(acceptance)이 있다 하더라도 계약(contract)은 바로 성립되지 않으며 청약을 유인한 자가 상대방의 승낙(acceptance)에 대한 추가적인 의사표시를 하느냐에 따라 계약 성립 여부가 결정된다.

즉, 이를 재확인하는 절차를 거쳐 승낙(acceptance)의 의사표시에 대한 추가적인 확인 또는 승낙(acceptance)의 의사표시에 의하여 계약이 성립한다.

3. 청약의 요건

비엔나 협약(CISG)은 청약이 성립하기 위한 다음의 요건을 규정하고 있다.

① 계약을 체결하려는 제안일 것
(A proposal for concluding a contract)

② 한 사람 또는 다수의 특정인에게 보내진 제안일 것
(Address to one or more specific persons)

③ 승낙이 있으면 그것에 구속된다는 의사를 나타낼 것
(Indicate the intention of the offer to be bound in case of acceptance)

④ 충분히 명백할 것 — 물품(goods), 수량(quantity), 가격(price)
(sufficiently definite)

▸▸ A proposal for concluding a contract addressed to one or more specific persons constitutes an offer if it is sufficiently definite and indicates the intention of the offeror to be bound in case of acceptance. A proposal is sufficiently definite if it indicates the goods and expressly or implicitly fixes or makes provision for determining the quantity and the price.

4. 청약의 종류

1) 발행 주체를 기준으로

매도청약(Selling Offer)과 매수청약(Buying Offer)

앞에서 언급한 바와 같이, 매도인(seller)이 매수인(buyer)에게 일정한 조건(condition)의 제시와 더불어 충분히 확정적(sufficiently definite)이고 명백한 의사를 표시한 경우를 매도청약(selling offer)이라 하고, 매수인(buyer)이 자신의 구매 조건을 제시하며 매도인(seller)이 승낙(acceptance)에 의하여 계약이 성립하게 되는 경우를 매수청약(buying offer)이라 한다.

2) 확정력을 기준으로

확정청약(Firm Offer)과 불확정청약(Free Offer)

확정청약(Firm Offer)이란 청약의 유효기간(validity of offer), 선적기한(delivery) 이나 가격(price), 수량(quantity), 물품(goods) 등의 제 조건이 청약서(Offer Sheet)에 명시되어 있어 유효기간(validity of offer) 안에 피청약자(offeree)의 승낙(acceptance)이 있으면 계약이 확정적으로 성립되는 청약(offer)을 말한다.

불확정청약(Free Offer)은 유효기간(validity of offer)이 명시되어 있지 않거나 확정적(firm) 또는 취소불능(irrevocable)이라는 표현이 명시되어 있지 않은 청약(offer)으로 피청약자(offeree)에 대한 승낙(acceptance)으로 계약은 성립되나, 청약자(offeror)가 계약 성립 전에 취소(revocation)나 조건변경이 가능한 청약을 말한다.

3) 조건부 청약(Conditional Offer)

조건부 청약(Conditional Offer)이란 청약(offer)에 일정한 조건(condition)이 더해져서 그 조건이 충족될 때에 계약이 성립(formation of contract)되는 것으로 부가된 조건에 따라 확정청약(Firm Offer), 불확정청약(Free Offer)이 될 수 있으며 청약의 유인(Invitation to offer)에 해당되는 경우도 있다.

(1) 최종확인 조건부 청약(Offer Subject to Final Confirmation : sub-con offer)

청약자(offeror)가 청약(offer)서류를 발행할 때 때 피청약자(offeree)의 승낙(acceptance)이 있다 하더라도 청약자(offeror)의 최종확인을 조건(final confirmation)으로 발행되었기 때문에 이는 조건부 청약(Offer subject to Final confirmation)임과 동시에 청약의 유인(Invitation to offer)에 불과하다. 상대방의 승낙(acceptance)에 대한 청약자(offeror)의 확인을 통해서 실질적인 승낙(acceptance)이 이루어진다.

(2) 재고 잔류 조건부 청약(Offer subject to being Unsold)

재고 잔류 조건부 청약(Offer subject to being Unsold)이란 청약 대상물품이 재고(stock)로 남아 있는 경우에는 유효하지만 재고(stock)가 모두 판매되거나 기타의 사유로 없는 경우에는 청약(offer)의 효력을 상실하는 일종의 불확정청약(Free Offer)이다.

(3) 점검매매 조건부 청약(Offer on Approval)

점검매매 조건부 청약(Offer on Approval)이란 매매대상 물품(goods) 또는 견본(sample)을 피청약자(offeree)에게 보내어 피청약자(offeree)가 물품을 점검해보고 구매의사가 있으면 그 대금을 지급하고(pay the price) 그렇지 않으면 반품을 허용하는 조건부 청약(conditional offer)이다. 상대방의 대금지급은 승낙(acceptance)의 의사표시임과 동시에 계약(contract)이 확정적으로 이루어짐을 의미한다.

(4) 시황조건부 청약(Offer subject to market fluctuation)

시황조건부 청약(Offer subject to market fluctuation)이란 청약 시 제시한 가격(price)이 시황(market situation) 등의 변경에 따라 변동될 수 있다는 조건(condition)의 청약(offer)으로 피청약자(offeree)의 승낙(acceptance)이 있다 하더라도 청약자는 시세변동(market fluctuation)을 이유로 계약이 성립(formation of contract)하지 않을 수 있다.

5. 청약의 효력

1) 청약의 효력발생과 철회(withdrawal)

청약(offer)은 청약자(offeror)의 계약을 체결하고 싶다는 취지의 확정적 의사표시(A proposal for concluding a contract)가 피청약자(offeror)에게 도달되고 상대방의 승낙(acceptance)의 의사표시에 의하여 계약이 성립(formation of contract)한다.

이때 청약(offer)의 효력이 발생(becomes effective)하기 위해서는 청약(offer)의 의사표시가 상대방에게 도달되어야 청약(offer)의 효력이 발생하는 것이다. ("An offer becomes effective when it reaches the offeree.") 즉 청약(offer)의 효력이 발생하려면 청약(offer)이 상대방(offeree)에게 도달하여야 효력이 발생한다는 도달주의를 기본원칙으로 한다. 이러한 청약(offer)은 취소불능(irrevocable)이라 하더라도 청약(offer)이 상대방에게 도달하기 이전이나 도달과 동시에 청약자가 청약(offer)을 철회(withdrawal)하면 청약의 철회(withdrawal)는 가능하다.

▸▸ "An offer becomes effective when it reaches the offeree."
"An offer, even if it is irrevocable, may be withdrawn if the withdrawal reaches the offeree before or at the same time as the offer.

2) 청약의 효력 소멸사유

청약(offer)이 상대방에게 도달하면 그때부터 청약(offer)의 효력이 발생된다. 이러한 청약(offer)은 일반적으로 청약(offer)의 유효기간(period of validity)이 경과하는 경우 소멸하게 되지만 여러 가지 사유에 의해서 청약(offer)은 소멸하게 되는데 그 사유를 살펴보면 아래와 같다.

(1) 승낙(Acceptance)

청약(offer)에 대한 피청약자(offeree)의 승낙(acceptance)이 있으면 계약이 성립(formation of contract)하게 된다. 이때 승낙(acceptance)으로 승낙의 효력이 새로이 발생하며 계약이 성립(formation of contract)됨으로써 기존 청약(offer)은 그 효력이 소멸하게 된다.

▸▸ A statement made by or other conduct of the offeree indicating assent to an offer is an acceptance. Silence or inactivity does not in itself amount to acceptance.

(2) 청약의 거절(Rejection)

청약(offer)이 피청약자(offeree)에 도달하고 그 의사표시로서 피청약자(offeree)의 청약(offer)에 대한 거절(rejection)의 의사표시가 있게 되면 청약(offer)은 그 효력이 소멸된다.

▸▸ "An offer, even if it is irrevocable, is terminated when a rejection reaches the offeror."

(3) 반대청약(Counter Offer)

반대청약(counter offer)이란 피청약자(offeree)가 청약자의 청약(offer)에 대해 그 내용의 추가(additions) 제한 또는 변경(limitations or other modifications) 등의 방법으로 새로운 청약(offer)을 원청약자(offeror)에게 보내는 것을 말한다. 이는 원 청약(original offer)의 거절(rejection)이며 청약자에게 제시하는 새로운 청약(offer)의 일종으로 해석(interpretation)된다. 반대 청약(counter offer)을 하여도 계약은 성립되지 않으며 원 청약자(offeror)가 다시 반대청약(counter offer)을 승낙(acceptance)하게 되면 계약이 성립(formation of contract)되게 된다.

▸▸ A reply to an offer which purports to be an acceptance but contains additions, limitations or other modifications is a rejection of the offer and constitutes a counter-offer.

(4) 청약의 철회(withdrawal)

청약(offer)의 효력이 발생하기 전에 또는 청약(offer)과 동시에 이를 철회(withdrawal)하는 경우에는 취소 불능한 청약(Irrevocable offer)이라도 철회(withdrawal)가 가능하다.

▸▸ An offer, even if it is irrevocable, may be withdrawn if the withdrawal reaches the offeree before or at the same time as the offer.

(5) 청약의 취소(Revocation)

불확정청약(Free Offer)의 경우 계약(contract)이 체결되기까지 청약(offer)은 취소(revocation)될 수 있으나 피청약자(offeree)의 승낙(acceptance)이 있기 전에 취소(revocation)의 통지가 피청약자(offeree)에게 도달하여야 한다. 이러한 경우 청약(offer)의 효력은 소멸한다. 그렇지만 확정청약(Firm Offer)이거나 승낙(acceptance)의 확정된 기간(fixed time for acceptance)이 명시되어 있는 경우에는 취소(revocation)할 수 없으며 피 청약자(offeree)가 청약자(offeror)의 청약(offer)을 확정청약(Firm Offer)이라고 신뢰한 것이 합리적일(reasonable) 경우에는 그러하지 아니하다.

▸▸ Until a contract in concluded an offer may be revoked if the revocation reaches the offeree before he has dispatched an acceptance.

However, an offer can not be revoked :

(a) if it indicates, whether by stating fixed time for acceptance or otherwise, that it is irrevocable : or

(b) if it was reasonable for the offeree to rely on the offer as being irrevocable and the offer has acted in reliance on the offer.

(6) 취소에 대한 합의(Agreement)

확정청약(Firm Offer)은 청약자(offeror)가 일방적으로 이를 취소(revocation) 할 수 없으며, 피청약자(offeree)의 합의(agreement)가 있는 경우 이를 취소(revocation)할 수 있으며 그로 인하여 청약(offer)의 효력은 소멸된다.

(7) 시간의 경과에 따른 효력 소멸

시간의 경과에 따라서 청약(offer)의 효력은 소멸된다. 즉 유효기간(period of validity)이 있는 경우에는 유효기간(period of validity)이 경과함으로써 청약

(offer)의 효력은 소멸되지만 유효기간(period of validity)이 정해져 있지 않은 경우에는 상당기간(reasonable time)의 경과에 의해서 청약(offer)의 효력이 소멸된다. 상당기간(reasonable time)에 대해서는 구체적 기준이 존재하지 않으므로 거래 품목의 특성과 상관습 등에 의하여 결정될 수밖에 없기 때문에 논란의 여지가 있다.

제2절 승낙(Acceptance)

1. 승낙의 의의

승낙(Acceptance)이란 청약(offer)을 받은 피청약자(Offeree)가 청약(offer)에 대한 동의(assent)를 표시하는 피청약자(offeree)의 진술(indicating assent to an offer) 또는 기타의 이와 관련된 행위를 말한다. 승낙(Acceptance)의 효력이 발생하면 청약(offer)의 내용대로 계약이 성립(formation of contract)하게 되지만 침묵(silence) 또는 부작위(inactivity)는 그 자체만으로 승낙(Acceptance)이 되지 않는다.

▶▶ "A statement made by or other conduct of the offeree indicating assent to an offer is an acceptance. Silence or inactivity does not in itself amount to acceptance."

2. 승낙의 요건

1) 경상의 원칙(Mirror Image Rule)

승낙(Acceptance)은 청약(offer)의 내용과 정확히 일치해야 하며 절대적(Absolute)이고 무조건적(Unconditional)이어야 한다. 만일 조금이라도 다른 내용인 경우에는 반대 청약(Counter Offer)이 된다.

2) 청약의 상대방(Offeree)

승낙(Acceptance)은 청약(offer)의 상대방이 하여야 한다. 즉 피청약자(offeree) 이외의 자가 승낙(Acceptance)을 하여도 계약(contract)은 성립하지 않는다.

3) 청약의 유효기간

승낙(Acceptance)은 청약의 유효기간(validity of offer) 내 또는 합리적인 기간(reasonable time) 내에 해야 한다.

4) 승낙의 의사표시

승낙의 의사표시(the indication of assent) 약정된 방식이 있다면 그 형식으로 청약자(offeror)에게 통지하여야 한다. 그러나 약정된 방식이 없다면 기타의 방법으로도 승낙의 의사표시(the indication of assent)를 할 수 있다. 그러나 침묵(silence)이나 부작위(inactivity) 그 자체만으로는 승낙이 되지 못한다(CISG 18조①항).

▸▸ Silence or inactivity does not in itself amount to acceptance.

3. 승낙의 철회(Withdrawal)

승낙(Acceptance)은 철회(Withdrawal)의 의사가 승낙(Acceptance)의 효력이 발생하기 이전 또는 동시(before or at the same time)에 청약자(offeror)에게 도달했을 경우 철회(withdrawal)할 수 있다.

4. 승낙의 효력

1) 의의

국제 무역거래는 일반적으로 격지자간의 거래이므로 승낙(Acceptance)의 의사표시가 어느 시점에 효력을 발생하는가의 문제가 제기될 수 있다. 이에 대해 각국은 서로 다른 입법주의를 택하고 있으며 비엔나 협약에서는 도달주의(principal of arrival)를 채택하고 있다.

2) 승낙의 효력발생 시기

격지자간이란 표시한 의사의 전달에 일정한 기간이 소요되는 경우를 말하며 우편이나 전신에 의하여 의사표시를 하는 경우를 포함한다.

격지자간의 의사표시에 대한 효력발생 시기에 관하여는 다음과 같은 예가 있다.

① **발신주의** : 피청약자(offeree)가 승낙(Acceptance)의 의사표시(the indication of assent)를 발신한 때에 승낙의 효력이 성립한다는 입장을 취하고 있으며 한국, 미국, 영국, 일본 등이 이를 채택하고 있다.

② **도달주의** : 피청약자(offeree)의 승낙의 의사표시(the indication of assent)가 청약자에게 도달한 때 성립한 승낙(Acceptance)의 효력이 발생한다는 입장으로 비엔나 협약을 그 대표적인 예로 볼 수 있다.

▶▶ "An acceptance of an offer becomes effective at the moment the indication of assent reaches the offeror."

③ **요지주의** : 물리적으로 승낙(Acceptance)의 의사표시(the indication of assent)가가 청약자(offeror)에게 도달되고 현실적으로 이를 인지하였을 때 승낙(Acceptance)의 효력이 발생한다는 입장이다.

CHAPTER 3

무역계약서와 일반 거래조건 협정서

제1절 무역계약서

1. 무역계약서의 의의

무역계약(trade contract)은 불요식계약(Informal Contract), 쌍무계약(Bilateral Contract), 낙성계약(Consensual Contract), 유상계약(Remunerative Contract) 등의 기본적 특성을 가지고 있으므로 무역계약서(sales contract) 작성이 계약 성립(formation of contract)의 필수적 요건은 아니다.

그렇다고 하더라도 실질적으로는 국제간에 이루어지는 거래이므로 매매대상(goods), 대금결제방법(payment), 거래조건(trade terms) 등 주요 사항에 대해서는 보다 확실하게 해둘 필요가 있고 서로 간에 분쟁(dispute)이나 다툼이 생길 경우를 대비하여 무역계약서(sales contract)를 작성하여 서로 간에 분쟁(dispute)과 마찰의 소지를 줄이는 것이 바람직한 것이다.

무역계약(a contract of sales of goods)이란 무역의 대상이 되는 물품의 매매(sale of goods)를 함에 있어서 매도인(seller)이 매수인(buyer)에게 물품의 소유권(property)을 이전하거나 이전하기로 합의(the seller transfer or agrees to transfer the property in goods to buyer)하고 매수인(buyer)은 인도를 수령(take delivery)하고 대금을 지급하는 것(pay the price)이라 할 수 있다.

▸▸ A contract of sale of goods is a contract by which the seller transfers or agree to transfer the property in goods to buyer for a money consideration, called the price. (Sale of Goods Acts, 2조(1))

제2부 무역계약의 성립

2. 무역계약의 필요성

1) 계약 내용의 명확화

실무에서는 당사자 간의 가장 핵심적인 내용만이 오고가는 경우도 가끔은 있다. 즉, 매도인(seller)은 매도하고자 하는 물품(goods)의 가격(price), 금액(amount), 대금결제(payment condition)에 보다 더 많은 관심이 있고, 매수인(buyer)은 매수하고자 하는 물품의 품질(quality), 가격조건(payment term), 납기(delivery) 및 수입 후의 전망 등에 대하여 관심이 더 있다고 볼 수 있다.

당사자 간의 여러 차례 교섭(negotiation) 끝에 합의(agreement)에 이르러 계약이 성립(formation of contract)되고 나면 이를 보다 명확한 문서(document)로 확인할 필요성이 있다. 즉 서로의 합의(agreement)에 대한 내용을 보다 구체적으로 문서화함으로써 오해의 소지를 줄이고 보다 원만한 거래가 이루어질 수 있기 때문이다.

2) 계약 내용에 대한 증거

무역계약(contract sale of goods)의 특성상 문서에 의하지 않더라도 무역계약(contract sale of goods)은 성립하나 계약 내용에 대한 증거(evidence of contract)로 활용함으로써 당사자 중 일방의 무역계약의 취소(revocation) 또는 철회(withdrawal) 시에 발생하는 손실(loss)을 방지할 수 있다.

3) 무역 분쟁의 감소

매도인(seller)은 판매를 통한 대금을 입수하는 쪽에 보다 더 관심이 집중되고 매수인(buyer)은 저렴한 가격에 좋은 물품(goods)을 원하는 조건에 수입하는 쪽에 관심이 더 집중되다 보면 서로 간에 상대방이 원하는 측면을 소홀히 하여 무역 분쟁(trade dispute)이 발생할 소지가 있다.

즉, 매도인(seller)의 포장방법(packing) 운송기간 또는 도착기간(delivery) 등에 대한 배려가 없는 경우 매수인(buyer)은 판매기간이 지난 제품을 수입하게 되거나 물품의 손상(damages) 등으로 손실(loss)을 입게 되며 매수인(buyer)이 신용장(letter of credit)을 적기에 개설하지 않거나 또는 대금결제를 지연(delay)시킴으로써 매도인(seller)의 자금순환에 문제가 발생할 여지도 있다.

이러한 것들을 원인으로 무역 분쟁(trade dispute)이 발생할 수 있게 되는데 이러한 내용을 문서화함으로써 그만큼 무역 분쟁(trade dispute)은 감소하게 되는 것이다.

4) 무역거래의 원활화

무역계약(contract sale of goods)이 성립하고 당사자 간에 무역계약서(sales contract)를 작성하게 되면 계약 내용이 보다 명확해지고 무역 분쟁(trade dispute)이 감소되며 이를 바탕으로 상대방에 대한 신뢰도가 높아진다. 그 결과로 무역거래량(business volume)은 더욱더 커지고 원활해져 양자 간의 이익(profit)이 증대된다.

3. 무역계약의 문서화 유형

1) 판매확인서 또는 구매 주문서

(1) 판매확인서(Sales Note)

판매확인서(Sales Note)는 매도인(seller)이 매수인(buyer)의 주문(order)에 대하여 승낙(acceptance) 후 판매확인서(Sales Note)를 교부하여 정본 및 부본의 서명(signature)란에 각각 서명하여 한 부씩 보관하는 방법을 말한다. 이때 상대방의 서명을 카운터 사인(counter sign)이라고 한다. 주로 유럽(프랑스, 영국 등) 거래 시에는 이러한 방법이 자주 이용되곤 한다.

(2) 구매주문서(Purchase Note, Purchase Order)

구매주문서((Purchase Note, Purchase Order)는 매수인(buyer)이 청약(offer)에 대한 승낙(acceptance)을 한 후 구매 주문서(Purchase Note, Purchase Order)를 교부하여 정본 및 부본의 서명란에 각각 서명하여 한 부씩 보관하는 방법을 말한다. 주로 미주, 오스트레일리아, 남아프리카 공화국 등에서는 매수인(buyer)이 구매주문서(Purchase Note)를 발송하는 경우가 많다.

2) 매매계약서(Sales Contract)

매매계약서(Sales Contract)는 주로 처음 거래가 성립되거나 복잡한 계약 또는 중장기에 걸쳐 대금이 지불되는 경우 등의 경우에 별도의 계약서(Sales contract)를 작성하여 당사자 간의 서명으로 계약이 성립(formation of contract)되는 방식을 말한다.

3) 기타방식

(1) 프로포마 인보이스(Proforma-Invoice)를 발행하는 방식

프로포마 인보이스(Proforma-Invoice)란 사전 물품(goods), 가격(price) 등에 대한 내용이 담긴 견적송장을 의미한다. 영국, 프랑스, 그리스 등에서 섬유무역을 할 때 거래의 상대방인 매수인(buyer)이 요구하는 경우가 많다. 이는 넓은 의미에서 청약(offer)이 승낙(acceptance)되는 시점에서 작성되는 것이나 계약의 효력 여부에 대해서는 논란의 여지가 많다. 이를 사용하여 수입자(buyer)가 신용장 개설 시에 활용하는 경우도 많다.

(2) 청약서 나 주문서

매도인(seller)이 발행한 청약서나 매수인(buyer)이 발행한 청약서나 주문서(offer sheet or order sheet)에 상대방이 그대로 서명하는 방법이다.

제2절 일반 거래조건 협정서

1. 일반 거래조건 협정서의 의의(Agreement on General Terms and conditions of Business)

무역계약(contract sale of goods)이 성립되고 본격적인 거래가 이루어지게 되면 일회성이 아닌 장기적 반복적인 거래관계가 지속되는 경우가 많다. 이러한 경우에 매번 개별 거래 내용의 주요 부분은 변경(modification)될 수 있으나 일반적이고 기본적인 사항은 지속적 반복적으로 동일하게 이루어지는 경우가 많다.

이럴 때 당사자 간의 합의(agreement)에 의하여 거래 형태(Mode of Business),계약의 성립(Formation of Contract), 계약의 이행(Performance of contract), 분쟁해결(Settlement of Claim) 등의 사항을 정하여 문서화하고 서로 서명하고 교환한다면 업무의 간소화는 물론이고 장차 발생할 수 있는 무역 분쟁(trade dispute)의 가능성을 줄이게 되는데 그러기 위해서 필요한 것이 일반 거래조건 협정서(General Agreement)이다.

2. 일반 거래조건 협정서의 필요성

1) 업무의 간소화

장래의 거래에 대한 일반적 보편적 기준을 미리 설정함으로써 의문이나 다툼(dispute)이 줄어들어 무역계약의 계약의 성립(Formation of Contract)의 시간을 단축시킬 수 있으며 이를 통해 업무가 간소화된다.

2) 무역 분쟁의 예방 효과

구체적 거래조건은 오랫동안 해오던 당사자라 하더라도 서로 간에 착각이나 또는 다른 사유에 의해서 다툼이나 분쟁(dispute)이 발생할 여지가 있다. 일반 거래 조건 협정서(General Agreement)에 대한 상호 합의가 있다면 그만큼 오해나 분쟁의 소지가 줄어들게 되어 무역 분쟁(trade dispute)을 예방하는 효과가 있다.

3) 상관습의 차이에 대한 조정

무역은 국제간에 이루어지는 상거래이므로 언어(language), 문화(culture), 상관습(usage of trade) 등이 서로 같지 않고 상이하여 실지 거래가 이루어지는 동안 상대방의 이해에 대한 부족으로 인해 실망하거나 또는 거래가 지속적으로 진행되지 않는 경우도 있다.

일반 거래조건 협정서(General Agreement)를 체결하여 둔다면 상관습(usage of trade) 차이에서 오는 오해를 줄이고 차이점을 미리 해결하여 상관습(usage of trade)의 상이점에 대한 부분을 미리 조정해 놓을 수 있다.

3. 일반 거래조건 협정서의 작성 시기

일반 거래조건 협정서(Agreement on General Terms and conditions of Business)의 작성 시기는 거래가 이루어지는 단계에서 본격적 거래가 이루어지기 직전 거래관계 개설에 대한 합의(agreement)가 있은 후이나 청약(offer)에 대한 승낙(acceptance)을 통해 계약이 성립(Formation of Contract)된 후에 작성하는 것이 일반적이다.

4. 주요 내용

1) 주요 내용

(1) 거래 형태(Mode of Business)에 관한 조건

거래 형태는 당사자 간의 거래라 할 수 있는 본인 대 본인(Principal to Principal)의 거래인지, 본인과 대리인(agent)의 거래인지 아니면 대리인 간의 거래(Agent to Agent)인지를 명시한다.

(2) 계약 성립(Formation of Contract)에 관한 조건

계약은 일반적으로 청약(offer)에 대한 승낙(accept)으로 계약이 성립(Formation of Contract)하게 된다.

이러한 경우 CISG의 규정을 준용하는 경우도 있고 당사자 간의 합의(agreement)에 의하여 청약(offer)과 승낙(acceptance)에 관한 사항을 별도로 명시할 수 있다.

(3) 계약물품(Contract Goods)에 관한 조건

약정 물품의 품질(quality), 가격(price), 수량(quantity), 포장(packing) 등에 관한 일반적인 사항을 정하는 것으로 수입상(buyer)은 주로 물품의 품질(quality)에 대한 관심이 상대적으로 높으므로 수입상(buyer)의 의견이 까다롭게 제시되는 경우도 있다.

(4) 계약의 이행(Performance of Contract)에 관한 조건

매도인(seller)은 계약의 이행(performance of contract)은 대상 물품을 선적(shipment)하고 매수인(buyer)은 그에 대한 대가로 대금을 지급(pay the price)하는 일련의 과정을 말한다. 이러한 과정에서 선적(shipment)에 관한 사항, 대금지급(payment)에 관한 사항, 보험(insurance), 포장(packing) 등에 관한 기본적 사항을 명시하게 되는데 이 부분은 일반 거래조건 협정서의 가장 중요한 부분 중의 하나로 볼 수 있다.

2) 보조적 내용

(1) 분쟁 해결(Settlement of Claim)에 관한 조건

무역 당사자 일방이 손해배상을 청구(claim damages)하거나 무역 분쟁(trade

dispute)이 발생하였을 때 이를 해결(settlement)하기 위한 내용, 방법, 형식, 절차 등에 관한 사항을 명시하게 된다.

한쪽에 일방적으로 유리한 내용이 명시되면 거래의 진행이 원만하게 이루어지기 어렵기 때문에 보편적이며 일반적인 내용을 기준으로 균형 있게 작성하는 것이 바람직하다.

(2) 기타의 조건

기타의 조건은 보편적인 내용이 아니라 할지라도 수입상(buyer)과 수출상(seller)의 거래방식이 한쪽에서는 일반적으로 보편화되어 있는 경우에 그 내용을 명시함으로써 장기적 반복적으로 동일한 효과를 발생하게 하는 것을 말한다.

예를 들어 수입상(buyer)의 경우 일정한 품질기준 이상의 물품만을 항상 수입해야 하는 경우 수출시마다 공인 검사기관의 검사를 마치도록 하는 내용을 명시할 수 있고 수출상(seller)의 경우에는 대금결제(payment)의 중요성이 크기 때문에 D/A(Document against Acceptance) 또는 D/P(Document against Payment)거래를 회피할 수도 있다. 이러한 경우 신용장(letter of credit) 또는 T/T (Telegraphic Transfer) 거래를 선호하되 T/T 거래 시 결제시기(Time of Payment)에 관한 기준을 미리 내용에 포함해 둘 수도 있다.

제3절 무역계약의 기본조건

1. 의의

무역계약(contract sale of goods)에 있어서 당사자(parties)는 기본적으로 필요한 사항을 정하여 이를 계약서(sales contract)에 명시하여 문서화하고 이를 서명 교환함으로써 무역계약(contract sale of goods)의 쌍방이 이를 준수하고 계약 내용에 따른 이행(performance)을 하게 된다. 이러한 경우에 당사자(parties) 사이에 필수적으로 약정해야 할 기본적인 조건이 필요하게 되는바 이를 기본조건이라 할 수 있으며 이러한 기본조건은 일반 거래조건 협정서(general agreement)에 기재될 수도 있고 개별매매계약서에 기재될 수도 있다. 일반적 무역계약(contract sale of goods)에 있어서 기본 조건은 품질(quality), 선적(shipment), 결제(payment), 수량(quantity), 포장(packing), 보험(insurance) 등을 그 주된 내용으로 하며 제시되는 조건은 아래와 같다.

2. 조건의 분류

1) 품질조건(Quality Terms)

(1) 의의

품질조건(terms of quality)이란 무역의 대상이 되는 물품의 품질(quality)에 대한 기준을 어느 정도로 할 것인가에 대한 문제로서 품질결정을 위한 방법, 품질결정을 위한 시기 그리고 품질(quality)을 어떻게 증명할 것인가 등에 대한 조건을 약정하는 것이다.

무역의 특성상 수출상(seller)은 대금결제(payment)에 비중을 두며 수입상(buyer)은 자신이 수입하는 물품(goods)에 대하여 보다 확실한 품질(quality)을 요구하는 경향이 있다. 따라서 품질조건(terms of quality)은 양자의 합의(agreement)에 의해 이루어지지만 수입상(buyer)의 의견이 반영될 여지가 수출상(seller)보다 많다고 할 것이다.

(2) 품질결정방법

① 상표 매매(Sale by Brand)

상표 매매(Sale by Brand)라 함은 널리 알려진 상표(Trade mark)나 브랜드(brand)로서 약정 물품을 표시하는 방법이다. 이는 상표(Trade mark)나 브랜드(brand)명이 유명하여 소비자에게 많이 알려진 경우에 사용되며 상표(Trade mark)는 때에 따라서 품질(quality)을 보증하는 기능도 수행하기 때문에 상표(Trade mark)를 기준으로 무역거래의 품질 판정기준으로 이용하기도 한다.

② 견본품 매매(Sale by Sample)

견본품 매매(Sale by Sample)는 견본품(sample)을 이용하여 품질기준을 정하고 처음에 정해진 견본품(sample)대로 물품을 만들어서 공급하는 매매계약에 많이 이용된다. 견본(sample)은 매도인 견본(Seller's Sample)이 이용될 수도 있고 매수인 견본(Buyer's Sample)이 이용될 수도 있다.

특히, 섬유직물(textiles) 무역에서는 대부분이 아직까지 견본품(sample)을 이용한 무역거래가 진행된다. 여기서 견본(sample)은 상품 전체를 대표하는 품질

(quality)의 기준이 되는 것이다. 견본(sample)의 종류는 여러 가지가 있으나 대표적인 견본품(sample)의 종류는 아래와 같다.

㉠ Original Sample

수출상(seller)보이 물품 제조를 위하여 수입상(buyer)으로부터 받은 매수인(buyer)이 제시한 최초의 견본(sample)이나 수출상(seller)보이 매도를 위하여 수입상(buyer)에게 제시해서 계약이 수락된 최초의 견본품(sample)을 원 견본(Original sample)이라 한다.

㉡ Counter Sample

최초의 견본(Original sample)을 기준으로 하여 가장 흡사하게 제작한 견본품을 가리켜 Counter sample이라 한다. 이 경우 견본(sample)은 주로 세 개 이상 만들어서 매수인(buyer)에게 제시하는 경우가 많다.

㉢ Duplicate Sample

무역거래 당사자 간 합의한 대로 물품이 만들어졌는지 확인하기 위하여 보관하는 견본(sample)을 의미한다. 보관용 견본(keeping sample)은 때로는 두 개 또는 세 개 이상 만들어서 공장과 영업소 등에 비치하고 완제품 생산시기에 이를 비교 검토하는 기준이 된다.

㉣ Approval Sample

매수인(buyer)이 제시한 최초의 견본(original sample)을 가지고 가장 흡사하게 제작한 견본(counter sample)을 여러 개 제시할 수 있다. 이러한 경우 매수인(buyer)의 최종 수락이 있는 승인 견본(Approval Sample)을 말하는 경우도 있고 물품을 제조하고 선적(shipment) 전 매수인(buyer)에게 품질을 승인받기 위하여 발송하는 견본(sample)을 승인견본(Approval Sample)이라고 한다. 승인견본(Approval Sample)이란 주로 후자를 말한다.

㉤ 선적 견본(shipping sample과 advance sample)

선적 견본(sample)은 수출상(seller)보이 계약물품을 제조한 후 수입상(buyer)의 참조를 위하여 또는 완제품 도착 전 매매를 위하여 선적물품과 동일한 물품을 미리 발송하게 되는데 이를 선적견본(shipping sample)이라 한다. 선적견본(Shipping sample) 발송 비용은 통상적으로 수출자(seller)가 부담한다.

그 외에도 선적될 물품의 도착 전 다수의 수입상(buyer)에게 판매 촉진 등의 목적으로 발송하는 견본이 있는데 이를 Advance sample이라고 부른다. 이는 참조용 견본(sample)의 의미보다는 수입상(buyer)의 요구에 의하여 발송되는 경우가 대부분이고 선적 견본(shipping sample)보다는 수량이 많기 때문에 물품의 비용과 운임을 수입상(buyer)이 지불하는 것이 일반적이다.

③ 점검매매(Sales by inspection)

무역거래는 선물거래(future contract)가 상당한 비중을 차지하고 있지만 수입상(buyer)이 자신이 수입할 물품을 직접 점검하고 물품의 품질 수준을 확인한 후에 매매하는 경우도 있다. 이를 점검매매(sale by inspection)라고 한다.

점검매매(Sale by inspection)의 형식은 여러 가지가 있을 수 있다. 물품의 제조 후에 수입상(buyer) 또는 그 대리인(agent)이 현장에서 매수할 물품을 점검하는 경우도 있고 물품의 인도와 동시에 현금상환으로 거래하는 현금 상환도거래(COD : Cash on Delivery)도 점검매매(sale by inspection)에 해당하며 보세창고도 거래(BWT, Bonded warehouse Transaction)시에 상대국의 매수인(buyer)이 손쉽게 물품을 점검할 수도 있다. 이러한 거래는 수입상(buyer)의 품질기준이 까다로운 경우나 신규시장 개척할 때 등에 이러한 방법이 이용되기도 한다.

④ 규격매매(Sale by grade)

규격매매(Sales by grade)는 ISO(International Standard Organization)나 KS (Korean Standard) 등과 같이 상품의 규격이 특정되어 있거나 수출국 또는 수입국의 표준 규격(standard)이 정해져 있는 경우에 이용되는 규격매매(sales by grade)방법을 말한다. 따라서 표준화 또는 규격화하기 어려운 물품에는 이러한 방법이 적용되기 어렵다.

⑤ 표준품 매매(Sale by standard)

표준품 매매(sale by standard)란 품질(quality)을 대표하는 소량의 동종 상품을 기준으로 하는 경우 사용하는 방법이다. 예를 들어 미수확 농산물의 경우 현물로 품질(quality)의 견본(sample)을 제시할 수 없으므로 수확시의 품질(quality)을 대표하는 표준품을 기준으로 품질을 결정하는 방법이다.

이때의 품질조건은 출하시의 평균중등 품질을 표준으로 하는 평균중등 품질조건(Fair Average Quality)과 판매가능 여부에 따라 품질의 표준을 정하는 판매적격 품질조건(Good Merchantable Quality) 그리고 공인검사기관 등에 의하여 보통품질을 표준품질로 결정하는 보통표준 품질조건(Usual Standard Quality)이 있다.

㉠ 평균중등품질조건(Fair Average Quality)

선적지에서 평균 품질을 기준으로 표준품질을 결정하는 방식으로 곡물, 과일 등의 거래에 사용된다.

㉡ 판매적격품질조건(Good Merchantable Quality)

판매적정성을 매도인(seller)이 보장하는 조건으로 주로 냉동어류, 목재 등의 거래에 적합하다.

㉢ 보통품질조건(Usual Standard Quality)

공인검사기관이나 표준에 의해 판단하는 보통 품질을 적격기준으로 하는 방식으로 섬유(Textiles) 거래에도 자주 사용된다.

⑥ 명세서 매매(Sale by Description)

명세서 매매(Sale by Description)란 견본 제시가 어려운 선박, 항공기, 정밀기계 또는 철도차량 등은 설계도(Plan), 설명서(Description), 명세서(Specification)에 의존하고 규격, 성능, 재질 등을 명시한 명세서에 의해 물품의 품질을 약정하게 되는 바 이러한 방식의 매매를 명세서 매매(Sale by Description)라 한다.

(3) 품질의 결정시기

① 의의

품질(quality)의 결정시기는 어느 시기에 품질을 결정 하느냐에 대한 문제이다. 즉 선적시의 품질(quality)을 기준으로 하는 선적품질조건(Shipped Quality Terms)과 양륙시의 품질(quality)을 기준으로 하는 양륙품질조건(Landed Quality Terms) 등의 문제에 대해서 매도인(seller)과 매수인(buyer)이 합의(agreement)하는 것을 말한다.

공산품이나 변질 또는 부패의 가능성이 낮은 물품의 경우에는 시기의 문제가 심각하지 않을 수도 있으나 시간의 경과에 따라 품질의 변화가 민감한 부분에 대해서는 품질(quality)의 결정시기에 대해서 보다 명확히 해둘 필요가 있다. 당사자 간의 특별한 합의(agreement)가 없으면 정형거래조건(Incoterms)을 준용한다.

② 선적품질조건(Shipped Quality Terms)

선적품질조건(Shipped Quality Terms)이란 수출상(seller)에 의하여 인도된 물품이 선적시기(period of shipment)에 약정된 품질(quality)과 일치하면 그 이후에 발생되는 변질 등의 문제에 대해서 매도인(seller)이 책임(liability)을 지지 않는 조건을 말한다.

③ 양륙품질조건(Landed Quality Terms)

양륙품질조건(Landed Quality Terms)이란 수출상(seller)에 의하여 인도된 물품이 선적지가 아닌 목적항(port of discharge, port of destination)에서 양륙 시에 약정된 품질(quality)과 일치할 것을 조건으로 하는 것을 말한다.

예를 들어 농산물 등의 경우 선박(vessel)의 항해 중에 해수 등의 피해로 변질 부패되면 매도인(seller)이 이러한 피해에 대해 책임(liability)을 지는 조건이다.

④ 곡물의 품질결정시기

곡물(grain)거래 시에는 아래의 조건이 사용되기도 한다.

㉠ Tale Quale: 선적품질조건(Shipped Quality Terms)에 해당되며 "as it is just as they come"의 의미이다. 선적 시점까지 매도인이 책임을 지는 조건이므로 운송 중의 손상(damages)에 대해서는 매도인(seller)이 책임(liability)을 지지 않는다.

㉡ Rye Terms: 양륙품질조건(Landed Quality Terms)에 해당되며 러시아산 라이맥 거래에 쓰이던 조건으로 현품도착시의 품질(quality)을 조건으로 한다.

(4) 품질증명 방법

① 의의

품질증명 방법은 매도인(seller)과 매수인(buyer)의 합의(agreement)나 계약 내용에 따라 그 계약과 일치하는 물품(complying goods)이 제공되었는지를 증명하는 방법상의 문제이다. 이는 거래 대상과 거래 형태에 따라 조금씩 차이가 있을 수 있으나 대체적으로 다음과 같은 방법에 의한다.

② 매도인의 품질증명

수입상이 오랫동안 매도인(seller)과 거래한 경우에는 매도인(seller)의 품질증명서를 인정하는 경우도 있다. 그리고 선적품질 조건(Shipped Quality Terms)하에서의 선적시의 품질(quality)과 양륙시의 품질(quality)이 상이한 경우 매도인(seller)은 선적 이후의 변질에 대한 책임이 없으므로 품질증명 책임도 매도인(seller)에게 있다.

③ **증명기관(Surveyor)**

매매대상 물품의 검사, 감정, 증명을 전문적으로 하는 증명기관에서도 이에 대한 증명서를 발급함으로써 품질증명을 대신할 수 있다.

④ **매수인의 품질증명**

양륙품질조건(Landed Quality Terms)하에서 수출국의 선적항(port of dispatch)을 출발하여 도착항(port of destination)까지 가는 도중 변질물품에 대한 책임을 매도인(seller)이 부담하고 있으므로 도착항(port of destination)에서의 품질의 증명책임은 매수인(buyer)에게 있다.

2) 선적조건(Shipment Terms)

(1) 의의

무역계약에서 매도인(seller)은 계약과 일치하는 물품을 인도하고(The seller must deliver the goods as required by the contract) 매수인(buyer)은 인도를 수령하고 대금을 지급(pay the price)할 의무를 부담한다(The buyer must pay the price for the goods and take delivery of them as required by the contract). 매도인(seller)이 물품을 인도(delivery)하기 위하여 인도의 시기(time of delivery), 인도장소(place of delivery) 등에 대하여 당사자 간의 합의(agreement)가 필요하다.

인도(delivery)란 영국물품매매법(Sale of Goods Acts)에 따르면 특정인이 타인에게 행하는 자발적인 점유의 이전을 말하며 선적(shipment)이란 신용장 통일규칙에 따르면 과거에는 특정한 선박에 물품을 인도함을 의미하였으나 오늘날에 와서는 본선적재(Loading on board), 발송(Dispatch), 운송을 위한 인수(Acceptance for Carriage), 우편 수령(Post Receipt), 수집(Pick-up) 및 수탁(Taking in charge)까지도 포함하는 광의의 개념으로 해석한다.

(2) 선적시기(Time of Shipment)

① **의의**

선적시기(Time of Shipment)라 함은 매도인(seller)이 계약물품의 인도(delivery)를 위하여 언제 또는 어느 기간 내에 선적(shipment)할 것인가를 결정하는 시간적 한계를 말한다.

가까운 인접국가가 아닌 비교적 거리가 먼 국가와의 무역에서는 선적시기

(time of shipment)에 따라 선박(vessel)의 운항 스케줄이 달라져서 목적항(port of destination) 도착일자가 작게는 일주일에서 멀리는 2주 이상 차이가 나는 경우도 있기 때문에 선적시기(time of shipment)를 주의해서 결정해야 한다. 일반적으로 선적시기(Time of Shipment)는 출항지(port of dispatch)에서의 선적시기(time of shipment)를 의미하며 목적항(port of destination, port of discharge)의 도착시기(Time of delivery)와 구별된다.

출항예정일과 도착예정일

- ETD : Estimated Time of Departure (출항예정일)
- ETA : Estimated Time of Arrival (도착예정일)

② 선적일에 대한 조건

㉠ 최종선적기일 조건(Latest date of shipment)

최종선적기일(Latest date of shipment)은 신용장거래 또는 일반적인 거래에서 가장 보편적으로 사용되는 선적시기(Time of Shipment)에 관한 조건이다. 최종선적기일(Latest date of shipment)을 명시함으로써 수출상인 매도인(seller)은 합의된 날짜 또는 그 이전에 선적을 이행함으로써 계약 내용을 준수(performance of contract)하게 된다.

㉡ 특정기간(on or about)

특정기간(on or about)에 관해서 신용장에서 on or about라고 표기되어 있는 경우는 명시된 일자 이전의 5일부터 이후의 5일까지의 기간을 말한다. 즉 총 11일의 기간에 선적(shipment)하라는 의미로 해석(interpretation)된다.

ex) on or about : may 15 (5월 10부터 5월 20일까지 총 11일)

▸▸ The expression "on or about" similar will be interpreted as a stipulation that an event is to occur during a period of five calendar days before until five calendar days after the specified date, both start and end dates included.

㉢ 특정 월의 특정 기간

신용장에서 특정 월의 특정 기간이 정해진 경우는 다음에 의한다.

ⓐ 1개월을 3등분하여 구분하는 경우

beginning : 1 - 10일

middle : 11 - 20일

end : 21 - 말일까지

▸▸ The terms "beginning" "middle" and "end" of a month shall be construed respectively as the 1st to the 10th. the11th to th 20th and 21st to the last day of the month, all dates inclusive.

ⓑ 1개월을 둘로 구분하는 경우

first half : 1 - 15일

second half : 16 - 말일까지

▸▸ The terms "first half" and "second half" of a month shall be construed respectively as the 1st to 15th and the 16th to the last day of the moth, all dates inclusive.

③ 선적일 관련 용어

㉠ 당해 일자가 포함되는 용어

to, until, till, from, between은 명시된 일자를 포함한다.

㉡ 당해 일자가 제외되는 용어

before, after는 명시된 일자를 제외한다.

▸▸ The word "to" "until" "from" and "between" when used to determine a period of shipment include the date or dates mentioned, and the words "before" and "after" exclude the date mentioned.

④ 즉시선적의 무효

선적시기(latest date of shipment)를 명확하게 하지 않고 즉시 또는 조속히 선적하도록 하는 prompt, immediately, as soon as possible 등과 같은 표현을 사용하여 신용장(letter of credit)이 개설된 경우에 은행은 이러한 용어를 무시(disregard)한다. 그리고 수익자가 유효기일(expiry date) 내에 이 서류를 제시(document presentation)하는 경우 지급, 인수, 매입은행에서는 이를 수리한다.

▸▸ "Unless required to be used in a document, words such as 'prompt', 'immediately', or 'as soon as possible' will be disregarded."

(3) 분할선적(Partial shipment)과 환적(Transshipment)

① 분할선적(Partial shipment)과 할부선적(Installment shipment)

분할선적(Partial Shipment)이란 인도하여야 할 물품을 한꺼번에 선적하지 않고 여러 회에 나누어 선적(shipment)하는 것을 의미한다. 한편 할부선적(Installment shipment)은 일정기간 동안 정해진 분량을 나누어 선적(shipment)하므로 분할선적(Partial Shipment)과는 개념의 차이가 있다.

분할선적을 허용하는 경우에는 Partial shipment allowed라고 명시하고 분할선적(Partial Shipment)을 금지(prohibition)하는 경우에는 Partial shipment is not allowed. 또는 Partial shipment is prohibited.라고 표시한다.

② **환적(transshipment)**

환적(transshipment)이란 선적된 물품을 목적지(destination)에 도착하기 전에 다른 선박(vessel) 또는 다른 운송수단(different mode of transport)으로 옮겨 싣는 것을 환적(transshipment)이라고 한다. 신용장(letter of credit)에서 Trans shipment allowed.라고 표기되어 있으며 환적(transshipment)을 허용한다는 의미이다.

과거에는 환적(transshipment)으로 인해 물품의 파손(damages) 또는 멸실(loss) 우려가 있어서 수입상(buyer)들이 환적(transshipment)을 꺼리는 경향도 있었으나 컨테이너(container)의 등장, 포장(packing), 하역 기술(unloading technology)의 발달로 화물의 손상(damages) 및 멸실(loss)의 위험성(risk)이 크게 감소했다.

3) 결제조건(Payment Terms)

(1) 의의

결제조건(Payment Terms)은 매도인(seller)의 물품 인도(delivery)에 대하여 매수인(buyer)이 부담해야 할 의무(obligations)로서 물품대금에 대한 지급시기(time of payment), 결제통화(currency), 지급수단(means of payment) 등에 관하여 약정하는 것을 말한다.

대금의 결제는 수출상(seller)에 있어서는 가장 중요한 업무의 한 부분이므로 거래의 안정성이 담보될 수 있도록 주의를 기울여 결제조건을 선택할 필요가 있다.

(2) 대금결제 방법

① **신용장에 의한 결제(Letter of Credit)**

신용장(Letter of Credit)은 개설의뢰인(applicant)의 요청과 지시에 따라 개설은행(opening bank)이 신용장(letter of credit)을 개설하게 되면 수익자(beneficiary)인 수출상(seller)은 신용장(letter of credit)의 내용에 일치하는 서류(complying document)를 제시(presentation)함으로써 수출물품의 대금을 결제받는 조건부 지급확약이다.

신용장 거래(Letter of Credit)는 국제간 가장 많이 이루어지는 대금결제 방법 중의 하나이다. 국제간의 거래에 있어서는 특별한 경우를 제외하고 주문 당일 물품을 공급하고 대금결제를 받기는 어렵다.

계약이 성사(formation of contract)되고 물품(goods)이 공급(supply)되기까지 일정 시일이 소요되며 단순히 계약서(sales contract)만 가지고는 이해 당사자 간의 원만한 거래가 어렵다. 이에 은행을 통하여 신용장(letter of credit)이 개설되고 또 수익자(beneficiary)는 이를 수취함으로써 신용장(Letter of Credit)에 지시된 기일 안에 물품을 생산한 후 선적(shipment)하고 그에 해당되는 증빙 서류(complying document)를 거래은행에 제시(presentation)하면 원만히 대금결제가 이루어지는 것이다.

② 송금결제방식(Remittance)

송금(Remittance)을 통하여 결제하는 방식중 대표적인 방식은 T/T(Telegraphic Transfer) 방식이다. 수입량이 적어 자금 부담이 작은 거래이거나 수입자(buyer)가 수출자(seller)의 신용을 의심하지 않는 경우 또는 수입자(buyer)가 고의로 수입관세(import duty)를 적게 내기 위하여 원래 매입가격보다 낮은 가격으로 수입 통관을 하려고 할 때(Under value) 이런 방식을 택하기도 한다.

그러나 실제 가격보다 낮게 신고 된 물건은 덤핑(dumping) 문제나 무역 분쟁(trade dispute)의 원인을 제공하는 경우이므로 적극적으로 권장할 사항은 아니다. 서로 간에 정당한 방법으로 거래가 성사되어야 장기적이고 지속적인 거래가 이루어질 수 있으며 이는 국가 신인도에도 영향을 줄 수 있기 때문이다. 이러한 경우에 물품을 생산하기 전에 송금이 이루어지는 경우도 있고 물품을 생산하여 최종 생산량이 확정된 후에 송금해 주는 경우도 있다. 수출자(seller) 입장에서는 선불(Payment in advance)로 받는 것이 물론 가장 바람직한 방법이며, 대부분 수입자(buyer)들은 선불(Payment in advance)로 송금을 해주는 경우가 많다.

이 외에도 수표송금방식(Demand Draft), 우편송금방식(Mail Transfer)도 있으며 물품의 인도 인수와 동시에 결제가 이루어지는 Cod(Cash on Delivery)방식과 무역서류(document) 인도 인수와 동시에 지급하는 Cad(Cash against Document)방식이 있다.

③ **추심결제방식(Collection)**

추심결제방식(Collection)은 신용장(Letter of Credit)이 없이 수출자(seller)가 수출자(seller)의 거래은행에 환어음(Bill of Exchange)과 선적서류(shipping document)를 제시(presentation)하고 수출자(seller)의 거래은행은 수입업자(buyer)의 은행에 이 서류(document)를 발송하게 되고 수입업자(buyer)의 은행은 다시 수입업자(buyer, importer)에게 이 서류를 제시(document presentation)하여 대금결제를 받는 것이다. 이는 인수인도조건(D/A : Document against Payment)과 지급인도조건(D/P : Document against Payment)으로 구분된다.

㉠ 인수인도조건(D/A: Document against acceptance)

인수인도조건(D/A : Document against Payment)은 쉽게 말해서 외상거래이다. 추심 은행(collecting bank)이 수입업자(buyer)에게 환어음(Bill of Exchange)을 제시(presentation)하면 수입업자(buyer)는 단순 서명만으로도 선적서류(shipping document)를 수취할 수 있으며 대금 지불은 하지 않은 상태에서 물품을 찾아갈 수 있다. 이는 보통 수입업자(buyer)에게 외상 기일 이 주어지기 때문에 D/A 기간이 주어진다. (예 : D/A 60days)

㉡ 지급인도조건(D/P: Document against Payment)

지급인도조건(D/P : Document against Payment)는 수입자(buyer)가 선적서류(shipping document)를 수취할 때 대금결제를 담보하는 조건이므로 외상거래라 볼 수는 없다. 그러나 역시 대금결제(payment)가 이루어지기까지 상당한 시간동안 기다려야 하고 먼저 생산과 선적을 해야 하는 측면에서 수출자의 부담은 존재한다.

인수인도조건(D/A : Document against acceptance) 및 지급인도조건(D/P : Document against Payment) 방식은 대금결제가 완전히 보장되지 않으므로 수출자(seller)는 상대의 신용도를 면밀히 따져 보아야 할 것이다. 특히 인수인도조건(D/A : Document against acceptance)의 경우에는 물품 인수 후 상당 기일이 지난 후에 결제하는 방법이므로 수출자(seller)는 이런 수출 방식을 택할 때 신중하여야 할 것이다.

④ 국제 팩토링 결제 방식(Factoring)

국제 팩토링 결제 방식(Factoring)은 물품공급업자가 구매업자에게 상품 등을 외상으로 판매한 후 발생되는 외상매출 채권을 팩토링 회사(factor)에 양도하고 팩토링 회사로부터 각종의 금융지원과 사무처리 등의 서비스를 제공받는 방법을 말한다. 구매업자가 만기일에 대금결제를 하지 않더라도 물품공급업자가 팩토링 회사(factor)에 상환의무가 없다.

㉠ factor : 팩토링 업무를 하는 금융기관

㉡ client : 팩터와 팩토링 계약을 체결하는 자

㉢ customer : client의 판매처로써 채무자

⑤ 중장기 연불방식

플랜트 수출이나 대형기계류 등의 수출이 이루어진 경우에 대부분의 개발도상국들은 소요자금 부족으로 일시에 그 대금을 지불하는 것은 쉽지 않다. 이러한 경우에 물품 대금의 전부나 일부를 일정기간에 걸쳐 나누어 지급하는 것을 말한다.

(3) 결제시기에 따른 결제방법의 분류

① 선지급(Payment in Advance)

선지급(Payment in Advance)은 수출상(seller)이 매매 약정된 물품을 인도(delivery)하기 전에 그 대금을 지급하는 경우를 말한다. 현금(CWO : Cash with Order), 전신환(T/T : Telegraphic Transfer), 전대 신용장(Packing L/C, Red Clause L/C) 등이 이용된다.

㉠ 현금 CWO(Cash with Order)

주문(order)과 동시에 현금(cash)으로 바로 결제가 이루어지는 방식으로 수출상(seller)의 입장에서는 대금결제(payment)가 바로 이루어지므로 가장 선호하는 조건이나 특별한 경우를 제외하고 실제로 이런 거래는 자주 발생하지 않는다.

㉡ 전신환 T/T(Telegraphic Transfer)

전신환 T/T(Telegraphic Transfer)은 수출상(seller)의 계좌로 송금하는 방식으로 빠르고 편리하며 도난으로부터 안전한 특징이 있다.

㉢ 전대 신용장(Packing L/C, Red Clause L/C)

전대 신용장(Packing L/C, Red Clause L/C)은 수출상(seller)이 물품생산에

필요한 자금을 쓸 수 있도록 신용장에서 대금을 일정한 조건하에서 미리 사용할 수 있도록 허용한 신용장을 말하며(Packing L/C)라고 하는데 약관이 붉은색으로 표시가 되어 있어(Red Clause L/C)라고도 부른다.

② **후지급(Deferred Payment)**

후지급(Deferred Payment)은 수출상(seller)이 매매 약정된 물품(goods)을 인도(delivery)한 후 일정기간이 경과하고 나서 그 대금을 지급하는 경우를 말한다. 신용장 방식(Letter of Credit)에서는 일람불(at sight)이 아닌 연지급신용장(Deferred L/C) 또는 기한부매입신용장(Usance L/C) 등이 이용되며, 추심결제방식(collection) 중의 하나인 인수인도조건(D/A : Document against acceptance)방식, 국제팩토링결제방식, 중장기 연불조건 등이 이에 해당한다.

③ **동시지급(Concurrent Payment)**

동시지급(Concurrent Payment)방식은 수출상(seller)이 매매 약정된 물품을 인도(delivery)하거나 물품에 대한 권리(right)를 나타내는 서류(ex : Bill of Lading)의 인도와 동시에 대금의 결제가 이루어지는 방식을 말한다.

㉠ COD(Cash on Delivery)

물품을 인도하는 시점에서 대금결제를 받는 방법이다.

㉡ CAD(Cash against Delivery)

서류를 인도하는 시점에서 대금결제를 받는 방법이다.

(4) 대금결제통화(Currency)

대금결제통화(Currency)는 약정된 물품(goods)을 매도인(seller)이 매수인(buyer)에게 인도(delivery)하고 결제를 받는 시점에서 결제수단(means of payment)이 되는 국별 통화를 말한다.

결제통화(Currency)는 자국통화로 할 수도 있고 상대국 통화로 할 수도 있으며 제3국 통화로 할 수도 있다. 결제통화(Currency)에 따라 환위험이(Foreign exchange risk) 발생할 수 있으므로 신중한 선택이 필요하다.

4) 가격조건(Trade Terms)

(1) 의의

무역에 있어서 가격조건(Trade Terms)이란 매매하고자 하는 물품의 수출입에 소요되는 비용(cost)을 누가 부담할 것인가에 관한 조건을 정하는 것으로 일반적으로 정형거래조건(Incoterms)에 명시된 가격조건(Trade Terms)을 따라 정하며 이에 따라 포함되는 비용(cost)이 나눠지며 위험의 이전(passing of risks) 시점도 또한 달라지게 된다.

(2) 가격조건 약정시의 고려사항

① 가격의 구성요소

가격조건을 약정할 때에는 가격의 구성요소 즉 물품의 원가(production cost), 부대비용(extra cost or expense), 예상이익(profit) 등을 고려하여야 한다.

② 표시통화

표시통화(currency)는 자국, 상대국, 또는 제3국의 통화로 사용할 수 있다. 결제통화(currency)를 선택할 때에는 안정성과 교환성 및 유동성을 고려하여 환위험(exchange risk)이 적고 안정적인 통화(currency)를 선택하는 것이 바람직하다.

5) 수량조건(Quantity Terms)

(1) 의의

수량조건(Quantity Terms)은 수량의 단위, 표현방법, 결정시기, 계량의 방법 등에 대하여 약정하는 것이다.

(2) 수량의 단위(Unit of the Quantity)

수량의 단위(Unit of the Quantity)는 길이(length), 개수(piece), 면적(square meter), 포장(packing), 중량(weight), 용적(measurement) 등을 기준으로 수량을 설정한다.

길이는 센티미터, 미터와 인치, 피트, 야드 등을 주로 사용하는데 섬유직물(Textile) 수출 시에는 주로 야드(YD) 또는 미터(MT)를 사용하고 저급품의 경우에는 중량(weight) 단위로 하는 경우도 있다.

개수는 1 Piece 혹은 1Set, 1 Dozen 등이 사용된다. 또한 1 Gross라 하면 12 Dozen을 의미하며 이는 144Pieces를 말한다. 1 Small Gross는 10 Dozen을 의미하며 이는 120Pieces를 말한다.

포장(packing)은 상자(box), 곤포(bale), 마대(sack) 등을 사용한다.

중량은 온스, kg, 파운드, 톤, 그램 등을 사용하며 Ton의 종류는 관습에 따라 다음과 같이 구분된다.

① long tone : 2240lbs : 1,016Kg

② short tone : 2,000lbs : 907.2Kg

③ metric tone : 2,204lbs : 1,000Kg

용적은 부피를 말하는데 일반적인 품목은 Cubic Meter로 그 부피를 재고 Barrel, Gallon, Liter 등의 단위도 사용된다.

(3) 수량의 표현방법(quantity terms)

① 의의

무역거래 시 수량을 표현할 때 정확한 수량(quantity)을 셀 수 있는 경우에는 정확히 수량(quantity)을 표시하여 약정을 하지만 곡물(grain)이나 기타 수량(quantity)을 정확하게 일치시키기 어려운 품목은 과부족 한도를 정해두는 것이 필요하다.

이러한 경우에 사용되는 방법이 과부족용인 약관과 개산수량조건이다.

② 과부족 용인 약관(More or Less Clause)

과부족용인 약관(More or Less Clause)은 당사자 간에 과부족의 허용범위를 미리 설정해두고 그 과부족 범위 내에서 선적(shipment)이 이루어진 경우에는 이를 정당한 계약의 이행(performance of contract)으로 간주하는 조항을 말한다. 과부족의 허용한도는 무역거래의 당사자인 매도인(seller)과 매수인(buyer)의 합의 사항이다. 신용장 거래에서 과부족에 대한 문구가 없는 경우에 5% 과부족을 인정한다. 다만 선적수량(shipped quantity)이 초과되는 부분에 대하여 금액은 한도(does not exceed the amount of the credit)를 초과하지 못한다.

▸▸ A tolerance not to exceed 5% more or 5% less than the quantity of the goods is allowed, provided the credit does not state the quantity in terms of a stipulated number of packing units or individual items and total amount of the drawings does not exceed the amount of the credit.

③ 개산수량조건(Approximate Quantity Term)

개산수량조건(Approximate Quantity Terms)은 수량 문구 앞에 about, approximately의 표현을 삽입하여 수량(quantity) 표현에 탄력성을 부여하는 방법을 말한다. 신용장에서 개산수량(approximate quantity terms)이 표현되면 수량(quantity)(또는 단가, 금액)의 10%의 과부족을 인정한다.

▸▸ The words "about" or "approximately" used in connection tith the amount of the credit or the quantity or the unit price stated in the credit are to be construed as allowing a tolerance not to exceed 10% more or 10% less than the amount, the quantity or the unit price to which they refer.

(4) 수량의 결정시기

① 선적수량조건(Shipped Quantity Terms)

선적수량조건(Shipped Quantity Terms)은 선적지(port of loading)에서의 수량(quantity)을 기준으로 약정하는 방식으로 선적지(port of loading)에서의 수량(quantity)이 계약내용과 일치한 경우 운송도중 발생하는 수량(quantity)의 변화에 대해서는 매도인(seller)이 책임을 지지 않는 조건을 말한다. 이때 매수인(buyer)은 공인 검사기관 또는 공인 검량인(surveyor) 등의 검량을 받도록 하는 조건을 함께 약정하는 경우도 있다. 이때 검정기관의 보고서(Surveyor's Report)나 공인검량인(Public Weigher)의 중량용적증명서(Certificate of Weight and/or Measurement)를 제시하도록 할 수 있다.

② 양륙수량조건(Landed Quantity Terms)

양륙수량조건(Landed Quantity Terms)은 목적항(Port of discharge)에서의 수량(quantity)을 기준으로 약정하는 방식으로 양륙할 때 수량(quantity)을 확인하여 이를 기준으로 계약내용의 일치 여부를 따지는 조건으로 운송(transport)도중 발생하는 수량(quantity)의 변화에 대한 책임을 매도인(seller)이 진다.

양륙수량은 매도인(quantity)이 지정하는 공인 검량인(surveyor) 또는 공인검사기관에 의해 결정하는 것이 필요하다.

이때 검정기관의 보고서(Surveyor's Report)나 공인검량인(Public Weigher)의 중량용적증명서(Certificate of Weight and/or Measurement)를 제시하도록 할 수 있다.

6) 포장조건(Packing Terms)

(1) 의의

포장(Packing)은 적절한 재료를 사용하여 매매물품의 보관(storage), 운송(transport), 하역(cargo-working) 등에 있어서 물품의 손상(damage) 또는 멸실(loss)을 방지하기 위하여 그리고 상품의 가치를 유지하기 위하여 필요한 부분이다. 아무리 좋은 상품이라 하더라도 포장(Packing)이 잘 이루어지지 못해 물품이 손상(damage) 또는 파손된다면 상품으로서의 값어치를 상실하게 되므로 상품(goods)의 내용과 가치에 맞는 포장(Packing) 방법을 택해야 할 것이다.

(2) 포장의 종류

① 개장(Unitary Packing)

개장(Unitary Packing)이란 상품의 최소 단위를 개별적으로 하나씩 포장(packing)하는 것으로 소비자의 구매 욕구를 자극하도록 고안된 디자인 포장을 하는 것이 일반적이다. 포장(packing) 시에는 물품 보호와 외관의 모양을 고려하여 포장재료(Packing material)를 선택하여야 한다.

② 내장(Inner Packing)

내장(Inner Packing)은 물품의 수송(transport), 보관(storage), 하역(cargo-working)이 용이하도록 몇 개의 개장을 합하여 포장한다. 이때 주의할 사항은 개장을 너무 많이 합하여 포장하면 운송(transport)시에 어려운 경우가 있으므로 주의하여야 하며 중량(weight)에 민감한 물품의 경우에는 수입상(buyer)이 포장 중량(packing weight)을 제한하는 경우도 있다.

③ 외장(Outer Packing)

외장(Outer Packing)은 일반적으로 튼튼한 포장재(packing material)를 사용하고 나무상자(wooden box), 판지(cardboard box), 곤포(Bale) 등이 이용된다. 그리고 외장(Outer Packing)에는 화인(Shipping Mark, Case Mark)을 표기하여 내부의 물품(goods)이 무엇인지를 확인하도록 한다.

(3) 포장의 방법

① 의의

포장(packing)은 운송(transport)에 어려움이 없도록 적당한 수량을 포장(packing)하여야 하며 이때 각 포장 안에 내용물을 확인할 수 있도록 세부 포장명세서(Detail Packing list)를 작성하여야 한다. 포장(packing)을 하는 방법은 여러 가지가 있는데 직물류의 경우는 아래와 같은 방법이 주로 이용된다.

② 방법

㉠ Solid packing

Colour별로 구분하여 같은 Colour끼리 포장하는 방법으로 대부분의 경우

이 방법을 사용한다.

㉡ Assort Packing

서로 다른 Col를 같은 비율로 섞어서 포장하는 방법으로 주로 중동 수출 시에 이 방법을 사용한다.

㉢ Bale Packing

네모난 상자를 사용하지 않고 마대자루에 그대로 포장하는 방법으로 많은 수량을 선적하고 포장단가를 아낄 때 사용한다.

Loose Packing

일반적으로 포장(packing)은 박스 등을 이용하여 포장(packing)하여 컨테이너(container)를 통하여 수출되나 따로 외장을 사용하지 않은 채로 컨테이너(container)에 그냥 선적하는 경우로 주로 저가의 물품이나 포장이 곤란한 물품 또는 많은 양을 선적하고자 할 때 등의 경우에 사용하는 방법이다.

(4) 화인(Shipping Mark, Case Mark)

① 의의

화인(Shipping Mark, Case Mark)란 무역거래대상 물품의 바깥쪽에 물품의 식별을 위하여 특정기호(identification code), 포장번호(Carton no), 목적지(destination), 원산지(Origin) 등의 표시를 하게 되는데 이를 화인(Shipping Mark, Case Mark)이라고 하며 통상적으로는 Shipping Mark 또는 Case Mark라고 부른다.

② 기능

화인(Case Mark, Shipping Mark)은 물품의 식별(identification)기능이 가장 중요한 부분이며, 화물의 내용을 표시하는 기능을 겸하고 있고 보조적으로 취급상의 주의사항을 표시할 수도 있다.

③ 구성요소

화인은 일정한 기호로서 물품의 식별을 위해 주화인(main mark)을 사용하고 보조적으로 부화인(counter mark)을 사용하기도 한다.

그리고 화물번호(보통 1부터 - 최종화물번호까지), 원산지(origin), 품명(item), 목적항(destination), 수입상(buyer)의 의뢰기호 등을 표기한다.

7) 보험조건(Insurance Terms)

(1) 의의

무역거래의 물품은 국제간에 이루어지므로 비교적 거리가 멀고 이동수단 또한 다양하다. 이런 경우 예기치 못한 상황 즉 운송 중의 멸실(loss), 손상(damage), 전쟁(war) 등의 각종 위험(risk)에 노출되게 된다.

우연히 닥칠 예기치 못한 위험(risk)을 예방 내지 방지하기 위하여 수출자(seller) 또는 수입자(buyer)는 보험(insurance)을 부보하게 되는데 보험료(Insurance Premium)는 당해물품의 내용, 금액, 거리, 국가의 위험성 등을 기준으로 다양하게 분류된다.

(2) 보험금액의(Insured Amount) 결정

보험금액(Insured Amount)은 보험사고(perils insured)발생 시 보험회사(insurer)가 지급해야 하는 손해배상의 금액의 최고한도를 말한다.

보험은(insurance) 수출자(seller)가 부보하는 경우도 있고 수입자(buyer)가 부보하는 경우도 있으나 통상 송장금액(Invoice Value)의 110%에서 125% 사이로 부보하는 것이 일반적이다.

(3) 보상의 범위

① 구협회적하약관

1912년 제정된 약관으로 전위험담보조건(All Risk)인 ICC(A/R), 분손담보조건(With average)인 ICC(WA), 단독해손부담보조건(Free From Particular Average)인 ICC(FTA)으로 규정하고 있었으나 후에 신협회적하약관으로 개정되었다.

② 신협회적하약관(Institute Cargo Clauses)

런던보험자 협회와 로이드 보험협회가 구약관을 개정하여 1982년부터 사용된 약관이다. ICC (A), (B), (C) 조건, 협회전쟁약관, 협회동맹파업약관 등이 있고 각 조건마다 보상의 범위가 다르게 보상된다.

㉠ Institute Cargo Clause (A)

㉡ Institute Cargo Clause (B)

㉢ Institute Cargo Clause (C)

㉣ Institute War Clause (협회전쟁약관)

㉤ Institute Strike Clause (협회동맹파업약관)

(4) 정형거래조건과 부보의무의 귀속여부

① 의의

가격조건(Trade Terms)이 CIF 또는 CIP인 경우에는 매도인(seller)이 의무적으로 보험(insurance)을 부보해야 한다. 그러나 기타의 경우에는 보험(insurance)의 부보 의무가 없지만 매도인(seller) 또는 매수인(buyer)이 자신의 위험책임이 존재하기 때문에 위험에 대비하여 당사자 임의로 보험(insurance)을 부보하기도 한다.

② 매도인의 부보의무

가격조건이 CIF 또는 CIP인 경우에는 매도인(seller)이 매수인(buyer)을 위하여 의무적으로 보험(insurance)을 부보해야 한다.

③ 매수인의 임의부보

EXW, FCA, FAS, FOB, CFR, CPT 조건에서는 운송 중의 위험을 매도인(seller)이 부담하지 않으므로 매수인(buyer)이 임의로 보험(insurance)의 부보 여부를 결정한다.

④ 매도인의 임의 부보

DAF, DDU, DDP 조건에서는 운송 중의 위험을 매도인(seller)이 부담하므로 보험가입 의무는 없지만 매도인(seller)이 임으로 보험(insurance)의 부보 여부를 결정한다.

8) 분쟁(Trade disputes) 해결에 관한 조건

(1) 의의

무역은 국제간의 거래로서 상관습(Usage of Trade), 언어(language), 문화(culture) 등의 차이로 계약내용의 해석(interpretation of contract)과 관련하여 분쟁(dispute)이 발생할 소지가 있으며 이러한 경우 이를 처리하기 위하여 사전 합의(agreement)가 필요하다. 또한 물품의 하자(defect, lack of confirmity)로 인하여 손해배상을 청구(claim damages)하기도 한다. 당사자의 클레임 관련조항(Claim Clause)과 중재조항(Arbitration Clause) 등에 대하여 약정해두는 것이 필요하다.

(2) 클레임 조항(Claim Clause)

① 의의

클레임 조항(Claim Clause)은 계약 당사자 중 일방이 계약에서 요구한 의무(obligation of the contract)의 이행을 하지 않는 경우 계약 내용 또는 준거법(proper law)에 의거 피해를 본 일방이 자신의 상실된 권리(right) 또는 이익을 구제(remedies)하기 위한 행위나 상대방에게 손해배상을 청구하는(claim damages) 조항을 말한다.

② 내용

클레임 제기에 관하여는 제기기간, 근거, 제기방법 그리고 해결방법을 명시한다.

③ 해결방안

㉠ 당사자 간 해결

당사자 간 화해나 타협(compromise), 우호적 해결(amicable settlement), 청구권의 포기(waiver), 손해의 배상(compensation for damage) 등의 방법으로 클레임이 해결될 수 있다.

㉡ 제3자의 개입에 의한 해결

당사자 간에는 서로 이해관계가 상반되는 경우가 일반적으로 많이 있기 때문에 제3자의 개입에 의한 알선(intercession), 조정(mediation), 중재(arbitration) 등의 방법을 통하여 해결할 수도 있다.

(3) 중재조항(Arbitration Clause)

중재조항은(Arbitration clause)은 계약 당사자 간의 분쟁(dispute)이 발생한 경우 소송(litigation)을 제기하면 시간과 비용이 많이 들게 된다. 이러한 경우 소송(litigation)을 제기하지 않고 중재인에게 의뢰하여 중재인(arbitrator)의 판정을 최종적인 것으로 인정하여 중재조항(Arbitration clause)을 명시하여 분쟁을 해결(settlement of arbitration)하는 방법을 말한다.

중재조항(Arbitration clause)은 분쟁해결을 중재에 의한다는 조항(clause)을 미리 명시하거나 분쟁 발생 시 당사자의 합의(agreement)가 있으면 가능하다. 당사자는 중재에 관한 절차, 장소, 중재기관(mediator) 등을 합의(agreement)하여야 한다.

(4) **소송관련 조항(Litigation Clause)**

무역 분쟁 발생 시 클레임(claim), 알선(intercession), 조정(mediation), 중재(arbitration) 등의 방법에 의하지 않고 소송(litigation)을 제기하여 당사자의 권리 또는 이익을 구제받고자 하는 경우에는 소송(litigation)을 제기하여 해결할 수도 있다.

9) 기타조건

(1) 불가항력 조항(Force Majeure Clause)

① 의의

불가항력이(force majeure)란 계약 당사자의 정상적인 계약의 이행(performance of contract)을 불가능하게 만드는 천재지변(natural disaster), 지진(earthquake), 내란(rebellion), 전쟁(war) 등의 자연적 또는 인위적 사고를 말한다. 이러한 경우 계약의 이행(performance of contract)이 원천적으로 봉쇄되어 불가능하게 될수도 있고 계약이행(performance of contract) 불능 사유가 제거되면 계약의 이행(performance of contract)이 가능해지는 경우도 있다. 계약의 당사자(party)는 불가항력 사유 발생시 권리(right)와 의무(obligation)에 대하여 미리 규정해 두고 합의하는 것이 불가항력 조항(force majeure)이다.

② 불가항력 조항의 내용

㉠ 불가항력 사유

불가항력(force majeure)의 사유를 열거하고 열거하지 못한 사유에 대해서는 일반적인 문언을 명시한다.

㉡ 일정기간의 면책

불가항력(force majeure)의 사유가 발생하면 일정기간 동안 계약을 위반한 경우라도 면책(exemption)이 된다. 이는 사유 발생 시 계약위반자를 보호하는 역할을 하게 된다.

㉢ 매수인의 선택권

매수인(buyer)은 불가항력(force majeure)으로 인하여 계약의 이행이 불가능한 경우 기간 연장을 통해 계약의 이행을 하도록 하거나 이를 취소할 수 있는 선택권을 가지게 된다.

③ **불가항력의 효과**

불가항력(force majeure)의 사유가 발생하면 일정기간 동안 계약의 효력이 정지되고 계약의 이행을 연장하는 효과가 발생한다. 계약기간 연장 후에도 불가항력 사태가 발생하면 양 당사자는 계약을 취소(revocation)할 수 있다.

(2) Hardship 조항

Hardship은 계약 성사 이후 사정의 변화로 계약의 이행(performance of contract)이 현저하게 상업적으로 곤란한 경우를 말한다. 불가항력(force majeure)은 계약의 이행이 불가능한 경우임에 반해 Hardship은 계약의 이행이 불가능하지는 않으나 계약의 이행(performance of contract)으로 계약의 형평이 무너지는 등 여러 가지 어려운 사항에 닥쳤을 경우에 대비하여 합의(agreement)한 조항으로 불가항력(force majeure)과는 구분되는 개념이다. 이러한 경우 계약의 수정이 가능하도록 약속하는 내용도 함께 포함한다.

(3) 완전합의 조항(Entire Agreement, Integration Clause)

완전합의 조항(Entire Agreement, Integration Clause) 당사자 간의 합의 내용이 계약서류에 모두 명시되었다는 것을 전제로 "이 계약서 작성 이전에 있었던 구술 및 서면 합의는 기속력을 상실한다."는 내용을 명시하여 과거의 서면 합의에 대한 효력을 상실시키고 새로운 계약서에 명시된 조항만을 근거로 당사자의 권리의무를 발생시키는 것을 말한다.

(4) 권리침해 조항(Infringement Clause)

권리침해 조항(Infringement Clause) 무역계약에서 매도인(seller)이 매수인(buyer)의 지시 또는 주문으로 특허(patent), 의장(right of design), 상표(trade mark) 등 제3자의 권리를 침해하는 물품을 수출한 경우 제3자의 배상청구로부터 면책(exemption)된다는 것을 규정한 조항을 말한다.

▸▸ The seller shall not be responsible for infringement of paten, the right of design, trade mark.

(5) 검사조항(Inspection Clause)

검사조항(Inspection Clause)은 물품의 품질(quality), 수량(quantity) 등 검사(inspection)에 관한 조항으로서 검사기관, 장소, 시기, 비용부담 등에 대한 내용을 규정하는 것을 말한다.

(6) 계약분리조항(Severability Clause)

계약분리조항(Severability Clause)은 계약의 일부 조항이 무효(invalid)라고 해도 나머지 기타조항은 유효(valid)하다는 것이다. 일부의 조항이 무효(invalid)라는 이유로 계약 전체를 해지하거나 다른 조항까지 무효(invalid)로 영향을 주지 않도록 하기 위하여 만든 조항이다. 그러나 계약의 중요한 부분이 무효가 되는 때에는 계약 전부가 무효가 되는 경우가 있을 수 있음을 유의하여야 한다.

▸▸ If any provision of this Agreement is determined to be invalid or unenforceable, the provision shall be deemed to be severable from the remainder of the Agreement.

(7) 권리불포기조항(Non-waiver Clause)

권리불포기조항(Non-waiver Clause)은 계약 당사자 일방이 일시적으로 계약상의 이행 청구(performance of contract)를 하지 않았다 하더라도 이를 이유로 이행 청구권(its right to require performance)을 포기한 것으로 보거나 권리(right)를 박탈할 수 없다는 조항을 말한다.

▸▸ The failure of either party to require performance by the other party shall not constitute a waiver of, or shall nor affect, its right to require performance of such provision.

(8) 보증조항(Warranty Clause)

보증조항(Warranty Clause)은 매도인(Seller)이 인도(delivery)한 상품(goods)이 불량이 없이 하자가 없다는 내용을 명시한 조항이다.

▸▸ Each goods supplied by the seller is hereby expressly warranted to be free from defect in material.

(9) 증가비용조항(Escalation Clause)

증가비용조항(Escalation Clause)은 계약체결 시 예상치 못했던 비용의 증가를 누구의 부담으로 할 것인가를 약정하는 조항이다.

▸▸ Increase in freight, due to emergencies, or not existent at the time of contract, shall be for the buyer's account.

제4절 정형거래조건과 Incoterms

1. 정형거래조건의 의의

언어(language), 문화(culture), 지리적 환경(geographic environment)이 서로 다른 국가 간의 무역거래에서는 국가 간의 상관습(usage of trade)이 다양(various)하고 상관습(usage of trade, the custom of the particular trade place)의 다양성에서 발생하는 혼란과 분쟁(dispute)이 발생할 소지가 많다. 이를 피하기 위하여 국제 상관습에 대한 통일화 또는 표준화에 대한 노력이 꾸준히 진행되었다.

정형거래조건이란 국제무역거래에서 당사자(party)가 부담하는 의무(obligation)의 내용 즉 인도장소(delivery place), 인도비용(delivery cost), 위험의 이전(transfer of risk), 수출입통관(custom clearance) 등에 대한 내용을 조건별로 명확히 정형화한 것이라 할 수 있다.

정형거래조건은 여러 가지가 있지만 가장 보편적으로 활용되고 있는 것은 국제상업회의소(International Chamber of commerce)가 제정한 인코텀즈(Incoterms)이다. 잍코텀즈(Incoterms)는 International commercial Terms의 약칭으로서 무역거래조건에 따른 해석에 관한 국제규칙(International Rules for the Interpretation of the Trades terms)이라 한다. 인코텀즈의 목적(purpose of Incoterms)은 가장 일반적으로 사용되는 정형거래조건의 해석에 관하여 일련의 국제적인 규칙을 제공하는 것(provide a set of international rules for the interpretation of the most commonly used trade terms)이다.

2. 정형거래조건의 기능

1) 정형거래조건의 기능

(1) 계약 내용의 보완적 기능

무역계약(international trade contract)이 체결되면 통상적으로 가격조건 및 기타 계약에 필요한 부분을 명시하게 된다. 이때 자세한 설명이 없다하더라도 정형거래조건(Incoterms)을 활용함으로써 계약내용의 장황한 언급이 필요 없게 된다.

(2) 무역거래의 간소화

정형거래조건(Incoterms)은 오랫동안의 상관습에서 오는 이해관계의 차이점을 최대한 정형화시켜 표시하고 있기 때문에 계약내용을 일일이 열거할 필요가 없기 때문에 업무는 간소화된다.

(3) 법률문제의 해석기준

정형거래조건(Incoterms)은 계약조건에 포함되어 있는 당사자의 의무사항(obligation), 위험의 이전(passing of risk), 비용의 이전(passing of cost) 등의 사항에 대하여 명시하고 있으므로 이를 통해 법률적 해석기준으로 활용되기도 한다.

3. Incoterms 2020

1) 의의

앞에서 언급한 바와 같이 정형거래조건 중 INCOTERMS는 가장 보편적으로 활용되는 정형거래조건 중(most commonly used trade terms)의 하나이다. Incoterms는 1936년 ICC에 의해서 "정형거래조건의 해석에 관한 국제 규칙"이 제정된 이래 제일 나중에 개정된 것이 바로 Incoterms 2020인 것이다. 이는 상관습(Usage of Trade)의 변화에 적응하고 현실을 반영하기 위한 노력의 일환이라 볼 수 있다.

4. Incoterms의 주요 내용

1) 인코텀즈의 목적과 범위(Purpose and scope of Incoterms)

인코텀즈(Incoterms)의 목적은 국제무역에 있어서 가장 일반적으로 사용되는 무역 조건(most commonly used trade terms in foreign trade)의 해석에 관하여 일련의 국제적인 규칙(International Rules for the Interpretation of Trade Terms)을 제공하는 것이며 이에 따라 상이한 해석을 통한 불확실성(uncertainties of different interpretations)을 제거하거나 또는 괄목할 만 정도로 불확실성을 감소하는데 그 목적이 있다 하겠다.

인코텀즈(Incoterms)의 범위(scope of Incoterms)는 매각된 물품(goods)의 인도(delivery)에 관하여 계약 당사자의 권리(right)와 의무(obligation)에 관련된

사항에 한정되어 있으며 매각된 물품(유형물)만을 물품에 포함(delivery of goods sold)시키고 있으며 소프트웨어와 같은 무형물을 포함하지는 않고 있다. (not including "intangibles" such as computer software)

5. Incoterms의 각 조건

1) EXW(Ex Works : 공장인도조건)

(1) 해설

수출상인 매도인(seller)이 자신의 공장(works factory) 또는 작업장, 창고(warehouse) 등에 매수인(buyer)의 임의 처분상태(at the disposal of the buyer)로 놓아두었을 때 매도인(seller)이 인도(delivery)를 이행하는 것을 말한다.

▸▸ The seller delivers when it places the goods at the disposal of the buyer at the seller's premises or at another named place.

매도인(seller)은 수출통관(custom clearance)절차를 이행할 책임(liability)이 없으며, 매수인(buyer)의 집하차량에 적재(load)할 의무(obligation)도 없다. 이 조건은 매수인(buyer)이 최대의 의무와 비용을 부담하여야 하는 조건이다.

수출상인 매도인(seller)이 수출절차를 이행할 능력이 부족하거나 수입상인 매수인(buyer)이 수입국의 수출통관절차에 대한 의무마저 부담하므로 수입상(buyer)이 여러 수출상(seller)으로부터 현지 공장에서 물품(goods)을 직접 구매하여 자신의 위험부담(risk)과 비용(cost)으로 수출국에서부터 물품을 직접 관리하여 수입하려 할 때 이러한 조건이 이용되기도 한다.

매도인(seller)의 주요한 역할은 매수인(buyer)이 요구하는 대로 포장(Packing)을 완료하고 상업송장을 준비하여야 할 것이다.

▸▸ Key roles of the seller is to prepare the commercial invoice, arrange for packaging according to buyers requirements.

한편 실무에서는 매도인(seller)은 차량 적재의무가 없지만 매수인(buyer)이 수배한 차량에 수출상의 비용으로 적재하고 때에 따라서는 수출통관조차도 부담하는 경우가 있다. 이러한 경우 수출상(seller)은 기본적으로 자신이 부담해야 할 의무의 범위에 대해서는 보다 확실히 알아둘 필요가 있다.

(2) 특징

① 매도인의 최소의무, 매수인의 최대의무

이 조건은 정형거래조건 중 매도인(seller)이 부담하는 의무 중 최소한의 의무만을 부담한다. 가격조건에 운송비가 포함되지 않으므로 매수인(buyer)이 구매하는 가격은 다른 조건과 비교해 볼 때 제일 단가가 저렴하다.

② 위험 및 비용부담

EXW 조건의 경우에는 매도인(seller)의 물품이 현존하는 장소에서 인도함으로써 그 물품에 대한 일체의 위험과 비용은 매수인(buyer)이 부담하며 수출지에서의 통관비용도 매수인(buyer)이 부담한다. (The buyer must pay all cost and charge incurred in obtaining the document.)

2) FCA(Free Carrier : 운송인도조건)

(1) 해설

이 조건은 매도인(seller)이 매수인(buyer)이 지정한 운송인(buyer's carrier)에게 수출통관된 물품을 인도(delivery)하는 것이다. 매수인(buyer)의 운송인(carrier)은 물품 적재 후 선하증권(on-board bill of lading)을 매도인(seller)에게 발행하며 매도인(seller)은 이 서류를 매수인(buyer, 주로 은행을 통해서)에게 전달한다.

▸▸ Buyers's carrier will issue an on-board bill of lading to the seller after loading, which the seller will then tender to the buyer.

인도(delivery)가 매도인의 영업소(seller's premises)에서 행해지는 경우에는 매도인(seller)이 적재에(load) 대한 책임을 지지만, 영업소가 아닌 기타의 장소(any other place)에서 행해지는 경우에는 양륙에 대한 책임이 없다(not responsible for unloading). 매수인(buyer)이 운송인 이외의 자를 지명하였다면 매도인(seller)은 그 지명자에게 물품을 인도(delivery)함으로써 인도책임을 다한 것으로 본다. 이 조건은 복합운송(Multimodal Transport)을 포함하여 어떤 운송수단(means of transport)에도 사용될 수 있다.

(2) 특징

① 복합운송방식의 수용

FCA 조건은 어떠한 운송형태(mode of transport)에도 이용할 수 있는 정형거래조건으로 현대적 운송방식인 컨테이너운송방식과 같은 복합운송(Multimodal Transport)방식 등에 적합하도록 고안된 것이다.

② 매수인의 운송계약체결의무

이 조건은 매도인(seller)이 매수인(buyer)이 지정한 운송인에게 물품을 인도(delivery)하는 것이므로 운송계약은 매수인(buyer)이 체결한다. 이에 필요한 협조 부분은 매수인(buyer)의 위험과 부담 하에 매도인(seller)이 협조한다.

3) FAS(Free Alongside Ship : 선측인도조건)

(1) 해설

이 조건은 매도인(seller)에 의하여 약정물품이 본선의 선측(alongside the vessel)에까지 인도하는 조건을 말하며 수출통관(custom clearance)절차는 매도인(seller)이 이행하여야 한다.

▸▸ The seller delivers when the goods are placed alongside the vessel nominated by the buyer at the named port of shipment.

여기서 선측(Alongside Ship)이란 본선의 양화기 또는 부두 크레인 등에 의해 선내로 적재될 수 있는 선측으로 부두상 또는 본선 옆에 물품을 인도하는 장소를 말한다. 이 조건은 선박을 이용하여 운송하는 조건이므로 해상운송(carriage by sea) 또는 내수로 운송(inland waterway transport) 이용 시에만 사용할 수 있다.

(2) 특징

① 운송 형태의 제한

이 조건은 선측(Alongside Ship)에 물품을 인도하는 방식이므로 해상운송(Ocean Transportation) 또는 내수로운송(inland waterway transport)방식의 거래조건에만 사용되는 조건이다.

② 매도인의 수출통관 의무

매도인(seller)은 수출통관, 물품과 관련된 서류 등에 대한 비용 및 책임을 부담한다.

▶▶ Take care of any and all export permits, special documentation, etc, relating to the cargo.

4) FOB(Free On Board : 본선인도조건)

(1) 해설

본선인도조건은 무역계약 시 가장 보편적으로 활용되고 있는 무역거래방식의 하나이다. 본선인도(delivers the goods on board the vessel)란 물품이 지정된 선적항에서 지정된 선박의 본선에 선적할 때 매도인의 인도가 이루어지는 것으로 간주하며 수출통관절차는 매도인(seller)이 부담한다.

▶▶ The seller delivers the goods on board the vessel nominated by the buyer at the named port of shipment or procures the goods already so delivered.

물품의 운임은 매수인(buyer)이 부담하며 운송계약도 매수인(buyer)이 운송계약을 체결한다.

▶▶ Freight is collected at the destination and the contract of carriage is fixed by the buyer.

(2) 특징

① 주운임 미지급 조건

FOB조건은 매도인(seller)이 본선적재 이전의 운송비용을 담당하고 본선적재 이후 발생하는 해상운임과 기타 경비를 매수인(buyer)이 부담하므로 주운임 미지급조건이라 할 수 있다.

▶▶ Pay for the transportation from his door till the goods are loaded on board a ship.

② 운송 형태의 제한

이 조건은 본선에 물품을 인도하는 방식이므로 해상운송(Ocean Transportation, carriage by sea) 또는 내수로 운송 방식(inland waterway transport)의 거래조건에만 사용되는 조건이다.

5) CFR(Cost and Freight : 운임포함조건)

(1) 해설

운임 포함 조건도 무역계약 시 보편적으로 활용되는 무역거래 형태 중의 하나로서 물품이 본선에 적재할 때 매도인(seller)의 인도가 이루어지는 것으로 간주하며 수출통관절차는 매도인이 부담한다.

▸▸ The seller delivers the goods on board the vessel or procures the goods already so delivered.

이 조건에서는 보험을 제외하고 물품을 지정된 목적항(the named port of destination)까지 운송하는 데 필요한 비용 및 운임을 매도인(seller)이 부담한다.

▸▸ The seller must contract for and pay the costs and freight necessary to bring the goods to the named port of destination.

(2) 특징

① 보험부보의무 없음

이 조건은 CIF 조건과는 달리 보험(insurance)부보의무가 없다. 또한 본질적으로는 보험조건을 제외하고는 CIF 조건과 본질을 같이 한다.

② 운송 형태의 제한

이 조건은 해상운송(Ocean Transportation, carriage by sea) 또는 내수로 운송방식(inland waterway transport)의 거래조건에만 사용되는 조건이다.

▸▸ CFR may be used only for waterway transport, this destination must be a destination accessible through waterways.

③ 상징적 인도

이 조건은 선적 이후 물품의 멸실 및 손상의 위험을 매수인(buyer)이 부담하고 매도인(seller)으로부터 제시된 서류(document)와의 상환으로 대금을 지급하여야 되는 서류인도 조건 즉 상징적 인도(symbolic delivery)에 해당하는 조건이다.

▸▸ The "risk" passes from seller to buyer once the seller delivers the cargo on board the performing vessel, whereas the costs up to the named destination will still be for the seller.

6) CIF(Cost, Insurance and Freight : 운임보험료 포함조건)

(1) 해설

이 조건은 FOB 조건과 더불어 가장 보편적으로 활용되는 거래방식 중의 하나이다. CIF 조건에서는 물품이 본선에 적재할 때 매도인(seller)의 인도가 이루어지는 것으로 간주하며 수출통관절차는 매도인(seller)이 부담한다.

▸▸ The seller delivers the goods on board the vessel or procures the goods already so delivered.

매도인(seller)은 보험료를 포함하여 물품을 목적항(port of destination)까지 운송하는데 필용한 비용 및 운임을 매도인(seller)이 부담한다. 보험료는 당사자의 특약이 있다면 그에 의하고 특약이 없는 경우에는 통상적으로 수출가격의 110% 또는 125%의 범위 내의 금액을 기준으로 매도인(seller)이 보험을 부보한다.

(2) 특징

① 매도인의 보험부보의무

이 조건에서는 매도인(seller)이 운송 중의 물품의 멸실(loss)이나 손상(damages)의 위험(risk)을 대비하여 보험계약을 체결한다.

② 주운송비 지급조건

CIF 조건은 매도인(seller)이 목적항(port of destination)까지의 운송계약을 체결하고 운송에 소요되는 비용을 부담한다.

③ 운송 형태의 제한

이 조건은 해상운송(sea) 또는 내수로 운송 방식(inland waterway transport)의 거래조건에만 사용되는 조건이다.

▸▸ This term can be used only for sea and inland waterway transport.

④ 최소 보험 부보 가능(the level of minimum insurance)

CIF 조건에서 보험은 Institute Cargo Clauses (C)로 부보한다.

보험 보상 범위

ICC(A) 〉 ICC(B) 〉 ICC(C)

제2부 무역계약의 성립

⑤ **상징적 인도**

이 조건은 선적(shipment) 이후 물품의 멸실(loss) 및 손상(damage)의 위험이 매수인(buyer)에게 이전(The "risk" passes from the seller to buyer once the seller delivers the cargo on board)되고 매도인(seller)으로부터 제시된 서류와의 상환으로 대금을 지급하여야 되는 서류인도 조건 즉 상징적 인도(symbolic delivery)에 해당하는 조건이다.

▸▸ The "risk" passes from the seller to buyer once the seller delivers the cargo on board the performing vessel, whereas the costs up to the named destination will still be for the seller.

7) CPT(Carriage Paid to : 운송비 지급인도조건)

(1) 해설

이 조건은 매도인(seller)이 운송인(carrier)과 계약을 체결하고 매도인(seller)이 지정한 운송인(carrier)에게 물품을 인도(The seller delivers the goods to the carrier or another person nominated by the seller at an agreed place)하고 운송인(carrier)이 물품을 목적지(at an agreed place)까지 운송하는 데 필요한 비용을 매도인(seller)이 부담(The seller must contract for and pay the cost of carriage necessary to bring the goods to the named place of destination)하는 조건이다.

이때 보험료(insurance)는 수출자(seller)의 비용(cost)에서 제외된다. 수출통관비용은 매도인(seller)이 부담한다. 이 조건은 복합운송(Multimodal Transport)을 포함하여 어떠한 운송수단에도 사용될 수 있는 조건이다.

(2) 특징

① **보험부보의무 없음**

이 조건은 CIP 조건과는 달리 보험부보의무가 없다. 또한 본질적으로는 보험조건을 제외하고는 CIP 조건과 본질을 같이 한다.

② **주운송비 지급조건**

CPT 조건은 매도인(seller)이 목적지까지의 운송계약을 체결하고 운송에 소요되는 비용을 부담한다.

③ **운송형태의 제한이 없음**

CFR과 CIF 조건이 해상운송과 내수로 운송에만 사용되는 것과는 달리 CPT 조건은 운송형태에 관계없이 사용할 수 있으며 특히 복합운송(Multimodal Transport)에 적합한 조건이다.

8) CIP(Carriage Insurance Paid to : 운송비 보험료 지급인도조건)

(1) 해설

이 조건은 매도인(seller)이 지정한 운송인(carrier)에게 물품을 인도하고 운송인(carrier)이 물품을 목적지까지 운송(transport)하는 데 필요한 비용을 매도인(seller)이 부담한다.

▸▸ The seller delivers the goods to the carrier or another person nominated by the seller at an agreed place and that the seller must contract for and pay the costs of carriage necessary to bring the goods to the named place of destination.

이때 운송 중의 멸실(loss) 또는 손상(damages)의 위험에 대비하여 부보하는 보험료(insurance)는 수출자(seller)의 비용에 포함된다. 수출통관비용은 매도인(seller)이 부담한다. 이 조건은 복합운송(Multimodal Transport)을 포함하여 어떠한 운송수단(means of transport)에도 사용될 수 있는 조건이다.

(2) 특징

① **매도인의 보험부보의무**

이 조건에서는 매도인(seller)이 운송 중의 물품의 멸실(loss)이나 손상(damages)의 위험을 대비하여 보험계약을 체결한다. 부보의 범위는 전위험(all risk) 담보조건인 ICC(A)로 부보한다.

▸▸ The level of minimum insurance has been increased to that complying Caluses(A) of the Institute Cargo Clauses.

보험 보상 범위

ICC(A) 〉 ICC(B) 〉 ICC(C)

② **주운송비 지급조건**

CPT 조건은 매도인(seller)이 목적지까지의 운송계약(contract of carriage)을 체결하고 운송에 소요되는 비용을 부담한다.

③ **운송형태의 제한이 없음**

CFR과 CIF 조건이 해상운송(carriage by sea)과 내수로 운송(inland waterway transport)에만 사용되는 것과는 달리 CIP 조건은 운송형태에 관계없이 사용할 수 있으며 특히 복합운송(Multimodal Transport)에 적합한 조건이다.

9) DPU(Delivered At Place Unloaded)

(1) **해설**

관세미지급 조건(DPU, Delivered At Place Unloaded)이란 매도인(seller)이 목적지에서 수입 통관(custom clearance)을 이행하지 않고 매수인(buyer)이 수입통관을 이행하고 도착된 운송수단(arriving means of transport)으로부터 양륙하지 않은 상태로 매수인(buyer)에게 물품을 인도하는 것을 말한다.

▶▶ The seller delivers when the goods, once unloaded from the arriving means of transport, are placed at the disposal of the buyer at a named place.

(2) **특징**

① **매수인의 수입 통관의무**

관세지급인도조건(DDP, Delivered Duty Paid : 관세지급인도조건) 조건은 매도인이 해당 수입국의 통관절차를 이행하는 것이나 DPU(Delivered At Place Unloaded) 조건은 매도인(seller)이 수입통관절차를 이행하지 않고 매수인(buyer)이 수입 통관을 이행하고 이에 소요되는 경비를 부담한다.

▶▶ The buyer bears the import duty and taxes.

② **도착지 계약**

DPU(Delivered At Place Unloaded) 조건은 매도인이 계약물품을 수입국의 지정 목적지에서 매수인(buyer)의 임의 처분 하에 물품을 적치하는 것을 조건으로 한다. 따라서 이는 도착지 계약에 해당된다.

③ **매도인의 운송계약체결의무**

DPU(Delivered At Place Unloaded) 조건은 매도인이 지정 목적지까지 운송계약을 체결하고 이에 소요되는 비용을 부담하여야 한다.

▸▸ The seller enter into relevant contracts of carriage with the various carriers up to the named place.

④ **운송형태의 제한이 없음**

DPU(Delivered At Place Unloaded) 조건은 DDP(Delivered Duty Paid : 관세지급인도조건) 조건과 마찬가지로 운송형태에 관계없이 사용될 수 있는 정형거래조건이다.

10) DAP(Delivered at Place : 도착 장소 인도조건)

(1) 해설

DAP(Delivered at Place : 도착 장소 인도조건) 조건은 수출물품을 수입국내 지정된 지점 및 장소에서 수입통관 미필상태의 물품이 양하하지 않은 채로 도착한 운송수단 상에서 매수인의 임의 처분 상태에 놓여 있을 때 인도하는 것을 말한다.

매도인은 지정된 장소까지 물품을 인도하는 동안의 모는 위험을 부담한다.

▸▸ The sell delivers when the goods are placed at the disposal of the buyer on the arriving means of transport ready for unloading at the named place of destination. The seller bears all risk involved in bringing the goods to the named place.

수출통관 비용은 매도인이 부담하며 물품의 수입통관 비용은 매수인이 부담한다.

▸▸ Buyer pays import duty and taxes at the port of destination.

(2) 특징

① **도착지 계약 조건**

DAP(Delivered at Place) 조건은 수입국의 지정된 지점 및 장소에서 매수인의 임의 처분하에 물품이 있을 때 인도하는 것이므로 도착지 계약이라 할 수 있다.

제2부 무역계약의 성립

② **매도인의 운송계약체결의무**

DAP(Delivered at Place) 조건에서는 약정물품의 인도를 위해 수입국의 지정장소 까지 운송을 수배하고 이에 해당하는 소요경비를 매도인이 부담한다.

③ **운송형태의 제한이 없음**

DAP(Delivered at Place) 조건은 운송방식에 관계없이 사용될 수 있는 조건이다.

④ **매도인의 임의 보험 부보**

매도인이나 매수인(buyer)은 보험(insurance)가입의무가 없으나 매도인이 운송 중의 멸실(loss)이나 손상(damages)에 대비하여 보험을 가입할 수 있다.

11) DDP(Delivered Duty Paid : 관세지급인도조건)

(1) 해설

관세지급인도조건(Delivered Duty Paid)이란 매도인(seller)이 지정 목적지까지 운송비용뿐만 아니라 수입통관(cleared for import, custom clearance)을 이행하고 도착된 운송수단(means of transport)으로부터 양륙되지 않은 상태에서 매수인(buyer)에게 인도(delivery)하는 것을 말한다.

이 조건은 매도인(seller)이 부담해야 할 의무가 가장 많은 거래조건이다.

상대 수입국의 통관절차를 잘 모르는 경우 또는 매수인(buyer)에게 수입에 관한 모든 위험(risk)과 비용(cost)을 부담시키려면 DDP 조건 대신에 DPU (Delivered At Place Unloaded) 조건을 사용해야 한다. 이 조건은 운송수단에 관계없이 사용할 수 있다.

▸▸ The seller delivers the goods when the goods are placed at the disposal of the buyer, cleared for import on the arriving means of transport ready for unloading at the named place of destination.

(2) 특징

① **도착지 계약**

DDP(Delivered Duty Paid) 조건은 매도인(seller)이 계약물품을 수입국의 지정 목적지에서 매수인(buyer)의 임의 처분 하에 물품을 적치하는 것을 조건으로 한다. 따라서 이는 도착지 계약에 해당된다.

② 매도인의 운송계약체결의무

DDP(Delivered Duty Paid) 조건은 매도인(seller)이 지정 목적지까지 운송계약을 체결하고 이에 소요되는 비용을 부담하여야 한다.

▸▸ The seller pay for the transportation from his door to the agreed destination including freight charges.

③ 매도인의 수입통관의무

이 조건은 관세지급 인도조건이므로 매도인(seller)이 수입통관에 관한 절차를 이행하여야 하며 이에 소요되는 비용을 부담하여야 한다. 따라서 현존하는 정형거래조건 중에서 매도인(seller)이 부담해야 할 의무가 가장 많은 조건이다. 이 조건은 매수인이 수출입에 대한 상황을 잘 모르거나 혹은 매도인이 수입국 통관절차를 잘 아는 경우에 이 조건의 계약이 적합하다.

만일 수출상이 수입허가를 취득하지 못하거나 직간접적으로 수입국의 수입통관절차를 이행하기 곤란한 경우에는 DDP(Delivered Duty Paid) 조건 대신 DPU(Delivered At Place Unloaded) 조건을 사용할 수 있다.

④ 운송형태의 제한이 없음

DDP(Delivered Duty Paid) 조건은 DPU(Delivered At Place Unloaded) 조건과 마찬가지로 운송형태(mode of transport)에 관계없이 사용될 수 있는 정형거래조건이다.

6. Incoterms의 한계

Incoterms가 정형거래조건의 해석에 관한 통일된 규칙을 제공함으로써 무역거래를 원활하게 하지만 다음과 같은 한계를 가지고 있다.

1) 최소한의 해석기준

Incoterms는 무역계약 시 채택할 수 있는 무역 조건에 대한 최소한의 해석기준을 제시하고 있으며 운송계약(contract of carriage)이나 보험계약까지 포괄하여 적용되는 것은 아니다.

2) 매매 당사자의 권리의무

Incoterms는 무역거래 시 물품을 통환할 의무, 위험과 비용의 분기점 등에 대해서 다루고 있으나 소유권(property)과 재산의 이전, 계약위반(breach of contract)시의 권리(right)와 의무(obligation)의 범위 등에 대해서는 다루고 있지 않다.

3) 당사자 특약우선

Incoterms의 적용에 관하여 개별계약에서 당사자의 특약이 있는 경우에는 특약이 Incoterms에 우선하여 적용된다.

7. Incoterms 내용 정리

1) 운송형태에 의한 조건의 구분

(1) 해상운송 및 내수로 운송조건에서 사용 가능한 조건

해상운송 및 내수로 운송조건에서 사용 가능한 조건은 FAS, FOB, CFR, CIF 조건이다.

(2) 모든 운송형태에 사용 가능한 조건

모든 운송형태에 사용 가능한 조건은 EXW, FCA, CPT, CIP, DAP, DPU, DDP 조건이다.

2) 운송지에 의한 조건의 구분

운송지에 의한 조건은 당사자의 계약 내용에 따라 위험의 분기점을 구분하는 것으로 수출지인 선적지(port of loading)에서 물품의 멸실이나 손상에 대한 매도인(seller)의 위험부담이 매수인(buyer)에게 이전되는 것을 선적지 계약이라 하고 위험부담의 분기점이 수입국 내의 어느 지점에 존재하는 것을 도착지 계약이라 한다. 선적지 계약에는 E그룹, F그룹, C그룹이 해당되며 도착지 계약은 D그룹이 해당된다.

3) 보험계약의 당사자

(1) 매도인이 보험계약을 체결하여야 하는 경우

CIF, CIP 조건에서는 매도인이 운송 중의 멸실이나 손상에 대하여 보험계약을 체결하여야 한다.

(2) 기타의 경우

CIF, CIP 조건을 제외하고는 보험의 부보 의무가 없다. 다만 매도인(seller) 또는 매수인(buyer)이 자기 자신을 위하여 스스로 보험을 부보할 수도 있다.

즉, D그룹의 경우에는 매도인(seller)이 도착지까지의 운송(transport)과 운송(transport) 중에 발생하는 멸실 또는 손상(loss or damage)에 대비하여 매도인(seller) 스스로를 위하여 보험(insurance)을 부보할 수 있고, 기타 매도인(seller)의 부보 의무가 없는 나머지 조건에 대하여는 매수인(buyer)이 자신에게 이전된 위험(risk)을 담보하기 위하여 스스로 보험계약(insurance contract)을 체결할 수가 있는 것이다.

제5절 CISG

1. CISG의 의의

CISG(United Nations Convention on Contracts for the International Sale of Goods)는 국제물품 매매계약에 관한 협약(약칭 비엔나 협약)으로서 UN국제 거래법 위원회에서 성안한 협약이다.

국가마다 법체계와 상관습(trade custom)이 동일하지 않으므로 무역거래(international trade) 시 무역 분쟁(trade dispute) 발생의 위험(risk)이 항시 존재하므로, 이러한 서로 다른 사회적, 경제적 그리고 법체계의 차이(the different social, economic and legal systems)를 고려하여 불필요한 시간과 비용을 줄이고 무역거래의 활성화(the development of international trade)를 위하여 준거법(proper law)을 표준화할 필요성이 높아짐에 따라 UN에의 하여 성립되었으며 전문을 포함하여 총 101조로 구성되어 있다.

CISG는 1964년 The Uniform Law of International Sales of Goods와 The Uniform Law of Formation of Contracts for the International Sales of Goods에 기초를 두고 있으며 현재 대한민국, 미국, 캐나다, 독일, 프랑스 등 주요 무역국가들 대부분이 동 협약에 가입한 상태이다.

2. CISG의 특징

1) 포괄적인 법체계

CISG는 계약의 성립(formation of contract), 매도인(seller)과 매수인(buyer)의 의무(obligations of the seller and buyer), 계약위반시의 구제방안(remedies for breach of contract), 손해배상(damages), 이자(interest), 면책(exemptions) 등에 대한 사항을 포괄적으로 다루고 있다.

2) 국제 매매에 한정 적용

협약 제1조에서 이 협약은 영업소가 각기 다른 국가에 있는 물품매개거래(between parties whose places of business are in different States)에 적용되도록 하고 있다. 협약의 취지와 목적상 상관습(trade custom)이 서로 다른 국가 간의 청약(offer)과 승낙(acceptance), 당사자의 의무(obligations of the parties) 등에 대해 다루고 있다.

▸▸ This Convention applies to contracts of sale of goods between parties whose places of business are in different States.

3) 합의에 의한 적용배제(제6조)

당사자(parties)는 합의(agreement)에 의하여 적용을 배제(exclusion)시키거나 협약의 조항을 변경(modification)시키거나 종료(termination)시킬 수도 있다.

이는 당사자의 합의(agreement)를 우선 존중하는 사적자치의 원칙(principle of private autonomy)을 따라 이 협약에 우선하여 당사자의 합의(agreement)가 있는 경우에는 이 협약의 전부 또는 일부의 적용의 배제가 가능함을 말한다.

▸▸ The parties may exclude the application of this Convention or, subject to article 12, derogate from or vary the effect of any of it provisions.

4) 소유권이전 규정의 부재

이 협약은 당사자의 의무(obligations of the parties)와 의무위반시의 구제(remedies for breach of contract) 등에 대해서는 비교적 상세하게 다루고 있으나 소유권이전에 관하여는 구체적인 규정을 두고 있지 않다.

5) 계약유지의 원칙

국제 물품매매 협약에 있어 일단 성립된 계약은 쉽게 소멸되는 것을 방지하고 계약의 이행을 통해 종료되도록 매도인의 하자 보완(remedy th lack of conformity), 추가 이행 기간(additional period of time)의 인정 등 여러 가지 장치를 마련하고 있다.

3. CISG의 구성

CISG는 전문(preamble)을 앞에 두고 제1부 적용범위와 총칙(sphere of application and general provisions), 제2부 계약의 성립(Formation of the contract), 제3부 당사자의 권리와 의무(Sale of goods), 제4부 최종규정(Final provisions)이 있으며, 말미에는 후문으로 구성되어 있다.

전문은 상징적인 선언(symbolic declaration)이라 볼 수 있으며 본분은 제1부에서는 적용의 기본원칙, 적용제외, 합의에 의한 적용배제, 협약해석의 원칙, 관습과 관행의 구속력 등의 일반적 규정(general provisions)에 대해서 언급하고 있으며 제2부에서는 청약의 기준, 효력발생, 승낙의 시기와 방법 등 계약의 성립(formation of the contract)에 대해 구체적으로 언급하였고, 제3부에서는 물품의 매매에 대한 부분을 다루면서 매도인(seller)과 매수인(buyer)의 권리의무(right and obligations)를 명시하고 이를 위반했을 때 각 당사자가 취할 수 있는 조치(remedies)와 위험의 이전(passing of risk), 손해배상(damages), 이자(interest), 면책(exemptions), 해제의 효과(effects of avoidance) 등에 대한 부분을 다루었으며, 제4부에 최종 규정(final provision) 순으로 배열되어 있다. 최종규정(final provision)에는 타협정과의 관계, 협약에 관한 선언절차 등이 언급되어 있다.

4. CISG의 적용범위

1) 적용의 기본 원칙(제1조)

CISG는 당사자가 서로 다른 국가에 영업소(place of business)가 있고, 당해 국가가 모두 체약국인 경우 또는 국제사법규칙(rule of private international law)에 따라 체약국의 법률을 적용하게 될 경우에 당사자 간 적용의 배제에 관한 합의가 없는 경우에 CISG 규정이 적용된다.

즉 CISG는 국제매매계약(contract for international sale of goods)에만 적용되

며 당사자의 국적(the nationality of the parties)이나 민 · 상사상의 성격(the civil or commercial character of the parties)은 고려되지 아니하며 당사자 간 합의에 의하여 이 협약을 배제하거나, 효력감퇴 또는 변경의 합의가 없을 때 이 협약이 적용된다.

▸▸ This Convention applies to contracts of sale of goods between parties whose places of business are in different States :

(a) when the States are Contraction States : or

(b) when the rules of private international law lead to the application of the law of a contracting State.

2) 적용범위(적용이 배제되는 경우)(제2조~제6조)

(1) 특수 매매 등에 대한 적용 배제(제2조)

CISG는 개인용 가정용으로 구입되는 물품(of goods bought for personal family or household use), 경매(by auction), 강제집행(on execution or otherwise by authority of law), 주식(of stocks), 지분(shares), 투자증권(investment securities) 등과 같은 특수한 종류의 매매에는 적용되지 않는다.

▸▸ This Convention does not apply to sales :

(a) of goods bought for personal, family or household use, unless the seller, at any time before or at the conclusion of the contract, neither knew nor ought to have known that the goods were bought for any such use;

(b) by auction;

(c) on execution or otherwise by authority of law;

(d) of stocks, shares, investment securities, negotiable instruments or money;

(e) of ships, vessels, hovercraft or aircraft;

(f) of electricity.

(2) 서비스 계약 등의 적용 배제(제3조)

물품을 제조하거나 생산하여 공급하는 계약(Contracts for the supply of goods to be manufactured or produced)이라 하더라도 주문 당사자(the party who orders the goods)가 그 제조 생산에 필요한 주요한 부분(a substantial part of the materials)을 제공한 경우에는 이 협약의 적용이 배제되며 물품을 공급하는 당사자의 의무 중에서 대부분이 노동 또는 서비스의 공급(labour or other service)으로 구성되어 있는 계약인 경우 이 협약이 적용되지 않는다.

▶▶ (1) Contracts for the supply of goods to be manufactured or produced are to by considered sales unless the party who orders the goods undertakes to supply a substantial part of the materials necessary for such manufacture or production.

(2) This Convention does not apply to contracts in which the preponderant part of the obligations of the party who furnishes the goods consists in the supply of labour or other service.

협약 적용 제외대상

① 제조 생산 시 주문자가 주요 부분을 공급하는 경우
② 물품을 공급하더라도 노동 또는 기타 서비스 공급이 더 많은 비중을 차지하는 경우

(3) 계약의 효력 등에 대한 적용배제(제4조)

CISG 협약은 계약의 성립(the formation of the contract)과 그로 인해 발생하는 매도인의 권리와 의무(the rights and obligations of the seller)를 규율하며, 계약 또는 어떤 조항이나 관행의 유효성(validity) 및 매각된 물품의 소유권(property)에 관하여 계약이 미칠 수 있는 효과(effect)에 대해서는 적용되지 않는다.

▶▶ This convention governs only the formation of the contract of sale and the rights and obligations of the seller and the buyer arising from such a contract. In particular, except as otherwise expressly provided in this Convention, It is not concerned with :

(a) the validity of the contract or of any of its provisions or of any usage;
(b) the effect which the contract may have on the property in the goods sold.

적용대상과 제외대상

- **적용대상**
  계약의 성립과 관련된 매도인과 매수인의 권리와 의무
- **비적용대상**
  ① 계약의 유효성, 조항의 유효성, 관행의 유효성
  ② 계약이 매각된 물품의 소유권에 관하여 미칠 수 있는 효과

(4) 사망 등의 적용 배제(제5조)

이 협약은 물품에 의하여 야기된 사람의 사망(death) 또는 신체적인 상해(personal injury)에 대한 매도인의 책임(the liability of the seller)에 대해서는 적용되지 않는다.

▸▸ This Convention does not apply to the liability of the seller for death or personal injury caused by the goods to any person.

5. CISG 총칙(제7조~제13조)

1) 협약 해석 원칙(제7조)

(1) 의의

CISG의 해석에 있어서 국제적인 성격(its international character)과 적용의 통일성(uniformity in its application) 및 신의성실의 준수(the observance of good faith)를 고려하여야 하며 명시적 규정이 없는 경우에는 일반원칙(the general principles)에 따라 문제를 해결하며 그러한 원칙이 없을 경우에는 국제사법의 원칙(private international law)에 의하여 적용되는 법률에 따라 해결되어야 한다.

▸▸ In the interpretation of this convention, regard is to be had to its international character and to the need to promote uniformity in its application and the observance of good faith in international trade.

Questions concerning matters governed by this Convention which are not expressly settled in it are to be settled in conformity with the general principles on which it is based or, in the absence of such principles, in conformity with the law applicable by virtue of the rules of private international law.

(2) CISG의 해석 기준

① 국제적 성격의 고려(International character)

CISG는 국제물품매매에 관한 통일법과 국제물품 매매계약의 성립에 관한 통일법에 기초하여 성립된바 자국의 국내법상의 개념을 고려하기보다는 국제적인 성격(international character)을 우선적으로 고려하여야 한다.

② **통일성 증진**(Promotion of uniformity)

CISG의 해석에 있어서 협약에 가입한 국가들이 서로 다르게 해석을 한다면 분쟁(dispute)의 해결이 용이하지 않으므로 국제적인 성격(international character)을 고려함과 동시에 적용의 통일성을 증진(promotion of uniformity)할 수 있도록 해석(interpretation)하도록 하고 있다.

③ **신의성실의 준수**(The observance of good faith in international trade)

신의성실의 기본원칙으로서 이는 오늘날 많은 국가들이 널리 인정하고 있는 사법의 기본원칙이다. CISG의 해석에 있어서도 국제적인 성격(international character)을 고려하여 통일성을 증진(promotion of uniformity)시키고 신의성실준수(the observance of good faith in international trade)에 대한 고려가 있어야 함을 그 해석 기준으로 삼고 있다.

④ **일반원칙에 따른 해결**(General Principles)

CISG에 의하여 규율되는 사항이나 이 협약에서 명시적으로 해결되지 아니하는 문제의 경우에는 앞에서 언급한 원칙과 신의성실의 원칙(the observance of good faith in international trade) 등과 같은 일반원칙과 CISG의 다른 조항들로부터 얻어낸 일반원칙(the general principles)을 기준으로 하여 문제를 해결하여야 한다.

⑤ **국제 사법원칙에 의하여 적용되는 법률에 따른 해결**(private international law)

CISG에서 일반원칙(the general principles)에 따른 해결을 할 수 없는 경우에는 재판권을 가진 법원 소재국의 규정에 의해 결정되는 준거법(proper law)에 따라 해결되어야 한다.

이 원칙은 일반원칙(the general principles)을 우선적으로 적용하여 그 원칙에 따라 해결하되, 일반원칙이 없어서 해결이 곤란한 경우에 한하여 이 원칙을 적용하여야 할 것이다.

협약 해석원칙

① 협약 해석원칙 : 국제적인 성격, 통일성 증진, 신의성실의 원칙
② 해결되지 않을 경우 : 일반원칙 → 국제사법원칙 적용

2) 당사자의 진술·행위의 해석 원칙(제8조)

(1) 의의

무역거래의 당사자인 매도인(seller)과 매수인(buyer)은 거래과정에서 일정한 당사자의 진술(statement) 또는 기타의 의사표시행위(any other conduct of a party) 등을 통하여 계약이 성립(formation of contract)되며, 이에 따른 계약을 이행(performance of contract)하게 되며, 쌍방이 원만히 의무를 이행하면 계약이 종료(termination)된다.

CISG는 이러한 무역거래와 관련하여 다툼(dispute)이 발생하고 당사자의 진술(statement) 또는 행위(any other conduct)의 해석에 관하여 해석이 엇갈리는 경우 분쟁(dispute)의 해결을 위한 정확한 해석원칙에 대해 규정하고 있다.

(2) 당사자의 의도에 따른 해석(intent)

협약의 적용에 있어서 당사자의 진술(statement) 또는 기타의 행위(any other conduct)는 상대방이 그 의도를 알았거나 몰랐을 리가 없는 경우에는 당사자의 의도(according to his intent)에 따라 해석되어야 한다.

▸▸ For the purposes of this Convention statements made by and other conduct of a party are to be interpreted according to his intent where the other party knew or could not have been unaware what that intent was.

(3) 합리적인 제3자의 이해도에 따른 해석(reasonable person of the same kind)

당사자의 의도(intent)에 따른 규정이 적용될 수 없는 경우에는 상대방과 같은 종류의 합리적인 자(a reasonable person of the same kind as the other party)가 동일한 사정(in the same circumstances)에서 가질 수 있는 이해도에 따라 해석되어야 한다.

▸▸ If the preceding paragraph is not applicable, statements made by and other conduct of a party are to be interpreted according to the understanding that a reasonable person of the same kind as the other party would have had in the same circumstances.

(4) 관련된 사정의 상당한 고려(due consideration)

당사자의 의도(intent of a party)나 합리적인 자(a reasonable person)가 가질

수 있는 이해도(understanding)를 결정함에 있어서는, 당사자 간의 교섭(the negotiations), 당사자 간에 구축된 관행(any practices), 관습(usages) 및 당사자의 후속되는 어떠한 행위를 포함하여 모든 관련 상황에 대한 상당한 고려(due consideration)가 있어야 한다.

▸▸ In determining the intent of a party or the understanding a reasonable person would have had, due consideration is to be given to all relevant circumstances of the case including the negotiations, any practices which the parties have established between themselves, usages and any subsequent conduct of the parties.

3) 관행과 관습의 구속력(제9조)

(1) 의의

무역거래는 대부분 지속 · 반복적으로 거래가 계속되는 것이 보통이라 할 수 있다. 이러한 경우에 당사자는 계약체결(conclusion of contract) 시 거래조건 및 대금결제 방법을 정해놓고 같은 방법으로 반복적으로 거래를 하게 되는데 특정한 상대방과 명문화된 계약조항이 없다 하더라도 이러한 거래가 계속적으로 이루어지면 관행과 관습이 형성되게 된다. CISG는 거래가 반복되면서 구축된 관행 및 관습의 구속력에 대한 규정을 두고 있다.

(2) 합의에 의한 구속

당사자는 그들이 합의한 모든 관행(any usage)과 당사자 간에 구축되어 있는 모든 관습(any practice)에 구속된다.

▸▸ The parties are bound by any usage to which they have agreed and by any practices which they have established between themselves.

(3) 통상적관습의 적용

별도의 합의가 없는 한, 당사자가 알았거나 알았어야 하는 관행(a usage)으로 국제무역(in international trade)에서 해당되는 특정무역에 관련된 종류의 계약당사자에게 널리 알려져 있고 통상적으로 준수되고 있는 관행은 당사자가 이를 그들의 계약 또는 계약 성립에 묵시적으로 적용하는 것으로 본다.

▸▸ The parties are considered, unless otherwise agreed, to have impliedly made applicable to their contract or its formation a usage of which the parties knew or ought to have known and which in international trade is widely known to, and regularly observed by, parties to contracts of the type involved in the particular trade concerned.

관습과 관행의 구속력

당사자는 합의한 관습과 관행에 구속되며 널리 알려져 있고 통상적으로 준수되고 있는 관행도 계약 또는 계약의 성립에 적용된다.

4) 영업소 의미(제10조)(place of business)

영업소(place of business)란 계약의 어느 일방이 영업소를 둘 이상 갖고 있는 경우에는 계약의 이행과 가장 밀접한 관계가 있는 장소를 말하며, 당사자가 영업소(place of business)를 갖고 있지 아니한 경우에는 당사자의 거소(habitual residence)를 영업소로 참조한다.

▸▸ For the purpose of this convention :

(a) if a party has more than one place of business, the place of business is that which has the closest relationship to to contract and its performance, having regard to the circumstances known to or contemplated by the parties at any time before or at the conclusion of the contract;

(b) If a party does not have a place of business, reference is to be made to his habitual residence.

A contract of sale need not be concluded in or evidenced by writing and is not subject to any other requirement as to form. It may be proved by any means, including witness.

5) 계약의 형식(제11조)(contract of sale)

매매계약(contract of sale)은 서면에 의하여 체결되거나 또는 입증(concluded in or evidenced by writing)되어야 할 필요가 없으며, 또 형식(form)에 관해서도 어떠한 다른 요건에 따라야 하지 아니한다.

매매계약(contract of sale)은 증인(witness)을 포함하여 여하한 수단에 의해서도 입증될 수 있다. 이는 무역계약의 특성이 불요식계약(informal contract)이므로 반드시 서면을 통하여 계약이 성립되는 것은 아님을 의미한다.

▸▸ A contract of sale need not be concluded in or evidenced by writing and is not subject to any other requirement as to form. It may be proved by any means, including witness.

6. 계약의 성립과 관련된 규정(제14조~제24조)

1) 청약 관련 규정

(1) 청약의 기준과 청약의 유인(제14조)

① 청약의 기준

1인 이상의 특정한 자(one or more specific persons)에게 통지된 계약체결의 제의는 그것이 충분히 확정적(sufficiently definite)이고 또한 승낙(acceptance)이 있을 경우에 구속된다고 하는 청약자의 의사표시를 하고 있는 경우에는 청약(offer)으로 된다.

어떠한 제의가 물품을 표시하고 또한 그 수량(quantity)과 대금(price)을 명시적 또는 묵시적으로 지정하거나 또는 이를 결정하는 규정을 두고 있는 경우에는 이 제의는 충분히 확정적인(sufficiently definite) 것으로 한다.

▸▸ A proposal is sufficiently definite if it indicates the goods and expressly or implicitly fixes or makes provision for determining the quantity and the price.

② 청약의 유인(invitation to make offers)

의사를 명확히 표시하지 아니한 1인 이상의 특정한 자(one or more specific persons)에게 통지된 제의는 그 제의를 행한 자가 의사를 명확히 표시하지 아니하는 한 단순히 청약을 행하기 위한 유인(an invitation to make offers)으로 본다.

▸▸ A proposal other than one addressed to one or more specific persons is to be considered merely as an invitation to make offers, unless the contrary is clearly indicated by the person making the proposal.

(2) 청약의 효력 발생, 철회, 취소 및 거절(제15조~제17조)

① 청약의 효력 발생(제15조)

청약(offer)은 피청약자(offeree)에게 도달한 때 효력이 발생한다.

▸▸ An offer becomes effective when it reaches the offeree.

② 청약의 철회(제15조)(withdrawal)

청약(offer)은 취소 불능한 것(even if it is irrevocable)이라도 청약의 도달 전 또는 그와 동시에(before or at the same time) 피청약자(the offeree)에게 도달하는 경우에는 이를 철회(withdrawal)할 수 있다.

▸▸ An offer, even if it is irrevocable, may be withdrawn if the withdrawal reaches the offeree before or at the same time as the offer.

③ 청약의 취소(제16조)(revocation)

㉠ 청약의 취소시기 및 요건

계약이 체결되기(Until a contract is concluded)까지는 청약(offer)은 취소(revocation)될 수 있다. 다만 이 경우에 취소의 통지는 피청약자(offeree)가 승낙(acceptance)을 발송하기 전에 피청약자(offeree)에게 도달하여야 한다.

▸▸ Until a contract is concluded an offer may be revoked if the revocation reaches the offeree before he has dispatched an acceptance.

㉡ 청약의 취소가 불가능한 경우

ⓐ 청약(offer)이 승낙(acceptance)을 위한 지정된 기간을 명시(by stating a fixed time for acceptance)하거나 또는 기타의 방법으로 그것이 철회 불능임(irrevocable)을 표시하고 있는 경우 또는

ⓑ 피청약자(offeree)가 청약을 취소불능이라고 신뢰하는 것이 합리적이고, 또 피청약자(offeree)가 그 청약을 신뢰하여 행동한 경우(acted in reliance on the offer).

▸▸ if it was reasonable for the offeree to rely on the offer as being irrevocable and the offeree has acted in reliance on the offer.

④ 청약의 거절(제17조)(rejection)

청약(offer)은 취소 불능한 것(even if it is irrevocable)이라도 거절(rejection)의 통지가 청약자(offeror)에게 도달한 때에는 그 효력이 상실된다.

▸▸ An offer, even if it is irrevocable, is terminated when a rejection reaches the offeror.

2) 승낙과 관련된 규정(제18조~제22조)

(1) 승낙의 정의, 효력발생 시기 및 방법(제18조)

① 승낙의 정의

승낙(acceptance)이란 청약(offer)에 대한 동의를 표시하는 피청약자(offeree)의 진술(statement) 또는 기타의 행위(other conduct)를 말한다.

침묵(Silence) 또는 부작위(Silence) 그 자체는 승낙으로 되지 아니한다.

▸▸ A statement made by or other conduct of the offeree indicating assent to an offer is an acceptance.
Silence or inactivity does not in itself amount to acceptance.

② 승낙의 효력발생 시기

승낙(acceptance)은 청약(offer)에 대한 동의의 의사표시(the indication of assent)가 청약자(offeror)에게 도달한 때 그 효력이 발생한다.

동의의 의사표시(the indication of assent)가 청약자가 지정한 기간 내에 도달하지 아니하거나, 어떠한 기간이 지정되지 아니한 때(if no time is fixed)에는 청약자(offeror)가 사용한 통신수단의 신속성을 포함하여 거래의 사정을 충분히 고려한 합리적인 기간(within a reasonable time) 내에 도달하지 아니한 경우에는 그 효력이 발생하지 아니한다. 구두 청약(oral offer)은 별도의 사정이 없는 한 즉시 승낙되어야 한다.

▸▸ An acceptance of an offer becomes effective at the moment the indication of assent reaches the offeror.
An acceptance is not effective if the indication of assent does not reach the offeror within the time he has fixed or, if no time is fixed, within a reasonable time, due account being taken of the circumstances of the transaction, including the rapidity of the means of communication employed by the offeror. An oral offer must be accepted immediately unless the circumstances indicate otherwise.

③ 기타의 의사표시에 의한 효력발생 시기

청약의 규정에 의하거나 또는 당사자 간에 확립된 관습이나 관행의 결과에 따라(as a result of practices or of usage) 피청약자(offeree)가 아무런 통지 없이 물품 발송(the dispatch of the goods)이나 대금지급(payment of the price)에 관

한 행위를 이행함으로써 동의의 의사표시를 할 수 있는 경우에는 그 행위가 이행되어진 때(at the moment the act is performed) 승낙의 효력이 발생한다. 다만 그 행위는 규정된 기간 내(within the period of time)에 이행되어진 경우에 한한다.

▸▸ However, if, by virtue of the offer or as a result of practices which the parties have established between themselves or of usage, the offeree may indicate assent by performing an act, such as one relating to the dispatch of the goods or payment of the price, without notice to the offeror, the acceptance is effective at the moment the act is performed, provided that the act is performed within the period of time laid down in the preceding paragraph.

(2) 변경된 승낙의 효력(제19조)

① 반대 청약에 해당하는 경우

승낙(acceptance)을 의도하고는 있지만 이에 추가(additions), 제한(limitations) 또는 기타의 변경(other modifications)을 포함하고 있는 청약에 대한 회답(a reply to an offer)은 청약의 거절(a rejection of the offer)이며 또한 반대 청약(a counter-offer)에 해당한다.

▸▸ A reply to an offer which purports to be an acceptance but contains additions, limitations or other modifications is a rejection of the offer and constitutes a counter-offer.

② 승낙에 해당되는 경우

승낙(acceptance)을 의도하고 있으나 청약의 조건을 실질적으로 변경하지 아니하는(different terms which do not materially alter the terms of the offer) 추가적 또는 상이한 조건을 포함하고 있는 청약에 대한 회답은 청약자가 지체없이(without undue delay) 구두상 또는 그러한 취지의 통지를 발송하지 아니하는 한 승낙(acceptance)에 해당된다.

청약자(offeror)가 그러한 반대를 하지 아니하는 경우에(If he does not so object)는 승낙에 포함된 변경사항이 있는 청약의 조건(the offer with the modifications contained in the acceptance.)이 계약의 조건으로 된다.

▸▸ However, a reply to an offer which purports to be an acceptance but contains additional or different terms which do not materially alter the terms of the offer constitutes an acceptance, unless the offeror, without undue delay, objects orally to the discrepancy or dispatches a notice to that effect. If he does not so object, the terms of the contract are the terms of the offer with the modifications contained in the acceptance. Additional or different terms relating, among other things, to the price, payment, quality and quantity of the goods, place and time of delivery, extent of one party's liability to the other or the settlement of disputes are considered to alter the terms of the offer materially.

③ **실질적 변경에 해당되는 경우**

여러 요소 중에서 단가(price), 대금결제(payment), 품질(quality), 수량(quantity), 인도장소와 시기(place and time of delivery), 상대방에 대한 당사자 일방의 책임의 범위(extent of one party's liability to the other) 또는 분쟁해결(settlement of disputes)에 관한 추가적 또는 상이한 조건은 청약의 조건을 실질적으로 변경하는 것으로 본다(to alter the terms of the offer materially).

▸▸ Additional or different terms relating, among other things, to the price, payment, quality and quantity of the goods, place and time of delivery, extent of one party's liability to the other or the settlement of disputes are considered to alter the terms of the offer materially.

(3) 승낙기간(제20조)

① **승낙기간의 기산일**

㉠ 전보의 경우

전보의 경우 청약자가 지정한 승낙의 기간은 전보가 발신을 위하여 교부된(handed in for dispatch) 때로부터 기산된다.

㉡ 서신의 경우

서신의 경우 서신에서 청약자가 지정한 승낙의 기간은 서신에 표시된 일자(from the date shown on the letter)로부터 기산된다. 그러한 일자가 표시되지 아니한 경우에는 봉투에 표시된 일자로부터(from the date shown on the envelope) 기산된다.

▸▸ A period of time for acceptance fixed by the offeror in a telegram or a letter begins to run from the moment the telegram is handed in for dispatch or from the date shown on the letter or, if no such date is shown, from the date shown on the envelope.

A period of time for acceptance fixed by the offeror by telephone, telex or other means of instantaneous communication, begins to run from the moment that the offer reaches the offeree.

㉢ 전화, 텔렉스 또는 기타의 동시적 통신수단에 의한 경우

전화, 텔렉스 또는 기타의 동시적 통신수단(instantaneous communication)에 의한 경우 청약자가 지정한 승낙의 기간(a period of time for acceptance fixed by the offeror)은 청약이 피청약자(offeree)에게 도달한 때로부터 기산된다.

▸▸ A period of time for acceptance fixed by the offeror by telephone, telex or other means of instantaneous communication, begins to run from the moment that the offer reaches the offeree.

② 공휴일 또는 비영업일의 산입여부

승낙의 기간(period for acceptance) 중에 들어 있는 공휴일(official holidays) 또는 비영업일(non-business days)은 그 기산의 계산에 산입(included in calculating the period)되지만 기간의 말일(the last day of the period)이 청약자의 영업소에서(the place of business of the offeror)의 공휴일(official holidays) 또는 비 영업일(non-business days)에 해당하는 이유로 승낙의 통지가 기간의 말일에 청약자의 주소로 전달될 수 없는 경우에는 이에 이어지는 최초의 영업일(the first business day which follows)까지 승낙의 기간(period for acceptance)이 연장된다.

▸▸ Official holidays or non-business days occurring during the period for acceptance are included in calculating the period. However, if a notice of acceptance cannot be delivered at the address of the offeror on the last day of the period because that day falls on an official holiday or a non-business day at the place of business of the offeror, the period is extended until the first business day which follows.

(4) 지연된 승낙이 효력을 갖는 경우(제21조)

① 청약자의 통지에 의한 효력발생

지연된 승낙(late acceptance)도 청약자(offeror)가 지체없이 구두로 피청약자(offeree)에게 유효하다는 취지를 통지(dispatches a notice)하거나 그러한 취지의 통지를 발송한 경우에는 승낙으로서의 효력을 갖는다(effective as an acceptance).

▶▶ A late acceptance is nevertheless effective as an acceptance if without delay the offeror orally so informs the offeree or dispatches a notice to that effect.

② 청약자의 통지에 의하지 않고 효력이 발생하는 경우

지연된 승낙(late acceptance)이 포함되는 서신 또는 기타의 문서(a letter or other writing containing a late acceptance)가 통상적으로 전달된 경우라면 적시에 청약자(offeror)에게 도달할 수 있었던 사정에서 발송되었다는 사실을 나타내고 있는 경우에 청약자(offeror)가 지체없이 피청약자(offeree)에게 청약이 효력을 상실한 것으로 본다는 취지를 구두로 통지(the offeror orally informs the offeree)하거나 그러한 취지의 통지(notice)를 발송하지 아니하는 한 지연된 승낙(late acceptance)은 승낙으로서의 효력을 갖는다.

▶▶ If a letter or other writing containing a late acceptance shows that it has been sent in such circumstances that if its transmission had been normal it would have reached the offeror in due time, the late acceptance is effective as an acceptance unless, without delay, the offeror orally informs the offeree that he considers his offer as having lapsed or dispatches a notice to that effect.

(5) 승낙의 철회(제22조)

승낙(acceptance)은 그 승낙의 효력이 발생하기 이전 또는 그와 동시(before or at the same time as the acceptance)에 철회(withdrawal)가 청약자에게 도달하는 경우에는 이를 철회(withdrawal)할 수 있다.

▶▶ An acceptance may be withdrawn if the withdrawal reaches the offeror before or at the same time as the acceptance would have become effective.

3) 계약의 성립시기 및 도달의 정의(제23조~제24조)

(1) 계약의 성립시기(제23조)

계약(contract)은 청약(offer)에 대한 승낙이(acceptance)이 협약의 규정에 따라 효력을 발생한 때에 성립된다.

▸▸ A contract is concluded at the moment when an acceptance of an offer becomes effective in accordance with the provisions of this Convention.

(2) **도달의 정의(제24조)**

청약(offer), 승낙의 선언(declaration of acceptance) 또는 기타의 모든 의사표시는(any other indication of intention) 그것이 상대방에게 구두(orally)로 통지되거나 또는 기타 모든 수단에 의하여 상대방 개별적(personally)으로, 상대방 영업소(place of business), 우편 주소(mailing address), 또는 상대방이 영업소나 우편송부처가 없는 경우에는 그 일상적인 거주지(habitual residence)에 전달되었을 때에 상대방에게 "도달"("reaches")한 것으로 본다.

▸▸ For the purpose of this part of the convention, an offer, declaration of acceptance or any other indication of intention "reaches" the addressee when it is made orally to him or delivered by any other means to him personally, to his place of business or mailing address or, if he does not have a place of business or mailing address, to his habitual residence.

7. 물품매매의 총칙(제25조~제29조)

1) 계약의 본질적 위반(제25조)

(1) **의의**

계약 위반(breach of contract)이란 일정의무를 부담하고 있는 당사자가 계약(contract) 및 준거법(proper law)에 적합한 자신의 의무(obligation)를 이행하지 않는 것을 말하며 이러한 경우 계약 및 준거법(proper law)에 따라 상실당한 권리나 이익의 회복을 주장할 수 있게 되는데 이 협약에는 일정한 경우 계약의 본질적인 위반(fundamental breach of contract)으로 인정하여 계약의 해제선언을 할 수 있도록 하고 있다.

(2) **본질적 위반의 정의**

당사자의 일방이 범한 계약위반(breach of contract)이 그 계약하에서 상대방이 기대할 권리가 있는 것을 실질적(substantially)으로 박탈할 정도의 손해를 상대방에게 주는 경우를 본질적(fundamental) 위반으로 한다.

▸▸ A breach of contract committed by one of the parties is fundamental if it results in such detriment to the other party as substantially to deprive him of what he is entitled to expect under the contract, unless the party in breach did not foresee and a reasonable person of the same kind in the same circumstances would not have foreseen such a result.

(3) 본질적 위반의 구성 요건

① 권리의 실질적 박탈

당사자 일방이 범한 계약 위반(a breach of contract committed by one of the parties)에 의해 권리를 침해당한 당사자의 손해(detriment)가 매매계약하에서 기대할 권리가 있는 것을 실질적으로(substantially) 박탈할 정도여야 한다.

② 손해의 예측 가능성

계약위반의 당사자(the party in breach)는 자신의 계약 위반(breach of contract)으로 인해 권리를 침해당한 당사자가 실질적으로 권리를 박탈할 정도의 권리가 침해될 것이라는 결과를 예측할 수 있는 손해이거나 동일한 사정에서(in the same circumstances) 합리적인 자가 그런 결과를 예측할 수 있는 손해이어야 한다.

▸▸ unless the party in breach did not foresee and a reasonable person of the same kind in the same circumstances would not have foreseen such a result.

2) 계약 해제의 효력발생 요건 및 통신상의 지연과 오류

(1) 계약 해제의 효력발생 요건(제26조)

계약 해제의 선언(declaration of avoidance of the contract)은 상대방에 대한 통지(notice)로써 이를 행한 경우에 한하여 효력을 갖는다.

▸▸ A declaration of avoidance of the contract is effective only if made by notice to the other party.

(2) 통신상의 지연과 오류(제27조)

별도의 명시적인 규정이 없는 한 어떠한 통지(if any notice), 요청(request) 또는 기타의 통신(other communication)이 협약에 따라 적절한 수단으로 행하여진 경우에는 통신의 전달과정에서 지연(delay) 또는 오류(error) 또는 도착실패(its failure to arrive)가 발생한다 하더라도 당사자가 그 통신에 의존할 권리(the right to rely on the communication)를 박탈당하지 아니한다.

▶▶ Unless otherwise expressly provided in this Part of the Convention, if any notice, request or other communication is given or made by a party in accordance with this Part and by means appropriate in the circumstances, a delay or error in the transmission of the communication or its failure to arrive does not deprive that party of the right to rely on the communication.

3) 특정이행의 청구와 국내법(제28조)

(1) 의의

특정이행(Specific Performance)의 청구라 함은 무역계약의 당사자 중 일방이 계약에 따른 자신의 의무(obligations)를 이행하지 않음으로써 계약위반(breach of contract)을 범하게 된 경우 피해자가 구제(remedies)를 위하여 계약위반자에게 의무의 이행을 청구하는 것(require performance of any obligation by the other party)을 말한다.

▶▶ One party is entitled to require performance of any obligation by the other party.

(2) CISG에서의 특정 이행 청구권

① 매수인의 이행 청구권(제46조)

매수인(buyer)은 청구와 모순되는 구제를 하지 않은 경우를 제외하고 매도인(seller)이 계약을 위반한 경우 그 의무의 이행을 청구(require performance of obligation)할 수 있다.

▶▶ The buyer may require performance by the seller of his obligations unless the buyer has resorted to a remedy which is inconsistent with this requirement.

② 매도인의 이행 청구권(제62조)

매도인(seller)은 청구와 모순되는 구제를 하지 않은 경우를 제외하고 매수인(buyer)에 대하여 대금의 지급(pay the price), 인도의 수령(take delivery) 또는 기타 매수인(buyer)의 의무를 이행(perform his other obligations)하도록 청구할 수 있다.

▸▸ The seller may require the buyer to pay the price, take delivery or perform his other obligations, unless the seller has resorted to a remedy which is inconsistent with this requirement.

4) 계약의 변경 및 종료(제29조)

(1) 의의

무역계약은 청약자(offeror)의 청약(offer)에 대한 피청약자(offeree)의 승낙(acceptance)으로 무역계약이 성립(formation of contract)된다. 계약이 성립(formation of contract)되면 당사자는 계약의 내용에 따른 권리(right)와 의무(obligations)를 가지게 되는데 정상적으로 계약을 이행(performance of contract)하고 성립된 계약을 종료(termination)시키는 경우 또는 계약 성립(formation of contract) 후 사정이 변경(modification)되어 계약을 변경(modification)하여야 하는 경우가 있다.

(2) 단순 합의에 의한 변경 또는 종료

계약(contract)은 당사자 쌍방의 단순한 합의(agreement)만으로 변경(modification)되거나 또는 종료(termination)될 수 있다.

▸▸ A contract may be modified or terminated by mere agreement of the parties.

(3) 서면에 의한 계약 변경

어떠한 변경(modification) 또는 합의(agreement)에 의한 종료(termination)를 서면으로(in writing) 할 것을 요구하는 규정이 있는 서면에 의한 계약(a contract in writing)은 그 이외의 방법으로 변경되거나 합의에 의하여 종료될 수 없다.

▸▸ A contract in writing which contains a provision requiring any modification or termination by agreement to be in writing may not be otherwise modified or terminated by agreement.

8. 매도인의 의무 및 매수인의 구제 방법(제30조~제52조)

1) 의의

무역계약은 쌍무계약(bilateral contract)의 성질을 띠고 있으므로 무역계약이 성립(formation of contract)되면 계약의 당사자인 매도인(seller)과 매수인(buyer)은 계약(contract) 및 준거법(proper law)에 따라 계약내용을 이행(performance of contract)하여야 한다.

기본적으로 매도인(seller)은 계약과 일치하는 물품을 제공(deliver the goods), 서류인도(hand over any documents) 및 이에 따라 소유권을 이전(transfer the property)하여야 하며 매수인(buyer)은 인도를 수령(take delivery)하고 물품의 수령하는 대가로서 대금을 지급(pay the price for the goods)하여야 한다. CISG에서는 매도인(seller)과 매수인(buyer)의 의무(obligation)를 규정하고 있으며 계약위반(breach of contract)에 대한 구제 방법(remedies)에 대해서 규정하고 있다.

2) 매도인의 의무(제30조)

매도인(seller)은 계약과 협약에 요구된 바에 따라 물품을 인도하고(deliver the goods), 이에 관련된 모든 서류를 교부하며(hand over any documents relating to them), 또 물품에 대한 소유권을 이전(transfer the property in the goods)하여야 한다.

▸▸ The seller must deliver the goods, hand over any documents relating to them and transfer the property in the goods, as required by the contract and this convention.

매도인의 3대 의무

① deliver the goods
② hand over documents
③ transfer the property

3) 인도의 장소(제31조)

(1) 의의

물품매매계약(contract of sale)에 있어서 물품(goods)을 인도할 장소를 지정한 경우에는 지정한 장소(particular place)에서 인도하여야 한다. 매도인이 물품을 다른 특정한 장소에서 인도할 의무가 없는 경우에 관하여 CISG에서는 매도인(seller)의 인도의무(obligation to deliver)에 관하여 규정하고 있다.

(2) 매매계약이 물품의 운송을 포함하는 경우

매매계약(contract of sales)이 물품의 운송을 포함하는 경우에는(if the contract of sale involves carriage of the goods) 매수인(buyer)에게 전달하기 위하여 물품을 최초의 운송인(the first carrier)에게 인도하여야 한다.

당사자 중 일방이 물품의 운송수배의무를 부담하기로 한 경우 운송인(carrier)을 통해 물품이 매수인(buyer)에게 보내지게 되기 때문에 매도인은 최초의 운송인(the first carrier)에게 물품을 인도하여야 한다.

▸▸ If the seller is not bound to delivery the goods at any other particular place, his obligation to deliver consist :

(a) if the contract of sale involves carriage of the goods- in handing the goods over to the first carrier for transmission to the buyer;

(3) 매매계약이 물품의 운송을 포함하지 않는 경우

물품의 운송을 포함하지 않는 경우로서 계약이 특정물(specific goods)이나 특정한 재고품(specific stock)으로부터 인출되어야 하거나 또는 제조되거나 생산되어야 하는 불특정물(unidentified goods) 또한 당사자 쌍방이 계약체결 시(at the time of the conclusion of the contract)에 물품이 특정한 장소(a particular place)에 존재하거나 또는 그 장소에서 제조되거나 생산된다는 것을 알 수 있었던 경우에는 그 장소에서 물품을 매수인(buyer)의 임의 처분(at the buyer's disposal at that place)하에 두어야 한다.

▸▸ (b) if, incase not within the preceding subparagraph, the contract relates to specific goods, or unidentified goods to be drawn from a specific stock or to be manufactured or produced, and at the time of the conclusion of the contract the parties knew that the goods were at, or were to be manufactured or produced at, a particular place - in placing the goods at the buyer's disposal at that place;

(4) 기타의 경우

기타의 경우에는 매도인(seller)이 계약체결(at the time of the conclusion of the contract) 시에 영업소(place of business)를 가지고 있던 장소에서 물품을 매수인(buyer)의 임의 처분하에 두어야 한다.

▸▸ (c) in other cases - in placing the goods at the buyer's disposal at the place where the seller had his place of business at the time of the conclusion of the contract.

4) 운송관련 의무(제32조)

(1) 의의

무역계약(contract of sales)이 성립되면 계약 당사자는 물품의 운송에 따른 조건을 합의하고 그 합의에 따라 보통은 운송인(carrier)을 통해 물품을 인도하게 된다(hand the goods over to a carrier).

비엔나 협약(CISG)에는 물품의 운송을 수배하거나 운송인(carrier)에게 인도하는 경우 매도인(seller)에게 일정한 의무(obligation)를 부여하고 있다.

(2) 물품의 특정 의무(specifying the goods)

매도인(seller)이 계약 또는 이 협약에 따라 물품을 운송인(carrier)에게 인도하는 경우(hands the goods over to a carrier)에 있어서, 물품이 화인(case mark, shipping mark)에 의하거나 선적서류(shipping document) 또는 기타의 방법에 의하여 물품을 특정(specifying the goods)하여야 한다.

계약의 목적물로서 명확히 특정(specifying)되어 있지 아니한 경우에는 매도인(seller)은 물품을 특정하는 탁송통지서를 매수인(buyer)에게 송부함으로써 물품을 특정하게 된다(the seller must give the buyer notice of the consignment specifying the goods).

▸▸ If the seller, in accordance with the contract or this Convention, hands the goods over to a carrier and if the goods are not clearly identified to the contract by makings on the goods, by shipping documents or otherwise, the seller must give the buyer notice of the consignment specifying the goods.

(3) 운송계약체결의무

매도인(seller)이 물품의 운송(carriage)을 수배하여야 할 의무가 있는 경우에는(If the seller is bound to arrange for carriage of the goods) 매도인(seller)은 사정에 따라 적절한(appropriate in the circumstances) 운송수단에 의하여 운송(carriage)의 통상적인 조건(according to the usual terms for such transportation)으로 지정된 장소(the place fixed)까지의 운송(carriage)에 필요한 계

약을 체결하여야 한다. Incoterms에서 C그룹 및 D그룹의 조건인 경우 매도인이 운송계약(transportation contract)을 체결하여야 한다.

▸▸ If the seller is bound to arrange for carriage of the goods, he must make such contracts as are necessary for carriage to the place fixed by means of transportation appropriate in the circumstances and according to the usual terms for such transportation.

(4) **보험관련 정보 제공의무**

매도인(seller)이 물품의 운송에 관한 보험(insurance in respect of the carriage of the goods)에 부보하여야 할 의무가 없는 경우에 매도인(seller)은 매수인(buyer)의 요구에 따라(at the buyer's request) 매수인(buyer)이 보험을 부보(effect insurance) 하는데 필요한 모든 입수 가능한 정보(all available information)를 매수인(buyer)에게 제공하여야 한다.

▸▸ If the seller is not bound to effect insurance in respect of the carriage of the goods, he must, at the buyer's request, provide him with all available information necessary to enable him to effect such insurance.

5) 인도의 시기(제33조)

(1) **의의**

무역거래에서 매도인(seller)과 매수인(buyer)은 통상적으로 인도시기(time of delivery)에 대해서 합의하는 것이 일반적이다.

왜냐하면 인도 시기(time of delivery)는 매수인(buyer)뿐만 아니라 매도인(seller)에게 있어서도 물품(goods)의 공급시기(time of supply)를 정확하게 하여 공급하여야하기 때문이다. 매매계약(contract of sale of goods)에서 인도시기(time of delivery)를 정한 경우에는 매도인(seller)이 그 시기에 맞게 물품을 인도(delivery)하여야 할 의무(obligation)를 부담한다.

(2) **계약상의 기일 또는 기간**

매도인(seller)은 매수인(buyer)에게 물품을 인도(delivery)하여야 하는데, 어느 기일이 계약(contract)에 의하여 지정되어 있거나 또는 결정될 수 있는 경우(if a date is fixed by or determinable from the contract)에 그 기일(on that date)에 물품(goods)을 인도(delivery)하고, 어느 기간이 계약(contract)에 의하여 지

정되어 있거나 또는 결정될 수 있는 경우(if a period of time is fixed by or determinable from the contract)에는 매수인(buyer)이 기일을 선택하여야 하는 사정이 명시되어 있지 않는 한 그 기간 내의 어떠한 시기(at any time within that period)에 물품을 인도(delivery)하여야 한다.

(3) 기타의 경우

매매계약 시 인도의 시기(time of delivery)에 관한 합의가 없는 기타의 모든 경우에는 계약체결 후(after the conclusion of the contract)의 상당한 기간 내에(within a reasonable time) 물품을 인도(delivery)하여야 한다.

▸▸ The seller must deliver the goods :

(a) if a date is fixed by or determinable from the contract, on that date;

(b) if a period of time is fixed by or determinable from the contract, at any time within that period unless circumstances indicate that the buyer is to choose a date; or

(c) in any other case, within a reasonable time after the conclusion of the contract.

6) 서류교부의 의무(제34조)

(1) 의의

무역계약이 성립되면 매도인(seller)은 계약 및 이 CISG 규정에 따라 매수인(buyer)이 물품의 인도를 수령하기 위하여 필요한 물품에 관련된 서류(documents relating to the goods)를 매수인(buyer)에게 교부하여야 한다.

(2) 계약에 적합한 서류의 교부

매도인(seller)이 물품에 관련된 서류(documents relating to the goods)를 교부하여야 할 의무가 있는 경우에는 매도인(seller)은 계약에서 요구되는 시기와 장소와 방법(at the time and place and in the form required by the contract)에 따라 서류를 교부하여야 한다.

▸▸ If the seller is bound to hand over documents relating to the goods, he must hand them over at the time and place and in the form required by the contract.

(3) 매도인의 서류상 하자보완권

① 하자보완의 기한

매도인(seller)이 계약에서 정한 시기 이전에 서류를 교부한 경우, 매도인(seller)은 당해 시기까지는 서류상의 모든 결함(any lack of confirmity in the documents)을 보완할 수 있다.

▸▸ If the seller has handed over documents before that time, he may, up to that time, cure any lack of confirmity in the documents. If the exercise of this right does not cause the buyer unreasonable inconvenience or unreasonable expense.

② 하자보완의 제한

이 권리의 행사가 매수인(buyer)에게 불합리한 불편(unreasonable inconvenience)이나 또는 불합리한 비용(unreasonable expense)을 발생하게 하여서는 아니 된다.

▸▸ If the exercise of this right does not cause the buyer unreasonable inconvenience or unreasonable expense.

③ 매수인의 손해 배상청구권

매도인(seller)에 의해 서류상의 하자가 보완된다 하더라도 매수인(buyer)은 이 협약에서 규정된 바의 손해배상을 청구하는 모든 권리(any right to claim damages)를 보유한다.

▸▸ However, the buyer retains any right to claim damages as provided for in this Convention.

7) 물품의 적합성(제35조)

(1) 의의

국제 무역거래에서 물품의 적합성(confirmity of the goods) 또는 일치성이란 매도인(seller)이 매수인(buyer)에게 제공하는 물품이 계약에서 정한 내용과 일치하는 것을 말한다.

매수인(buyer)은 무역계약과 일치하는 하자 없는 물품을 인수하고 이에 대한 대금지급을 원하기 때문에, 계약 내용에 적합하지 않은 물품의 인도가 이루어지면 매수인(buyer)은 감액청구(the buyer may reduce the price), 손해배상요구

(claim damages) 등을 청구할 수 있다. 물품의 적합성에는 물적 적합성과 법적 적합성이 있다.

(2) 물적 적합성의 보장

① 의의

물적 적합성의 보장이란 매도인(seller)이 품질(quality), 수량(quantity), 포장(packing), 명세(description) 등에 있어서 계약(contract) 내용에 적합한 물품(goods)을 인도(delivery)할 의무(obligation)를 부담하는 것을 말한다. CISG에서도 제35조에서 매도인(seller)은 계약에서 요구되는 수량(quantity), 품질(quality) 및 상품 명세(description)에 일치하고, 또한 계약(contract)에서 요구되는(required by the contract) 방법으로 용기에 담거나 또는 포장(contained or packaged)된 물품을 인도(delivery)하여야 한다고 규정하고 있다.

▸▸ The seller must deliver the goods which are of the quantity, quality and description required by the contract and which are contained or packaged in the manner required by the contract.

② 품질 적합성

매도인(seller)은 계약(contract)과 일치하는 상품명세(description) 및 품질(quality)을 제공하여야 하는 의무(obligation)가 있는데 CISG에서는 다음과 같은 판단기준을 규정하고 있다.

㉠ 당사자가 별도로 합의한 경우를 제외하고, 물품은 다음과 같지 아니하는 한 계약과 일치하지 아니한 것으로 한다(제35조 제2항).

ⓐ 물품은 그 동일한 명세의 물품이 통상적으로 사용되는 목적에 적합할 것.

▸▸ They are fit for the purposes for which goods of the same description would ordinarily be used.

ⓑ 물품은 계약체결 시에 명시적 또는 묵시적으로 매도인(seller)에게 알려져 있는 어떠한 특정의 목적에 적합할 것.

▸▸ They are fit for any particular purpose expressly or impliedly made known to the seller at the time of the conclusion of the contract.

다만 사정으로 보아 매수인(buyer)이 매도인의 기량과 판단(on the seller's skill and judgement)을 신뢰하지 않았거나 또는 신뢰하는 것이 불합리한(unreasonable) 경우에는 제외한다.

ⓒ 물품은 매도인(seller)이 매수인(buyer)에게 견본 또는 모형(sample or model)으로서 제시한 물품의 품질을 보유할 것

▸▸ They possess the qualities of goods which the seller has held out to the buyer as a sample or model.

ⓛ 매수인이 불일치를 알고 있었을 경우

매수인(buyer)이 계약체결 시에(at the time of the conclusion of the contract) 물품의 어떠한 불일치(such lack of conformity)를 알고 있었거나 또는 알지 못하였을 수가 없는 경우에는 매도인(seller)은 물품의 그러한 불일치(any lack of conformity)에 대하여 따른 책임을 지지 아니한다.

▸▸ The seller is not liable for any lack of conformity of the goods if, at the time of the conclusion of the contract, the buyer knew or could not have been unaware of such lack of conformity.

③ 수량 적합성

CISG는 수량(quantity) 적합성을 규정하고 있지만 구체적인 내용은 계약 조항에 위임하고 있다.

④ 포장 적합성

CISG는 포장에 대한 적합성을 규정하고 있다.

㉠ 물품의 포장 적합성

물품은 그러한 물품에 통상적인 방법(in the manner usual for such goods)으로 또는 통상적인 방법이 없는 경우에는 그 물품을 보존하고 보호하는데 적절한 방법(in a manner adequate to preserve and protect the goods)으로 용기(contained)에 담거나 또는 포장(packed)되어 있을 것이라고 규정하고 있다.

▸▸ They are contained or packed in the manner usual for such goods or, where there is no such manner, in a manner adequate to preserve and protect the goods.

ⓛ 매수인이 불일치를 알고 있었을 경우

매수인(buyer)이 계약체결 시에 물품의 어떠한 불일치를 알고 있었거나 또는 알지 못하였을 수가 없는 경우에는 매도인(seller)은 물품의 어떠한 불일치(any lack of conformity of the goods)에 따른 책임을 지지 아니한다.

▸▸ The seller is not liable for any lack of conformity of the goods if, at the time of the conclusion of the contract, the buyer knew or could not have been unaware of such lack of conformity.

⑤ 적합성의 결정시점(제36조)

㉠ 적합성의 결정시점

매도인(seller)은 위험(risk)이 매수인(buyer)에게 이전하는 때(when the risk passes to the buyer)에 존재한 어떠한 불일치에 대하여 계약 및 이 협약에 따른 책임(liability)을 진다. 이는 물품의 불일치(lack of conformity)가 그 이후에 드러난 경우에도 동일하다.

▸▸ The seller is liable in accordance with the contract and this Convention for any lack of conformity which exists at the time when the risk passes to the buyer, even though the lack of conformity becomes apparent only after that time.

㉡ 의무 위반에 기인한 불일치

매도인(seller)은 전항에서 규정된 때보다 이후에 발생하는 어떠한 불일치(any lack of confirmity)에 대해서도 그것이 매도인의 어떠한 의무위반에 기인(a breach of any of sellers obligation)하고 있는 경우에는 이에 책임(liability)을 진다.

그러한 의무위반(a breach of any of his obligations)에는 일정한 기간동안 물품이 통상적인 목적(ordinary purpose) 또는 어떠한 특정의 목적(some particular purpose)에 적합성을 유지할 것이라는 보증, 또는 특정된 품질이나 특질(specified qualities or characteristics)을 보유할 것이라는 보증의 위반(a breach of any guarantee)도 포함된다.

▸▸ The seller is also liable for any lack of confirmity which occurs after the time indicated in the preceding paragraph and which is due to a breach of any of his obligations, including a breach of any guarantee that for a period of time the goods will remain fit for their ordinary purpose or for some particular purpose or will retain specified qualities or characteristics.

⑥ 인도만기전의 물품하자보완권(제37조)

㉠ 의의

인도만기전의 물품하자 보완권이란 매도인(seller)이 물품의 인도기일(date

for delivery) 이전에 물품을 인도한 경우(If the seller has delivered goods before the date for delivery), 인도된 물품의 하자가 있는 경우(missing part or make up any deficiency in the quantity of the goods delivered)에 약정된 인도기일(up to that date)까지 물품의 하자를 보완(remedy any lack of confirmity)할 수 있는 것을 말한다.

ⓛ 인도만기전의 물품하자 보완권

매도인(seller)이 인도기일 이전(before the date for delivery)에 물품을 인도한 경우에는 매수인(buyer)에게 불합리한 불편(unreasonable inconvenience)이나 또는 불합리한 비용(unreasonable expense)을 발생시키지 아니하는 한 매도인(seller)은 그 기일까지는 인도된 물품의 모든 부족분(deficiency in the quantity)을 인도하거나 또는 수량의 모든 결함을 보충(replacement of any non-confirming goods delivered)하거나, 또는 인도된 모든 불일치한 물품에 갈음하는 물품을 인도하거나, 또는 인도된 물품의 모든 불일치를 보완(remedy any lack of confirmity in the goods delivered) 할 수 있다.

그러나 매수인(buyer)은 이 협약에서 규정된 바의 손해배상을 청구하는 모든 권리(any right)를 보유한다. (The buyer retains any right to claim damages as provided for in this Convention.)

▸▸ If the seller has delivered goods before the date for delivery, he may up to that date, deliver any missing part or make up any deficiency in the quantity of the goods delivered, or deliver goods in replacement of any non-conforming goods delivered or remedy any lack of confirmity in the goods delivered, provided that the exercise of this right does not cause the buyer unreasonable inconvenience or unreasonable expense.

However, the buyer retains any right to claim damages as provided for in this Convention.

ⓒ 하자보완권 행사의 요건

매도인(seller)이 하자보완권을 행사할 수 있는 요건은 아래와 같다.

ⓐ 인도기일 이전(before the date for delivery)에 물품의 인도를 이행했어야 한다.

ⓑ 보완 가능한 하자이어야 한다.

ⓒ 매수인(buyer)에게 불합리한 불편(unreasonable inconvenience)이나 또는 불합리한 비용(unreasonable expense)을 발생시키지 아니하여야 한다.

㉣ 매수인의 손해 배상 청구권

매수인(buyer)은 이 협약에서 규정된 바의 손해배상을 청구(claim damages)하는 모든 권리를 보유한다.

▸▸ The buyer retains any right to claim damages as provided for in this Convention.

(3) 법적 적합성(제41조~제42조)

① 의의

국제 무역거래(international trade)에서 물품의 적합성(confirmity) 또는 일치성이란 매도인(seller)이 매수인(buyer)에게 제공하는 물품이 계약에서 정한 내용과 일치하는 것을 말한다. 매수인(buyer)은 무역계약(trade contract)과 일치하는 하자 없는 물품을 인수하고 이에 대한 대금지급을 원하기 때문에, 계약 내용에 적합하지 않은 물품(goods)의 인도(delivery)가 이루어지면 매수인(buyer)은 감액청구(reducing the price), 손해배상요구(damages) 등을 청구할 수 있다.

매도인(seller)의 법적 적합성 보장이란 매수인(buyer)이 물품에 대한 권리를 행사함에 지장이 없도록 상대국의 법규나 규칙에 위배되지 않는 물품을 인도(delivery)해야 한다는 것을 말한다.

② CISG 규정

㉠ 제3자의 청구권으로부터 자유로운 물품의 인도

매도인(seller)은 매수인(buyer)이 제3자의 권리 또는 청구권을 전제로 물품을 수령하는 것에 동의한 경우가 아니한, 제3자의 청구권으로부터 자유로운(free from any right or claim of a third party) 물품을 인도(delivery)하여야 한다.

그러나 그러한 제3자의 권리 또는 청구권이 공업 소유권(industrial property) 또는 기타 지적소유권(other intellectual property)에 기초를 두고 있는 경우에는 매도인(seller)의 의무는 제42조에 의하여 규율된다.

▸▸The seller must deliver goods which are free from any right or claim of a third party, unless the buyer agreed to take the goods subject to that right or claim.

However, if such right or claim is based on the industrial property or other intellectual property, the seller's obligation is governed by article 42.

㉡ 제3자의 지적 소유권 등으로부터 자유로운 물품의 제공

매도인(seller)은 계약체결(at the time of the conclusion of the contract) 시에 매도인(seller)이 알았거나 또는 알지 못하였을 수가 없는 공업 소유권(industrial property) 또는 지적 소유권(intellectual property)에 기초를 두고 있는 제3자의 권리 또는 청구권으로부터 자유로운(free from any right or claim of a third party) 물품을 인도(delivery)하여야 한다.

▸▸ The seller must deliver goods which are free from any right or claim of a third party based on industrial property or other intellectual property, of which at the time of the conclusion of the contract the seller knew or could not have been unaware, provided that the right or claim is based on industrial property or other intellectual property :

ⓐ 제3자의 권리 또는 청구권의 범위

그 권리 또는 청구권은 다음과 같은 국가 법률에 의한 공업소유권(industrial property) 또는 기타 지적소유권(intellectual property)에 기초를 두고 있는 경우에 한한다.

㉮ 물품이 어느 국가에서 전매되거나 또는 기타의 방법으로 사용될 것이라는 것을 당사자 쌍방이 계약체결 시에 예상한 경우(if it was contemplated by the parties at th time of the conclusion of the contract)에는 그 물품이 전매되거나 또는 기타의 방법으로 사용되는 국가의 법률

㉯ 기타의 모든 경우에는, 매수인(buyer)이 영업소를 갖고 있는 국가의 법률(in any other case, under the law of the State where the buyer has his place of business)

ⓑ 적합성 보장의무의 제한

다음과 같은 경우에는 매도인(seller)에 대하여 법적 적합성의 보장에 관한 의무(obligation)를 적용하지 아니한다.

㉮ 계약체결 시(at the time of the conclusion of the contract)에 매수인(buyer)이 그 권리 또는 청구권을 알았거나 또는 알지 못하였을 수가 없는(the buyer knew or could not have been unaware of the right or claim) 경우

㉯ 그 권리 또는 청구권(the right or claim)이 매수인(buyer)에 의하여 제공된 기술적 설계(technical drawings), 디자인(designs), 공식(formulae) 또는 기타의 명세서(other such specifications furnished by the buyer)에 매도인이 따른 결과(seller's compliance)로 발생한 경우

(4) 물품검사 및 불일치의 통지(제38조~제39조)

① 의의

무역계약에 따라 매도인(seller)이 인도한 물품을 매수인(buyer)이 수령하는 경우, 매수인(buyer)은 수령한 물품(goods)이 계약(contract) 및 준거법(proper law)에 일치하는지를 확인하기 위하여 지체없이 검사(examination)할 의무(obligation)를 부담한다.

검사 결과 하자(lack of confirmity)가 발견되었다면 지체없이 이를 매도인(seller)에게 통지(notice)하여야 한다.

실전 무역영어

② 물품의 검사기간(제38조)

㉠ 실행 가능한 짧은 기간 내에 물품을 검사

매수인(buyer)은 그 사정에 따라 실행 가능한 짧은 기간(within as short a period) 내에 물품을 검사하거나 또는 물품(goods)이 검사(examination)되어지도록 하여야 한다.

▸▸ The buyer must examine the goods, or cause them to be examined, within as short a period as is practicable in the circumstances.

㉡ 계약이 물품의 운송을 포함하고 있는 경우

계약이 물품의 운송을 포함하고 있는 경우에는 검사(examination)는 물품이 목적지(destination)에 도착한 이후까지 연기될 수 있다.

▸▸ If the contract involves carriage of the goods, examination may be deferred until after the goods have arrived at their destination.

㉢ 운송 중에 목적지가 변경된 경우

물품이 매수인(buyer)에 의한 검사의 상당한 기회도 없이(without reasonable opportunity for examination) 매수인(seller)에 의하여 운송 중에 목적지가 변경(redirection in transit)되거나 또는 재배송(redispatch)되고, 또한 계약체결 시(at the time of conclusion of the contract)에 매도인(seller)이

그러한 변경이나 재배송의 가능성을 알았거나 또는 알았어야 하는 경우에는 검사(examination)는 물품이 새로운 목적지(new destination)에 도착한 이후까지 연기될 수 있다.

▶▶ If the goods are redirected in transit or redispatched by the buyer without a reasonable opportunity for examination by him and at the time of the conclusion of the contract the seller knew or ought to have known of the possibility of such redirection or redispatch, examination may be deferred until after the goods have arrived at the new destination.

The buyer loses the right to rely on a lack of confirmity of the goods if he does not give notice to the seller specifying the nature of the lack of conformity within a reasonable time after he has discovered it or ought to have discovered it.

③ 불일치의 통지시기(제39조)

㉠ 상당기간 내 통지의무

매수인(buyer)이 물품의 불일치(a lack of confirmity of the goods)를 발견하였거나 발견하였어야 하는 때부터 상당한 기간 내(within a reasonable time)에 매도인(seller)에게 불일치의 성질을 기재한 통지(notice)를 하지 아니한 경우에는 매수인(buyer)은 물품의 불일치에 의존하는 권리(right)를 상실한다.

▶▶ The buyer loses the right to rely on a lack of confirmity of the goods if he does not give notice to the seller specifying the nature of the lack of conformity within a reasonable time after he has discovered it or ought to have discovered it.

㉡ 불일치 통지 기간의 제한

어떠한 경우에도, 물품이 매수인(buyer)에게 현실적으로 인도된 날로부터 늦어도 2년(within a period of two years from the date) 이내에 매수인(buyer)이 매도인(seller)에게 불일치의 통지(notice)를 하지 아니한 경우에는 매수인(seller)은 물품의 불일치(a lack of confirmity of the goods)에 의존하는 권리(right)를 상실한다.

다만 이러한 기간의 제한(time limit)이 계약상의 보증기간(a contractual

period of guarantee)과 모순된 경우에는 그러하지 아니하다.

▸▸ In any event, the buyer loses the right to rely on a lack of confirmity of the goods if he does not vive the seller notice thereof at th latest within a period of two years from the date on which the goods were actually handed over to the buyer, unless this time limit is inconsistent with a contractual period of guarantee.

㉢ 검사 및 통지 의무 적용의 예외

ⓐ 매도인(seller)의 악의 및 불고지(제40조)

물품이 불일치가 매도인(seller)이 알았거나 또는 알지 못하였을 수가 없는 사실에 관련되고 또 매도인(seller)이 이를 매수인(buyer)에게 고지하지 아니한 사실에도 관련되어 있는 경우에는 매도인은 물품의 검사기간과 불일치(the lack of confirmity)의 통지시기에 관련된 규정을 원용할 권리가 없다.

▸▸ The seller is not entitled to rely on the provision of articles 38 and 39 if the lack of confirmity relates to fact of which he knew or could not have been unaware and which he did not disclose to the buyer.

ⓑ 통지 불이행의 정당한 이유(제44조)

매수인(buyer)의 불일치 사실의 통지의무 규정에도 불구하고, 매수인(buyer)은 요구된 통지의 불이행에 대한 정당한 이유(reasonable excuse for his failure)가 있는 경우에는 제50조에 따라 대금을 감액하거나(may reduce the price) 또는 이익의 손실을 제외(except for loss of profit)한 손해배상을 청구(claim damages)할 수 있다.

▸▸ The buyer may reduce the price in accordance with article 50 or claim damages, except for loss of profit, it he has a reasonable excuse for his failure to give the required notice.

④ 제3자의 권리에 대한 통지

㉠ 상당한 기간 내 통지의무

매수인(buyer)이 제3자의 권리 또는 청구권(any right or claim of a third party)을 알았거나 또는 알았어야 하는 때로부터 상당한 기간(reasonable time) 내에 매도인(seller)에게 그 제3자의 권리 또는 청구권의 성질을 기재한 통지를 하여야 한다.

㉡ 통지의무 위반의 효과

매수인(buyer)이 청구권의 성질을 기재한 통지를 하지 아니한 경우에는 매수인(buyer)은 법적 적합성 보장(제41조 또는 제42조)의 규정을 원용할 권리를 상실한다.

㉢ 매도인의 악의에 대한 권리제한

매도인(seller)이 제3자의 권리(right) 또는 청구권(claim) 및 그 성질을 알고 있었던 경우에 매도인은 전항의 규정을 원용할 권리가 없다.

㉣ 통지 불이행의 정당한 이유

매수인(buyer)의 통지의무 규정에도 불구하고, 매수인(buyer)은 요구된 통지의 불이행에 대한 정당한 이유가 있는 경우에는 제50조에 따라 대금을 감액(may reduce the price)하거나 또는 이익의 손실을 제외(except for loss of profit)한 손해배상을 청구(claim damages)할 수 있다.

8) 매도인의 계약 위반에 대한 매수인의 권리구제

(1) 매수인의 구제 방법(제45조)

① 매도인의 의무(obligations of the seller)

CISG에서는 매도인(seller)이 계약과 협약에 요구된 바에 따라(by the contract and this Convention) 물품을 인도(deliver the goods)하고, 이에 관련된 모든 서류를 교부(hand over any documents relating to them)하며, 또 물품에 대한 소유권을 이전(transfer the property)하여야 한다고 규정하고 있으며, 앞에서 살펴본 바와 같이 여러 가지 협약에서 요구하는 인도의무와 기타 계약상의 의무를 부담하도록 되어 있다.

매도인(seller)이 이러한 자신의 의무를 위반하게 되면 계약위반(breach of contract)에 이르게 되면 이러한 경우에 매수인(buyer)은 이 협약이 정하는 바에 따라 구제조치(remedies)를 취할 수 있다.

② 매도인의 계약 위반에 대한 매수인의 구제 방안

매도인(seller)이 계약(contract)이나 CISG에 따른 의무(obligation)를 이행하지 아니하는 경우, 매수인(buyer)이 자신의 상업적 이익을 회복하기 위하여 대체품 인도(delivery of substitute goods), 감액(may reduce the price), 추가기간 설정(may fix an additional period of time), 손해배상청구(claim damages) 등의 권리를 행사(exercise the rights)할 수 있다.

③ **손해배상청구권과 기타 구제권과의 관계**

매수인(buyer)은 손해배상(claim damages) 이외의 구제조치를 취하는 권리의 행사(exercising buyer's right)로 인하여 손해배상을 청구할 수 있는 권리를 박탈당하지 아니한다.

▸▸ The buyer is not deprived of any right he may have to claim damages by exercising his right to other remedies.

따라서 매수인(buyer)이 계약 해제를 선언(declare the contract avoided)하거나 이행을 청구(require performance)하는 등 구제를 구하는 권리를 행사한다 하더라도 이행상의 지연이나 다른 하자로부터 발생하는 손해에 대한 배상을 별도로 청구할 수 있다.

④ **유예기간 적용 배제**

매수인(seller)이 계약위반(breach of contract)에 대한 구제를 구할 때에는 법원(court) 또는 중재 판정부(arbitral tribunal)는 매도인에게 어떠한 유예기간(period of grace)도 적용하여서는 아니된다.

▸▸ No period of grace may be granted to the seller by a court or arbitral tribunal when the buyer resorts to a remedy for breach of contract.

(2) **매수인의 이행 청구권(제46조)**

① **의의**

매수인(buyer)은 매도인(seller)이 계약(contract) 및 준거법(proper law)에 적합한 의무(obligation)를 이행하지 않을 경우 매도인(seller)에게 그 의무의 이행을 청구할 수 있는 권리(may require performance by the seller of his obligations)를 보유한다.

매수인(buyer)의 이러한 의무의 이행을 청구할 수 있는 권리를 이행 청구권이라 한다. 매수인(buyer)의 이행 청구권은 대체품(substitute goods) 인도 청구권과 하자보완(remedy the lack of confirmity by repair) 청구권을 포함한다.

② **이행 청구권의 행사 제한**

매수인(buyer)은 매도인(seller)에게 그 의무의 이행을 청구(require performance)할 수 있다.

다만 매수인(buyer)이 이러한 청구(requirement)와 모순되는 구제를 구한 경우에는 그러하지 아니하다. 매수인(buyer)이 특정의무의 이행을 청구하면서 그와 모순되는 권리를 행사하지 못하게 하기 위함이다.

▶▶ The buyer may require performance by the seller of his obligations unless the buyer has resorted to a remedy which is inconsistent with this requirement.

(3) 대체품 인도 청구권(제46조 제2항)

① 의의

대체품 인도 청구권이란 매도인(seller)이 인도한 물품이 계약과 일치하지 아니한 경우(If the good do not confirm with the contract) 매수인(seller)이 불일치 물품을 대체할 수 있는 다른 물품을 인도할 것을 청구할 수 있는 권리(the buyer may require delivery of substitute goods)를 말한다.

② 요건

이러한 청구는 불일치가 계약의 본질적인 위반(a fundamental breach of contract)을 구성하고 또 대체품의 청구(a request for a substitute goods)가 제39조에 따라 지정된 통지와 함께 또는 그 후 상당기간(within a reasonable time thereafter) 내에 행해지는 경우에 한한다.

▶▶ If the goods do not conform with the contract, the buyer may require delivery of substitute goods only if the lack of conformity constitutes a fundamental breach of contract and a request for substitute goods is made either in conjunction with notice given under article 39 or within a reasonable time thereafter.

(4) 수리에 의한 하자보완 청구권(제14조 제3항)

① 의의

매수인(buyer)의 수리(repair)에 의한 하자보완 청구권이란 매도인(seller)이 매수인(buyer)에게 인도한 물품이 계약과 일치하지 아니한 경우(If the goods do not confirm with the contract)에는 매도인(seller)에게 수리를 청구하여 수리에 의하여 물품의 불일치를 보완하여 줄 것을 요구할 수 있는 권리(the buyer may requite the seller to remedy the lack of confirmity by repair)를 말한다.

② 요건

물품이 계약과 일치하지 아니한 경우(If the goods do not confirm with the

contract)에는 매수인(buyer)은 모든 사정으로 보아 불합리하지 않은 한(unless this is unreasonable having regard to all the circumstances) 매도인(seller)에 대하여 수리에 의한 불일치의 보완을 청구할 수 있다(the buyer may require the seller to remedy the lack of conformity).

수리의 청구는 통지시기(제39조)에 따라 지정된 통지와 함께(in conjunction with) 또는 그 후 상당기간 내에(within a reasonable time) 행하여져야 한다.

▶▶ If the goods do not conform with the contract, the buyer may require the seller to remedy the lack of conformity by repair, unless this is unreasonable having regard to all the circumstances. A request for repair must be made either in conjunction with notice given under article 39 or within a reasonable time thereafter.

(5) 추가기간 설정권(제47조)

① 의의

의무이행 추가기간(an additional period of time)설정권이란 매도인(seller)의 계약 불이행에 대하여 매수인(buyer)이 계약에 따른 의무의 이행을 매도인이 할 수 있도록 상당한 기간만큼(reasonable length for performance)의 추가기간(an additional period of time)을 정할 수 있는 권리를 말한다.

▶▶ The buyer may fix an additional period of time of reasonable length for performance by the seller of his obligations.

② 추가기간 설정의 효과

㉠ 추가 기간 중 다른 구제권 행사의 제한

매수인(buyer)이 매도인(seller)으로부터 그 지정된 추가기간 내에 이행하지 아니하겠다는 뜻의 통지(notice)를 수령하지 않은 한(Unless the buyer has received notice from the seller that he will not perform withing the period so fixed), 매수인(buyer)은 그 기간 중에는 계약 위반(breach of contract)에 대한 어떠한 구제도 구할 수 없다.

▶▶ Unless the buyer has received notice from the seller that he will not perform within the period so fixed, the buyer may not, during that period, resort to any remedy for breach of contract.

㉡ 추가기간 중의 손해배상 청구

그러나 매수인(buyer)은 이로 인하여 이행의 지연(delay in performance)에 대한 손해배상을 청구할 수 있는 권리를 박탈당하지 아니한다.

▸▸ However, the buyer is not deprived thereby of any right he may have to claim damages for delay in performance.

③ 계약의 해제가 가능한 경우

㉠ 계약 또는 이 협약에 따른 매도인(seller)의 어떠한 의무의 불이행이 계약의 본질적인 위반(a fundamental breach of contract)에 상당하는 경우

㉡ 인도불이행의 경우(in case of non-delivery)에는 매도인(seller)이 협약의 규정(제47조 제1항)에 따라 매수인(buyer)에 의하여 지정된 추가기간 내에(within the additional period of time fixed by the buyer) 물품을 인도하지 아니하거나, 매수인(buyer)이 그 지정된 기간 내에 인도하지 아니하겠다는 뜻을 선언한 경우(declare that he will not delivery within the period so fixed)

(6) 계약 해제권(제49조)

① 의의

계약 해제(avoidance of contract)란 무역계약의 성립 후 당사자 일방의 의무불이행으로 계약의 목적을 달성할 수 없는 경우(if the failure by the party to perform any of his obligations under the contract) 그 상대방이 계약을 처음부터 없었던 것과 같이 계약 전의 상태로 환원시키는 것을 말한다. 매수인(buyer)은 매도인(seller)의 의무위반(breach of obligation)이 특정한 경우에 계약의 해제를 선언할 수 있다. (The buyer may declare the contract avoided.)

② 계약 해제의 요건

㉠ 매도인의 본질적인 위반

계약 또는 이 협약에 따른 매도인(seller)의 어떠한 의무의 불이행(if the failure by the seller to perform any of his obligation)이 계약의 본질적인 위반(a fundamental breach of contract)에 상당하는 경우에는 계약 해제를 선언할 수 있다.

㉡ 추가기간 내의 인도 불이행

CISG 규정에 따라 매수인(buyer)에 의하여 지정된 추가기간(additional

period of time fixed by the buyer) 내에 매도인(seller)이 물품을 인도하지 아니하거나, 또는 매도인(seller)이 그 지정된 기간 내에 인도하지 아니하겠다는 뜻을 선언한 경우(if the declares that he will not deliver within th period so fixed)에는 계약 해제를 선언할 수 있다.

㉢ 인도가 이루어진 경우

매도인(seller)이 물품을 이미 인도한 경우에는 매수인(buyer)은 다음과 같은 시기에 계약의 해제를 선언하지 않는 한 그 해제의 권리를 상실한다.

ⓐ 인도의 지연(late delivery)

인도의 지연에 관해서는(in respect of late delivery), 매수인(buyer)이 인도가 이루어진 사실을 알게 된 때로부터 상당한 기간(reasonable time) 내에 계약 해제를 선언하지 않으면 해제 권리를 상실한다.

ⓑ 인도지연 이외의 모든 위반(in respect of any breach other that late delivery)

㉮ 매수인(buyer)이 그 위반을 알았거나 또는 알았어야 하는 때로부터 상당기간 내(within a reasonable time) 계약 해제를 선언하지 않으면 해제 권리를 상실한다.

㉯ 매수인(buyer)이 지정된 어떠한 추가기간이 경과한 때(after the expiration of any additional period of time fixed by the buyer) 또는 매도인(seller)이 추가기간(additional period) 내에 의무(obligations)를 이행하지 아니하겠다는 뜻을 선언한 때로부터 상당기간 내(within a reasonable time) 계약 해제를 선언하지 않으면 해제 권리를 상실한다.

㉰ 매도인(seller)에 의하여 제시된 어떠한 추가기간이 경과한 때(after the expiration of any additional period of time by the seller) 또는 매수인(buyer)이 이행을 승낙하지 아니하겠다는 뜻을 선언한 때(after the buyer has declared that he will not accept performance.)로부터 상당기간 내(within a reasonable time) 계약 해제를 선언하지 않으면 해제 권리를 상실한다.

③ 물품일부의 불일치(제51조)

매도인이 물품의 일부만을 인도하거나(if the seller delivers on a part of the goods), 또는 인도된 물품의 일부만이 계약과 일치하는 경우(if only a part of the goods delivered is in conformity with the contract)에는 부족(which is missing)

또는 불일치한 부분(which does not confirm)에 관하여 제46조 내지 제50조의 규정을 적용한다.

▶▶ If the seller delivers only a part of the goods or if only a part of the goods delivered is in conformity with the contract, articles 46 to 50 apply in respect of the part which is missing or which does not conform.

인도가 완전하게 또는 계약에 일치하게 이행되지 아니한 것이 계약의 본질적인 위반(fundamental breach of contract)에 해당하는 경우에 한하여, 매수인(buyer)은 계약 그 전체의 해제를 선언할 수 있다.

▶▶ The buyer may declare the contract avoided in its entirety only if the failure to make delivery completely or in conformity with the contract amounts to a fundamental breach of the contract.

(7) 대금감액 청구권(제50조)

① 의의

매수인(buyer)의 대금 감액 청구권이란 인도한 물품이 계약과 일치하지 아니하는 경우(if the goods do not confirm with the contract)에는 대금이 이미 지급된 여부에 관계없이(whether or not the price has already been paid) 매수인(buyer)은 실제로 인도된 물품이 인도 시에 가지고 있던 가액과 계약에 일치하는 물품이 그 당시 가지고 있었을 가액(the value that the goods actually delivered had at the time of the delivery bears to the value that conforming goods would have had at that time) 대한 동일한 비율(in the same proportion)로 대금을 감액할 수 있는 권리를 말한다.

▶▶ If the goods do not confirm with the contract and whether or not the price has already been paid, the buyer may reduce the price in the same proportion as the value that the goods actually delivered had at the time of the delivery bears to the value that confirming goods would have had at that time.

② 요건

㉠ 대금지급 여부와 무관(whether or not the price has been paid)

㉡ 비율에 따른 감액(in the same proportion)

③ 행사의 제한

매도인(seller)이 규정에 따른 의무의 불이행을 보완하거나(if the seller remedies any failure to perform his obligations), 매수인(buyer)이 그러한 조항에 따른 매도인(seller)의 이행의 승낙을 거절하는 경우(it the buyer refuses to accept performance by the seller)에는 매수인(buyer)은 대금을 감액할 수 없다.

(8) 조기인도 및 수량 초과분 거절권(제52조)

① 조기인도의 수령 거절권

조기인도의 수령 거절권이란 매도인이 지정된 기일 전에 물품을 인도하는 경우(if the seller delivers the goods before the date fixed)에는 매수인(seller)은 인도를 수령(take delivery)하거나 또는 이를 거절할 수 있는 권리(refuse to take delivery)를 말한다.

▸▸ If the seller delivers the goods before the date fixed, the buyer may take delivery or refuse to take delivery.

② 수량초과분의 인수 거절권

수량초과분의 인수 거절권이란 매도인(seller)이 계약에서 약정된 것보다도 많은 수량의 물품을 인도하는 경우(if the seller delivers a quantity of goods greater than that provided for in the contract)에는 매수인(buyer)은 초과 수량의 인도를 수령하거나(may take delivery) 또는 이를 거절할 수 있는 권리(refuse to take delivery)를 말한다.

매수인(buyer)이 초과수량(the excess quantity)의 전부 또는 일부의 인도를 수령하는 경우에는 매수인(buyer)은 계약비율에 따라 그 대금을 지급하여야 한다(buyer must pay for it at the contract rate).

▸▸ If the seller delivers a quantity of goods greater than that provided for in the contract, the buyer may take delivery or refuse to take delivery of the excess quantity. If the buyer takes delivery of all or part of the excess quantity, he must pay for it at the contract rate.

(9) 매도인의 하자 보완권(제37조 및 제48조)

① 인도만기전의 물품하자 보완권(제37조)

㉠ 의의

인도 만기 전의 물품하자 보완권이란 매도인(seller)이 물품의 인도기일

(delivery) 이전에 물품을 인도한 경우(if the seller has delivered goods before the date for delivery), 인도된 물품의 하자가 있는 경우에 약정된 인도기일(up to that date)까지 물품의 하자(lack of confirmity)를 보완할 수 있는 것을 말한다.

㉡ 인도만기전의 물품하자 보완권

매도인(seller)이 인도기일(delivery) 이전에 물품을 인도한 경우에는 매수인(buyer)에게 불합리한 불편(unreasonable inconvenience)이나 또는 불합리한 비용(unreasonable expense)을 발생시키지 아니하는 한 매도인(seller)은 그 기일까지는 인도된 물품의 모든 부족분(any missing part)을 인도하거나 또는 수량의 모든 결함(any deficiency in the quantity)을 보충하거나, 또는 인도된 모든 불일치한 물품(any non-confirming goods)에 갈음하는 물품(goods)을 인도(delivery)하거나, 또는 인도된 물품(goods delivered)의 모든 불일치(any lack of confirmity)를 보완할 수 있다. 그러나 매수인(buyer)은 이 협약에서 규정된 바의 손해배상을 청구하는 모든 권리(any right to claim damages)를 보유한다.

▸▸ If the seller has delivered goods before the date for delivery, he may, up to that date, deliver any missing part or make up any deficiency in the quantity of the goods delivered, or deliver goods in replacement of any non-conforming goods delivered or remedy any lack of conformity in the goods delivered, provided that the exercise of this right does not cause the buyer unreasonable inconvenience or unreasonable expense.

㉢ 하자보완권 행사의 요건

매도인이 하자보완권을 행사할 수 있는 요건은 아래와 같다.

ⓐ 인도기일 이전에 물품의 인도를 이행 했어야 한다.

ⓑ 보완 가능한 하자이어야 한다.

ⓒ 매수인(buyer)에게 불합리한 불편(unreasonable inconvenience)이나 또는 불합리한 비용(unreasonable expense)을 발생시키지 아니하여야 한다.

㉣ 매수인의 손해 배상 청구권

매수인은 이 협약에서 규정된 바의 손해배상을 청구하는 모든 권리를 보유한다.

▸▸ However, the buyer retains any right to claim damages as provided for in this Convention.

② 인도기일후의 물품하자 보완권(제48조)

㉠ 의의

인도기일후의 물품하자 보완권이란 매도인(seller)이 물품의 인도기일(date for delivery) 이후에 물품(goods)을 인도(delivery)한 경우, 인도된 물품의 하자가 있는 경우에 매도인(seller)이 자신의 비용(at his own expense)으로 의무의 어떠한 불이행(any failure to perform his obligation)을 보완할 수 권리를 말한다.

㉡ 인도기일후의 하자 보완권

매도인(seller)은 인도기일 후에도 불합리한 지체없이(without unreasonable delay) 그리고 매수인(buyer)에게 불합리한 불편(unreasonable inconvenience)을 주거나 또는 매수인(buyer)이 선지급한 비용을 매도인으로부터 보상받는데 대한 불확실성이 없는 경우에는 자신의 비용부담으로 그 의무의 어떠한 불이행을 보완할 수 있다.

그러나 매수인(buyer)은 이 협약에 규정된 바의 손해배상을 청구하는 모든 권리(any right to claim damages)를 보유한다.

㉢ 하자보완권 행사의 요건

ⓐ 불합리한 지체없이 그리고 매수인(buyer)에게 불합리한 불편을 주지 말아야 한다.

ⓑ 매수인(buyer)이 선지급한 비용을 매도인(seller)으로부터 보상받는데 대한 불확실성(uncertainty)이 없어야 한다.

ⓒ 자신의 비용부담(at this own expense)으로 그 의무의 어떠한 불이행을 보완하여야 한다.

㉣ 매수인의 손해배상 청구권

매수인(buyer)은 이 협약에 규정된 바의 손해배상을 청구하는 모든 권리를 보유한다.

▸▸ The buyer retains any right to claim damages as provided for in this Convention.

9. 매수인의 의무 및 매도인의 구제방법(제53조~제70조)

1) 의의

무역계약은 쌍무계약(bilateral contract)의 성질을 띠고 있으므로 무역계약이 성립(formation of contract)되면 계약의 당사자인 매도인(seller)과 매수인(buyer)은 계약 및 준거법(proper law)에 따라 계약내용을 이행하여야 한다.

기본적으로 매도인(seller)은 계약과 일치하는 물품을 제공(deliver the goods), 서류인도(hand over the document) 및 이에 따라 소유권을 이전(transfer the property)하여야 하며 매수인(buyer)은 인도를 수령(take delivery)하고 물품을 수령하는 대가로서 대금을 지급(pay the price for the goods)하여야 한다. CISG에서는 매도인(seller)과 매수인(buyer)의 의무(obligations)를 규정하고 있으며 계약위반(breach of contract)에 대한 구제 방법(remedies)에 대해서 규정하고 있다.

2) 매수인의 기본의무 의무(제53조)

매수인(buyer)은 계약 및 이 협약에 따라 요구된 바에 의하여 인도를 수령(take delivery)하고 물품대금을 지급(pay the price for the goods)하여야 한다.

▸▸ The buyer must pay the price for the goods and take delivery of them as required by the contract and this Convention.

매수인의 기본의무	
① 인도의 수령(take delivery)	② 물품대금지급(pay the price)

3) 대금지급의무

(1) 의의

무역계약에 있어 매수인(buyer)은 인도를 수령하고 물품대금을 지급하는 것(pay the price)을 가장 기본적인 의무(obligation)로 하고 있다. 매수인(buyer)은 계약 및 협약에 정해진 대로 결제방법에 따라 약정된 시기, 장소에서 약정한 지급수단으로 물품대금을 지급하여야 한다.

▸▸ The buyer must pay the price for the goods and take delivery of them as required by the contract and this Convention.

(2) 대금지급을 위한 조치(제54조)

매수인(buyer)의 대금지급의무는(buyer's obligation to pay the price) 지급을 가능하게 하기 위한 계약 또는 어떠한 법률 및 규정에 따라 요구되는 그러한 조치를 취하고 또 그러한 절차를 준수하는 것을 포함한다.

예를 들어 신용장(letter of credit) 방식에 의한 결제라면 매수인(buyer)은 특별한 별도의 약정이 없다 하더라도 신용장 통일규칙에 따라 신용장 개설 등의 조치를 취하여야 할 것이다.

▸▸ The buyer's obligation to pay the price includes taking such steps and complying with such formalities as may be required under the contract or any laws and regulations to enable payment to be made.

(3) 대금이 불확정된 계약(제55조)

계약이 유효하게 성립되었으나(Where a contract has been validly concluded), 그 대금지급에 관하여 명시적 또는 묵시적(expressly or implicitly)으로 지정하지 아니하거나 또는 이를 결정하기 위한 조항을 두지 아니한 경우에는 당사자는 반대의 어떠한 의사표시가 없는 한(in the absence of any indication to the contrary) 계약체결 시(at the time of the conclusion of the contract)에 관련 거래와 유사한 사정(under comparable circumstances)하에서 매각되는 동종의 물품에 대하여 일반적으로 청구되는 대금(the price generally charged)을 묵시적으로 참조한 것으로 본다.

▸▸ Where a contract has been validly concluded but does not expressly or implicitly fix or make provision for determining the price, the parties are considered, in the absence of any indication to the contrary, to have impliedly made reference to the price generally charged at the time of the conclusion of the contract for such goods sold under comparable circumstances in the trade concerned.

(4) 순중량에 의한 대금결정(제56조)

대금이 물품의 중량에 따라 지정되는 경우에 이에 의혹이 있을 때에는 그 대금은 순중량에 의하여(by the net weight) 결정되어야 한다.

▸▸ If the price is fixed according to the weight of the goods, in case of doubt it is to be determined by the net weight.

(5) 대금의 지급장소(제57조)

① 특정한 장소에서 대금을 지급하여야 하는 경우

특정한 장소(any other particular place)에서 대금을 지급하여야 하는 의무가 있는 경우에는 그 장소에서 대금을 지급하여야 한다.

② 특정한 장소에서 대금을 지급하여야 할 의무가 없는 경우

매수인(buyer)이 기타 어는 특정한 장소에서 대금을 지급하여야 할 의무가 없는 경우(if the buyer is not bound to pay the price at any other place)에는 매수인(buyer)은 다음과 같은 장소에서 매도인에게 이를 지급하여야 한다.

Ⓐ 매도인(seller)의 영업소(at the seller's place of business) 또는

Ⓑ 지급이 물품 또는 서류의 교부와 상환으로 이루어져야 하는 경우에는 그 교부가 행하여지는 장소(at the place where the handing over takes place)

③ 계약체결 후 영업소 변경

매도인(seller)은 계약체결 후에 그 영업소를 변경(a change in his place of business)함으로 인하여 야기된 지급의 부수적인 비용의 모든 증가액(any increase in the expenses incidental to payment)을 부담하여야 한다.

(6) 대금지급시기(제58조)

① 지급기일이 정해져 있는 경우

매수인(buyer)이 기타 어느 특정한 기일(any other specific time)에 대금을 지급하여야 할 의무가 있는 경우에는 그 특정한 기일 내에 대금지급을 하여야 한다.

② 특정한 기일에 대금을 지급하여야 할 의무가 없는 경우

매수인(buyer)이 기타 어느 특정한 기일에 대금을 지급하여야 할 의무가 없는 경우(If the buyer is not bound to pay the price at any other specific time)에는 매수인(buyer)은 매도인(seller)이 계약 및 이 협약에 따라 물품(goods) 또는 그 처분을 지배하는 서류(documents) 중에 어느 것을 매수인(buyer)의 임의 처분 하에 인도한 때에 대금을 지급하여야 한다.

매도인(seller)은 그러한 지급을 물품 또는 서류의 교부를 위한 조건(a condition for handing over the goods or documents)으로 정할 수 있다.

③ 매도인의 지급과 관련된 권리

㉠ 특정한 기일에 대금을 지급하여야 할 의무가 없는 경우

매수인(buyer)이 기타 어느 특정한 기일(any other specific time)에 대금을 지급하여야 할 의무가 없는 경우에 매도인(seller)은 대금지급을 물품 또는 서류의 교부를 위한 조건으로 정할 수 있다.

▸▸ The seller may make such payment a condition for handing over the goods or documents.

㉡ 계약이 물품의 운송을 포함하는 경우

계약이 물품의 운송을 포함하는 경우(if the contract involves carriage of the goods)에는 매도인(seller)은 대금의 지급과 상환하지 아니하면 물품 또는 그 처분을 지배하는 서류를 매수인(buyer)에게 교부하지 아니한다는 조건(will not hand over to the buyer)으로 물품을 발송할 수 있다.

▸▸ If the contract involves carriage of the goods, the seller may dispatch the goods on terms whereby the goods, or documents controlling their disposition, will not be handed over to the buyer except against payment of the price.

④ 대금지급 전의 물품 검사

㉠ 의의

매도인(seller)은 항상 대금결제에 신경을 쓰고 있으며 매수인(buyer)은 언제나 자신의 물품이 계약과 일치하는 지(confirmity of goods)의 여부에 관심을 쏟고 있다. 매매계약 시 검품규정이 있었다면 그에 따라 물품 대금지급전 매수인(buyer)이 물품을 검사할 권리를 가진다.

㉡ 매수인의 대금지급 전 물품 검사권

매수인(buyer)은 물품을 검사할 기회(opportunity to examine the goods)를 가질 때까지는 대금을 지급하여야 할 의무가 없다.

㉢ 매수인의 대금지급 전 물품 검사권 제한

당사자 간에 합의된 인도(delivery) 또는 지급(payment)의 절차가 매수인(buyer)이 그러한 기회를 가지는 것과 모순되는 경우에는 매수인(buyer)의 대금지급 전 물품 검사권을 행사할 수 없다.

(7) 매수인의 대금지급의무 와 매도인의 지급청구(제59조)

매수인(buyer)은 매도인(seller) 측의 어떠한 요구나 그에 따른 어떠한 절차를 준수할 필요 없이(without the need for any request or compliance) 계약 및 이 협약에 의하여 지정되었거나 또는 이로부터 결정될 수 있는 기일(on the date fixed by or determinable from the contract and this Convention)에 대금을 지급하여야 한다.

▸▸ The buyer must pay the price on the date fixed by or determinable from the contract and this Convention without the need for any request or compliance with any formality on the part of the seller.

→ 매도인 측의 요구나 절차를 따지지 않고 기일에 지급하는 것으로 족하다.

4) 인도의 수령의무(제60조)

(1) 의의

인도의 수령(take delivery)이란 매도인(seller)이 계약 및 협약의 규정에 따라 약정된 물품을 인도할 때 이를 수령하는 것을 말한다.

(2) 인도의무의 내용

매수인(buyer)의 인도수령의 의무(obligation to take delivery)는 매도인(seller)에 의한 인도(delivery)를 가능하게 하기 위하여 매수인(buyer)에게 합리적으로 기대될 수 있었던 모든 행위를 하는 것과 물품을 수령하는 것(taking over the goods)으로 구성된다.

▸▸ (a) in doing all the acts which could reasonably be expected of him in order to enable the seller to make delivery : and

(b) in taking over the goods.

(3) 인수거절

① 조기인도의 수령 거절권

조기인도의 수령 거절권이란 매도인(seller)이 지정된 기일(the date fixed) 전에 물품을 인도하는 경우에는 매수인(buyer)은 인도를 수령(take delivery)하거나 또는 이를 거절(refuse to take delivery)할 수 있는 권리를 말한다.

▸▸ If the seller delivers the goods before the date fixed, the buyer may take delivery or refuse to take delivery.

② 수량초과분의 인수 거절권

수량초과분의 인수 거절권이란 매도인(seller)이 계약에서 약정된 것보다도 많은 수량의 물품(grater than that provided fro in the contract)을 인도하는 경우에는 매수인(buyer)은 초과 수량(excess quantity)의 인도를 수령하거나 또는 이를 거절할 수 있는 권리를 말한다. 매수인(buyer)이 초과수량(excess quantity)의 전부 또는 일부(all or part of the excess quantity)의 인도를 수령하는 경우에는 매수인(buyer)은 계약비율(contract rate)에 따라 그 대금을 지급하여야 한다.

▸▸ If the seller delivers a quantity of goods greater than that provided for in the contract, the buyer may take delivery or refuse to take delivery of the excess quantity. If the buyer takes delivery of all or part of the excess quantity, he must pay for it at the contract rate.

③ 인수 거절권

CISG에서 인수거절에 대한 명문규정은 찾아볼 수 없으나 조기인도 및 수량초과인도에 대한 인수 거절권을 명시한 것으로 볼 때 이를 인정하는 것으로 해석함이 타당하다.

이러한 경우에는 CISG 제39조에 따라 상당기간(reasonable time) 내에 그 취지를 매도인(seller)에게 통지하여야 할 것이다.

5) 매수인의 계약위반에 대한(매도인의 권리) 구제

(1) 매도인의 구제 방법(제61조)

① 매수인의 의무

매수인(buyer)은 무역계약 및 이 협약의 규정에 따라 인도를 수령(take delivery)하고 물품대금을 지급(pay the price)하여야 한다.

② 매수인의 계약 위반에 대한 매도인의 구제

매수인(buyer)이 계약 또는 이 협약에 다른 어떠한 의무(obligations)를 이행하지 아니하는 경우에는 매도인(seller)은 이행 청구권, 추가기간 설정권(additional period of time), 계약 해제권(avoidance of contract), 물품명세확정권(specify the form, measurement or other features of the goods), 손해배상청구권(claim damages)을 행사할 수 있다.

③ 손해 배상청구권과 다른 구제권과의 관계

매도인(seller)은 손해배상 이외의 구제를 구하는 권리의 행사(by exercising his right)로 인하여 손해배상을 청구(claim damages)할 수 있는 권리를 박탈당하지 아니한다.

▸▸ The seller is not deprived of any right he may have to claim damages by exercising his right to other remedies.

④ 유예기간의 적용배제

매도인(seller)이 계약위반(breach of contract)에 대한 구제를 구할 때에는 법원 또는 중재 판정부는 매수인(buyer)에게 어떠한 유예기간(period of grace)도 허용하여서는 아니 된다.

(2) 이행 청구권(제62조)

① 의의

매도인(seller)의 이행 청구권이란 매수인(buyer)이 해당 계약 및 이 준거법에서 요구하는 인도의 수령(take delivery) 및 대금지급(pay the price) 의무 등의 의무를 이행하지 않을 때 매도인(seller)이 매수인(buyer)에 대하여 그 이행을 청구하는 권리를 말한다.

② 이행 청구권의 내용

매도인(seller)은 매수인(buyer)에 대하여 대금의 지급(pay the price), 인도의 수령(take delivery) 또는 기타 매수인(buyer)의 의무를 이행하도록 청구(perform his other obligations)할 수 있다.

▸▸ The seller may require the buyer pay the price, take delivery or perform his other obligations.

③ 이행 청구권 행사의 제한

매도인(seller)이 이러한 청구와 모순되는 구제(a remedy which is inconsistent with this requirement)를 구한 경우에는 이행 청구권을 행사하지 못한다.

▸▸ The seller may require the buyer to pay the price, take delivery or perform his other obligations, unless the seller has resorted to a remedy which is inconsistent with this requirement.

(3) 추가기간 설정권(제63조)

① 의의

매도인(seller)의 추가기간 설정권(fix an additional period of time)이란 매수인(buyer)의 계약 불이행에 대하여 매도인이 계약에 따른 의무의 이행을 매수인(buyer)이 할 수 있도록 상당한 기간만큼의 추가기간(an additional period of time of reasonable length for performance by the buyer of his obligation)을 정할 수 있는 권리를 말한다.

② 추가기간 설정의 효과

㉠ 추가기간 중 다른 구제권 행사의 제한

매도인(seller)이 매수인(buyer)으로부터 그 지정된 추가기간 내에 이행하지 아니하겠다는 뜻의 통지를 수령하지 않은 한, 매도인(seller)은 그 기간 중에는 계약 위반(breach of contract)에 대한 어떠한 구제도 구할 수 없다.

㉡ 추가기간 중의 손해배상 청구

그러나 매도인(seller)은 이로 인하여 이행의 지연(delay in performance)에 대한 손해배상을 청구(claim damages)할 수 있는 권리를 박탈당하지 아니한다.

▸▸ The seller is not deprived thereby of any right he may have to claim damages for delay in performance.

(4) 계약 해제권(제64조)

① 의의

계약 해제(avoidance of contract)란 무역계약의 성립 후 당사자 일방의 의무 불이행(breach of obligations)으로 계약의 목적을 달성할 수 없는 경우 그 상대방이 계약을 처음부터 없었던 것과 같이 계약 전의 상태로 환원시키는 것을 말한다.

▸▸ The seller may declare the contract avoided.

② 계약 해제의 요건

㉠ 매수인의 본질적인 위반

계약 또는 이 협약에 따른 매수인(seller)의 어떠한 의무의 불이행이 계약의 본질적인 위반(a fundamental breach of contract)에 상당하는 경우에는 계약 해제를 선언할 수 있다.

㉡ 추가기간 내의 대금지급 또는 인도수령의무 불이행

CISG 규정에 따라 매도인(seller)에 의하여 지정된 추가기간(within the additional period of time fixed by the seller) 내에 매수인(buyer)이 대금을 지급하지 않거나 물품의 인도를 수령하지 아니하거나, 또는 매수인(buyer)이 그 지정된 기간 내에 이를 이행하지 아니하겠다는 뜻을 선언한 경우(if buyer declares that he will not do so within the period so fixed)에는 계약해제를 선언할 수 있다.

③ 대금을 지급한 경우의 계약 해제

그러나 매수인(buyer)이 대금을 이미 지급한 경우에는 매도인(seller)은 다음과 같은 시기에 계약의 해제를 선언하지 않은 한 그 해제의 권리를 상실한다.

㉠ 매수인에 의한 이행의 지연

매수인(buyer)에 의한 이행의 지연(late performance by the buyer)에 관해서는, 매도인(seller)이 그 이행이 이루어진 사실을 알기 전에 계약의 해제를 선언하여야 한다.

㉡ 매수인의 기타 모든 위반

매수인(buyer)에 의한 이행의 지연 이외의 모든 위반(in respect of any breach other than late performance by the buyer)에 관해서는 매도인(seller)이 그 위반을 알았거나 또는 알았어야 하는 때로부터 상당기간(within a reasonable time) 내, 또는 협약에 따라 매도인(seller)에 의하여 지정된 어떠한 추가기간이 경과한 때(after the expiration of any additional period of time fixed by the seller)로부터 상당기간(within a reasonable time) 내, 또는 매수인(buyer)이 그러한 추가기간 내에 의무를 이행하지 아니하겠다는 뜻을 선언한 때(after the buyer has declared that he will not perform his obligations within such an additional period)로부터 상당기간(within a reasonable time) 내에 계약의 해제를 선언하여야 한다.

(5) 물품 명세 확정권(제65조)

① 의의

대부분의 경우에 있어서는 무역계약체결시점에 물품명세에 대하여 구체적인 합의(agreement)가 이루어지지만 특별한 사정이 있는 경우에는 매수인(buyer)이 일정기간 경과 후 물품의 명세를 확정하여 통지하기로 합의하는 경우가 있다.

이러한 경우 매수인(buyer)은 합의한 기간 내에 물품의 명세를 확정하여야 하지만 이를 지체하여 명세를 확정하지 아니하는 경우 이 협약에서는 매도인(seller)의 명세 확정을 통하여 매도인(seller)의 권리를 구제할 수 있다.

② CISG 상의 물품명세 확정권

계약상 매수인(buyer)이 물품의 형태(form), 용적(measurement) 또는 기타의 특징(other features of the goods)을 지정하기로 되어 있을 경우에 만약 매수인(buyer)이 합의된 기일(on the date agreed) 또는 매도인으로부터의 요구(request from the seller)를 수령한 후 상당한 기간 내(within the reasonable time)에 그 물품명세를 작성하지 아니한 때에는, 매도인은 그가 보유하고 있는 다른 모든 권리의 침해 없이 매도인에게 알려진 매수인(buyer)의 요구조건에 따라 스스로 물품명세를 작성(the seller may make the specification himself)할 수 있다.

▸▸ If under the contract the buyer is to specify the form, measurement or other features of the goods and he fails to make such specification either on the date agreed upon or within a reasonable time after receipt of a request from the seller, the seller may, without prejudice to any other rights he nay have, make the specification himself in accordance with the requirements of the buyer that may be known to him.

③ 요건

㉠ 계약상 매수인(buyer)이 물품의 형태(form), 용적(measurement), 또는 기타의 특징(other features of the goods)을 지정하기로 되어 있어야 한다.

㉡ 매도인(seller)으로부터의 요구를 수령한 후 상당한 기간 내(within a reasonable time after receipt of a request from the seller)에 그 물품명세를 작성하지 아니한 경우여야 한다.

④ 매도인의 통지 의무

매도인(seller)이 스스로 물품명세를 작성하는 경우(If the seller makes the specification himself)에는 매도인(seller)은 매수인(buyer)에게 이에 관한 세부사항을 통지하여야(he must inform the buyer of the details)하고, 또 매수인(buyer)이 이와 상이한 물품명세를 작성할 수 있도록 상당한 기간을 지정하여야 한다.

▸▸ If the seller makes the specification himself, he must inform the buyer of the details thereof and must fix a reasonable time within which the buyer may make a different specification.

⑤ **매도인의 물품명세의 효력**

매수인(buyer)이 물품명세에 관한 세부사항의 통지를 수령한 후 지정된 기간 내에 이와 상이한 물품명세를 작성하지 아니하는 경우(if the buyer fails to do so within the time so fixed)에는 매도인(seller)이 작성한 물품명세가 구속력을 갖는다(the specification made by the seller is binding).

▸▸ If, after receipt of such a communication, the buyer fails to do so within the time so fixed, the specification made by the seller is binding.

10. 위험의 이전

1) 위험부담의 일반원칙(제66조)

(1) 위험부담의 일반원칙

위험(risk)이 매수인(buyer)에게 이전된 이후에 물품의 멸실(loss) 또는 손상(damage)은 매수인(buyer)을 대금지급의 의무(obligation to pay the price)로부터 면제시키지 아니한다.

(2) 예 외

그 멸실(loss) 또는 손상(damage)이 매도인(seller)의 작위 또는 부작위에 기인한(due to an act or omission of the seller) 경우에는 그러하지 아니하다.

▸▸ Loss of or damage to the goods after the risk has passed to the buyer does not discharge him from his obligation to pay the price, unless the loss or damage is due to an act or omission of the seller.

2) 운송조건부 계약품의 위험(제67조)

(1) 특정장소(particular place)에서 인도할 의무가 없는 경우

매매계약이 물품의 운송을 포함하고 있는 경우(if the contract of sale involves carriage of the goods)에 매도인(seller)이 특정한 장소에서 이를 인도하여야 할 의무가 없는 때(the seller is not bound to hand them over at a particular place)에는, 위험(risk)은 물품이 매매계약에 따라 매수인(buyer)에게 송부하도록 최

초의 운송인(first carrier)에게 인도된 때에 매수인(buyer)에게 이전한다.

(2) 특정한 장소(particular place)에서 물품을 운송인에서 인도하여야 할 의무가 있는 경우

매도인이 특정한 장소에서 물품을 운송인에게 인도하여야 할 의무가 있는 경우(If the seller is bound to hand the goods over to a carrier at a particular place)에는 위험(risk)은 물품이 그러한 장소에서 운송인(carrier)에게 인도되기까지는 매수인(buyer)에게 이전하지 아니한다. (the risk does not pass to the buyer until the goods are handed over to the carrier at that place.)

(3) 서류와 위험의 이전과의 관계

매도인(seller)이 물품의 처분을 지배하는 서류를 보유하는 권한이 있다는 사실은 위험의 이전(passage of the risk)에 영향을 미치지 아니한다.

▸▸ The fact that the seller is authorized to retain documents controlling the disposition of the goods does not affect the passage of the risk.

(4) 위험이전의 유예

물품이 명확히 특정되기까지는 화인(marking on the goods), 선적서류(shipping document), 매수인(buyer)에 의한 통지(notice) 또는 기타의 방법에 의하여 위험이 이전되지 아니한다.

▸▸ Nevertheless, the risk does not pass to the buyer until the goods are clearly identified to the contract, whether by markings on the goods, by shipping documents, by notice given to the buyer or otherwise.

3) 운송 중 매매물품의 위험(제68조)

(1) 운송 중 매매 물품의 위험 이전시기

운송 중에 매각된 물품에 관한 위험은 계약체결 시(from the time of the conclusion of the contract)로부터 매수인(buyer)에게 이전한다.

그러나 사정에 따라서는 위험(risk)은 운송계약을 구현하고 있는 서류를 발행한 운송인(carrier)에게 물품이 인도된 때로부터 매수인(buyer)이 부담한다.

▸▸ The risk in respect of goods sold in transit passes to the buyer from the time of the conclusion of the contract. However, if the circumstances so indicate, the risk is assumed by the buyer from the time the goods were handed over to the carrier who issued the documents embodying the contract of carriage.

(2) 매도인이 위험을 부담하는 경우

매도인(seller)이 매매계약의 체결 시(at the time of the conclusion of the contract of sale)에 물품이 이미 멸실 또는 손상되었다는 사실을 알았거나 또는 알았어야 하는 경우(if the seller knew or ought to have known that the goods had been lost or damaged)에 이를 매수인(buyer)에게 밝히지 아니한 때에는, 그 멸실(loss) 또는 손상(damage)은 매도인(seller)이 위험을 부담한다.

▸▸ Nevertheless, if at the time of the conclusion of the contract of sale the seller knew or ought to have known that the goods had been lost or damaged and did not disclose this to the buyer, the loss or damage is at the risk of the seller.

4) 기타 경우의 위험(제69조)

(1) 기타의 경우 위험

제67조 및 제68조에 해당되지 아니하는 경우에는 위험(risk)은 매수인(buyer)이 물품을 인수한 때(the risk passes to the buyer when he takes over the goods), 또는 매수인(buyer)이 적시에 이를 인수하지 아니한 경우(if the buyer does not do so in due time)에는 물품이 매수인(buyer)의 임의 처분 하에 적치되고 매수인(buyer)이 이를 수령하지 아니하여 계약위반(breach of contract)을 범하게 된 때로부터 매수인(buyer)에게 이전한다.

(2) 매도인의 영업소 이외의 장소에서 물품을 인수하여야 하는 경우

매수인(buyer)이 매도인의 영업소 이외의 장소에서 물품을 인수하여야 하는 경우(if the buyer is bound to take over the goods at a place other than a place of business of the seller)에 위험(risk)은 인도의 기일이 도래하고(the risk passes when delivery is due) 또 물품이 그러한 장소에서 매수인(buyer)의 임의 처분 하에 적치된 사실을 매수인(buyer)이 안 때에 이전(the buyer is aware of that fact that the goods are placed at his disposal at that place)한다.

(3) 특정되지 아니한 물품의 경우

계약이 아직 특정되지 아니한 물품에 관한 것인 경우(if the contract relates to goods not then identified)에는 물품은 계약의 목적물로서 명확히 특정되기 까지(until they are clearly identified to the contract)는 매수인(buyer)의 임의 처분하에 적치되지 아니한 것으로 본다.

▶▶ If the contract relates to goods not then identified, the goods are considered not to by placed at this disposal of the buyer until they are clearly identified to the contract.

5) 매도인의 계약 위반 시의 위험(제70조)

매도인(seller)이 계약의 본질적인 위반(fundamental breach of contract)을 범한 경우에는 제67조, 제68조 및 제69조의 규정은 그 본질적인 위반을 이유로 매수인(buyer)이 원용할 수 있는 구제를 침해하지 아니한다.

▶▶ If the seller has committed a fundamental breach of contract, articles67,68 and 69 do no impair the remedies available to the buyer on account of the breach.

11. 매도인과 매수인의 의무에 공통되는 규정(제71조~제88조)

1) 이행 정지권(제71조)

(1) 의의

이행 정지권이란 무역계약체결 이후(after the conclusion of the contract) 당사자 일방이 일정한 사유의 결과로 의무의 실질적인 부분(substantial pare of obligations)을 이행하지 않을 것이 명백하게 된 경우 자신의 의무의 이행을 정지할 수 있는 권리를 말한다.

▶▶ A party may suspend the performance of his obligations if, after the conclusion of the contract, it becomes apparent that the other party will not perform a substantial part of his obligations.

(2) 요건

당사자 일방(a party)은 계약체결 후(after the conclusion the contract)에 상대방의 이행능력 또는 신뢰성에 대한 중대한 결함이나 상대방의 계약이행의 준비 또는 계약이행의 행위의 결과로 의무의 실질적인 부분(substantial pare of obligations)을 이행하지 않을 것이 명백하게 된 경우(it becomes apparent that the other party will not perform a substantial part of his obligations) 자신의 의무의 이행을 정지할 수 있다.

예를 들어 매수인(buyer)이 계약체결 후 신용도(credit worthiness), 부도(bankruptcy) 또는 기타의 사유로 대금을 지급할 능력이 없다는 것이 명백하게 될 경우 매도인(seller)은 생산을 정지할 수 있으며, 매도인(seller)이 계약된 물품(goods)을 인도(delivery)할 능력이 없는 것으로 밝혀지는 경우 매수인(buyer)은 신용장 개설과 같은 의무이행(performance of obligation)을 정지할 수 있다.

(a) a serious deficiency in his ability to perform or in his credit-worthiness; or

(b) his conduct in preparing to perform or in performing the contract.

(3) 발송된 물품에 대한 인도중지

매도인(seller)이 전항에 기술된 사유가 명백하게 되기 전에 이미 물품을 발송한 경우에는 비록 매수인(buyer)이 물품을 취득할 권한을 주는 서류를 소지하고 있더라도(even though the buyer holds a document which entitles him to obtain them), 매도인(seller)은 물품이 매수인(buyer)에게 인도되는 것을 중지 시킬 수 있다(seller may prevent the handing over of the goods to the buyer).

본 항의 규정은 매도인(seller)과 매수인(buyer) 간에서의 물품에 대한 권리에만 적용한다.

▸▸ If the seller has already dispatched the goods before the grounds described in the preceding paragraph become evident, he may prevent the handing over of the goods to the buyer even though the buyer holds a document which entitles him to obtain them. The present paragraph relates only to the rights in the goods as between the buyer and the seller.

(4) 이행정지 즉시 통지의무

이행을 정지한 당사자(a party suspending performance)는 물품의 발송 전후에 관계없이(whether before or after dispatch of the goods) 상대방에게 그 정지의 통지(notice of suspension)를 즉시 발송하여야 하고, 또 상대방이 그 이행에 관하여 적절한 확약을 제공하는(if the other party provides adequate assurance of his performance) 경우에는 이행을 계속하여야 한다.

▸▸ A party suspending performance, whether before or after dispatch of the goods, must immediately give notice of the suspension to the other party and must continue with performance if the other party provides adequate assurance of his performance.

2) 이행기일 전의 계약 해제권(제72조)

(1) 의의

이행기일 전의 계약 해제권이란 무역계약의 당사자가 계약의 체결 후 계약의 이행기일이 도래하기 전(prior to the date for performance of the contract)에 당사자 일방이 일정한 요건에 해당되면 계약해제를 선언할 수 있는 권리를 말한다.

(2) 요건

계약의 이행기일 이전에 당사자의 일방이 계약의 본질적인 위반(a fundamental breach of contract)을 범할 것이 명백한 경우에는 상대방은 계약의 해제를 선언할 수 있다.

▸▸ If prior to the date for performance of the contract it is cleat that one of the parties will commit a fundamental breach of contract, the other party may declare the contract avoided.

(3) 상당한 통지의무(reasonable notice)

시간이 허용하는 경우(if the time allows)에는 계약의 해제를 선언하고자 하는 당사자(the party intending to declare the contract avoided)는 상대방이 그 이행에 관하여 적절한 확약(adequate assurance of his performance)을 제공할 수 있도록 상대방에게 상당한 통지(reasonable notice to the other party)를 발송하여야 한다.

▸▸ If time allows, the party intending to declare the contract avoided must give reasonable notice to the other party in order to permit him to provide adequate assurance of his performance.

(4) 상대방이 의무를 이행하지 아니할 것을 선언한 경우

전항의 요건은 상대방이 그 의무를 이행하지 아니할 것을 선언한 경우에는 상당한 통지의무를 적용하지 아니한다.

▸▸ The requirements of the preceding paragraph do not apply if the other party has declared that he will not perform his obligations.

3) 분할이행계약의 해제(제73조)

(1) 의의

분할이행계약(contract for delivery of goods by instalments)이란 무역거래에서 한 번에 물품을 모두 인도하지 않고 나누어서 인도할 것을 약정한 경우를 말한다.

물품의 주문 수량이 너무 많아 한꺼번에 인도(delivery)하기가 곤란한 경우이거나 매수인(buyer)이 하루라도 빨리 물품을 인수해야할 사정이 있는 경우에는 당사자의 합의(agreement)에 의해서 분할인도 조건으로 계약을 체결할 수 있다.

분할이행계약의 해제권이란 계약물품의 분할인도를 약정한 경우 당사자 일방이 어떠한 의무의 불이행에 대하여 일정한 요건 하에서 계약의 해제를 선언할 수 있는 권리를 말한다.

(2) 요건

물품의 분할인도(delivery of goods by instalments)를 위한 계약의 경우에 있어서 어느 분할부분에 관한 당사자 일방의 어떠한 의무의 불이행이 그 분할부분에 관하여 계약의 본질적인 위반을 구성하는 경우(constitutes a fundamental breach of contract)에는 상대방은 그 분할부분에 관하여 계약의 해제를 선언할 수 있다.

▸▸ In the case of a contract for delivery of goods by instalments, if the failure of one party to perform any of his obligations in respect of any instalment constitutes a fundamental breach of contract with respect to that instalment, the other party may declare the contract avoided with respect to that instalment.

(3) 장래의 분할부분에 대한 계약 해제

어느 분할부분에 관한 당사자 일방의 어떠한 의무의 불이행이 상대방으로 하여금 장래의 분할부분에 관하여 계약의 본질적인 위반이 발생할 것이라는 결론을 내리게 하는 충분한 근거(good grounds to conclude that a fundamental breach of contract)가 있는 경우에는 상대방은 장래의 분할부분(future instalments)에 관하여 계약의 해제를 선언할 수 있다.

다만 상대방은 상당기간 내에(within a reasonable time) 이를 행하여야 한다.

▸▸ If one party's failure to perform any of his obligations in respect of any instalment gives the other party good grounds to conclude that a fundamental breach of contract will occur with respect to future instalments, he may declare the contract avoided for the future, provided that he does so within a reasonable time.

(4) **계약 전체에 대한 해제권**

어느 인도 부분에 관하여(in respect of any delivery) 계약의 해제를 선언하는 매수인(buyer)은 이미 행하여진 인도 또는 장래의 인도에 관해서(in respect of deliveries already made or of future deliveries)도 동시에 계약의 해제를 선언할 수 있다. 다만 그러한 인도 부분들이 상호의존관계로(by reason of their interdependence) 인하여 계약체결 시에 당사자 쌍방이 의도한 목적으로 사용될 수 없을 경우에 한한다.

▸▸ A buyer who declares the contract avoided in respect of any delivery may, at the same time, declare it avoided in respect of deliveries already made or of future deliveries if, by reason of their interdependence, those deliveries could not be used for the purpose contemplated by the parties at the time of the conclusion of the contract.

4) 손해배상(Damages)(제74조~제77조)

(1) **의의**

무역계약은 쌍무계약(bilateral contract)이므로 당사자들은 계약내용에 따라 서로의 의무(obligations)를 이행하여야 한다.

무역계약의 당사자가 상대방의 계약위반(breach of contract)으로 말미암아 손해(damage)를 입게 되는 경우에는 자신이 행사할 수 있는 구제권(remidies)과 별도로 손해를 입힌 상대방에게 손해배상을 청구할 수 있다.

손해배상 청구권은 매도인(seller)과 매수인(buyer) 모두에게 인정되는 권리로써 다른 구제권의 행사와 별도로 행사할 수 있음을 CISG는 규정하고 있다.

(2) 손해배상액 산정(제74조)

당사자 일방의 계약위반에 대한 손해배상액(damages for breach of contract by one party)은 이익의 손실을 포함(including loss of profit)하여 그 위반의 결과(a consequence of the breach)로 상대방이 입은 손실과 동등한 금액으로 한다.

▸▸ Damages for breach of contract by one party consist of a sum equal to the loss, including loss of profit, suffered by the other party as a consequence of the breach.

(3) 손해배상액의 한도(제74조)

그러한 손해배상액은 계약체결 시에 위반의 당사자가 알았거나 알았어야 할 사실 및 그 사정에 비추어서 계약체결 시에 계약 위반의 가능한 결과로서 예상하였거나 또는 예상하였어야 하는 손실(the loss which the party in breach foresaw or ought to have foreseen at the time of the conclusion of the contract)을 초과할 수 없다.

▸▸ Such damages may not exceed the loss which the party in breach foresaw or ought to have foreseen at the time of the conclusion of the contract, in the light of the fact and matters of which he then knew or ought to have known, as a possible consequence of the breach of contract.

(4) 대체거래시의 손해배상액(제75조)

계약이 해제되고 또한 해제 후에 상당한 방법(in a reasonable manner)과 상당한 기간 내(within a reasonable time after avoidance)에 매수인(buyer)이 대체품(goods in replacement)을 구매하거나 또는 매도인(seller)이 물품을 재매각한 경우에는(if the seller has resold the goods) 손해배상을 청구하는 당사자(the party claiming damages)는 계약대금(the contract price)과 대체거래의 대금(the price in the substitute transaction)과의 차액(the difference)뿐만 아니라 손해배상 산정규정에(제74조) 따라 회수 가능한 기타의 모든 손해배상액을 회수할 수 있다.

▸▸ If the contract is avoided and if, in a reasonable manner and within a reasonable time after avoidance, the buyer has bought goods in replacement or the seller has resold the goods, the party claiming damages may recover the difference between the contract price and the price in the substitute transaction as well as any further damages recoverable under article 74.

(5) 시가에 기초한 손해배상액(제76조)

① 시가의 의미

시가(current price)란 물품의 인도가 행하여 졌어야할 장소에서 지배적인 가격(the price prevailing at th place where delivery of the goods)을 말하고, 그 장소에서 아무런 시가가 없는 경우(if there is no current price at that place)에는 물품의 운송비용의 차이를 적절히 감안(making due allowance for differences in the cost of transporting the goods)하여 상당한 대체가격(a reasonable substitute)으로 할 수 있는 다른 장소에서의 가격을 말한다.

② 시가의 적용

㉠ 기본원칙

계약이 해제되고 또한 물품에 시가(current price)가 있는 경우에는 손해배상을 청구하는 당사자는 제75조에 따라 구매(purchase) 또는 재매각(resale)을 행하지 아니한 때에는 계약대금(the price fixed by the contract)과 계약해제시의 시가(the current price at the time of avoidance)와 차액(difference)과 손해배상규정(제74조)에 따라 회수 가능한 기타의 모든 손해배상액을 회수할 수 있다.

㉡ 물품인수시의 시가를 적용하는 경우

그러나 손해배상을 청구하는 당사자(the party claiming damages)가 물품을 인수한 후(after taking over the goods)에 계약을 해제한 경우에는 계약해제시의 시가에 대신하여 물품인수시의 시가(the current price at the time of such taking over)를 적용한다.

(6) 손실 경감의무(제77조)

㉠ 손실 경감을 위한 조치

계약위반을 주장하는 당사자(a party who relies on a breach of contract)는 이익의 손실을 포함(including loss of profit)하여 그 위반으로부터 야기된 손실을 경감하기 위하여(to mitigate the loss) 그 사정에 따라 상당한 조치(reasonable measures in the circumstances)를 취하여야 한다.

▸▸ A party who relies on a breach of contract must take such measures as are reasonable in the circumstances to mitigate the loss, including loss of profit, resulting from the breach.

㉡ 손실 경감의무 위반의 효과

손실경감을 위한 조치를 취하지 아니하는 경우(if he fails to take such measure)에는 위반의 당사자(the party in breach)는 경감되었어야 하는 손실의 금액을 손해배상액에서 감액하도록 청구할 수 있다.

▶▶ If he fails to take such measures, the party in breach may claim a reduction in the damages in the amount by which the loss should have been mitigated.

5) 이자(Interest)(제78조)

당사자 일방이 대금 또는 기타 모든 연체금액(arrears)을 지급하지 아니한 경우(If a party fails to pay the price or any other sum that is in arrears)에는 상대방은 제74조에 따라 회수 가능한 손해배상액의 청구에 침해받지 아니하고(without prejudice to any claim for damages) 그 금액에 대한 이자를 청구할 권리를 가진다.

▶▶ If a party fails to pay the price or any other sum that is in arrears, the other party is entitled to interest on it, without prejudice to any claim for damages recoverable under article 74.

6) 계약 불이행에 대한 면책(제79조~제80조)

(1) 의의

무역계약은 쌍무계약(bilateral contract)이므로 당사자들은 계약(contract) 및 준거법(proper law)에 따라 서로의 의무(obligations)를 이행하여야 한다. 무역의 당사자가 자신의 의무를 이행하지 않는다면 계약을 위반한자는 계약 및 준거법(proper law)에 따라 의무불이행에 대한 책임을 지는 것이 원칙이지만 일정한 경우에 해당할 경우 계약위반에 대한 책임을 지지 않는데 이를 면책(exemptions)이라 한다.

(2) 계약불이행에 대한 면책(제79조)

① 계약 당사자의 의무 불이행에 대한 면책

당사자 일방은 그 의무의 불이행(a failure to perform any of his obligations)

이 자신의 통제를 벗어난 장애(an impediment beyond his control)에 기인하였다는 점과 계약체결 시(at the time of conclusion of the contract) 그 장애를 고려하거나 또는 그 장애나 장애의 결과를 회피하거나 극복하는 것이 합리적으로 기대될 수 없었다는 점을 입증하는 경우(if he prove that he could not reasonably be expected)에는 자신의 어떠한 의무의 불이행에 대하여 책임을 지지 아니한다(A party is not liable for a failure to perform any of his obligations).

▸▸ A party is not liable for a failure to perform any of his obligations if he proves that the failure was due to an impediment beyond his control and that he could not reasonably be expected to have taken the impediment into account at the time of the conclusion of the contract or to have avoided or overcome it, or its consequences.

② 고용된 제3자의 불이행에 대한 면책

당사자의 불이행이 계약의 전부 또는 일부(whole or a part of the contract)를 이행하기 위하여 고용된 제3자(a third person)의 불이행에 기인한 경우(If the party's failure is due to the failure by a third person whom he as engaged to perform the whole or apart of contract)에는 그 당사자는 다음과 같은 경우에 한하여 그 책임이 면제된다.

㉠ 당사자가 전항의 규정에 따라 면책 될 때

㉡ 당사자가 고용한 제3자가 전항의 규정이 그에게 적용된다면 역시 면책되는 경우

③ 면책이 인정되는 기간

본조에 규정된 면책은 장애가 존재하는 동안의 기간(the period during which the impediment exists)에만 효력을 갖는다.

▸▸ The exemption provided by this article has effect for the period during which the impediment exists.

④ 계약 불이행자의 의무

㉠ 상대방에게 통지하여야 할 의무

불이행의 당사자(the party who fails to perform)는 장애(the impediment)와 그것이 자신의 이행능력에 미치는 영향(its effect on his ability to perform)에 관하여 상대방에게 통지(notice)하여야 한다.

▸▸ The party who fails to perform must give notice to the other party of the impediment and its effect on his ability to perform.

㉡ 통지 불이행에 대한 책임

불이행의 당사자가 장애(impediment)를 알았거나 또는 알았어야하는 때로부터 상당한 기간 내(within a reasonable time)에 그 통지가 상대방에게 도착하지 아니한 경우(if the notice is not received by the other party)에는 당사자는 그러한 불착(non-receipt)으로 인하여 발생하는 손해배상액에 대한 책임이 있다.

▸▸ If the notice is not received by the other party within a reasonable time after the party who fails to perform knew or ought to have known of the impediment, he is liable for damages resulting from such non-receipt.

⑤ 기타 권리와의 관계

본조의 규정은 어느 당사자(either party)에 대해서도 이 협약에 따른 손해배상액의 청구(claim damages) 이외의 모든 권리를 행사하는 것(exercising any right)을 방해하지 아니한다.

▸▸ Nothing in this article prevents either party from exercising any right other than claim damages under this Convention.

(3) 자신의 귀책사유와 불이행(제80조)

일방의 당사자는 상대방의 불이행(a failure of the other party to perform)이 자신의 작위(act) 또는 부작위(omission)에 기인하여 발생한 한도 내에서는 상대방의 불이행을 원용할 수 없다.

▸▸ A party may not rely on a failure of the other party to perform, to the extent that such failure was caused by the first part's act or omission.

7) 계약 해제의 효과(제81조~제84조)

(1) 의의

계약 해제(avoidance of the contract)란 무역계약의 성립 후 당사자 일방의 의무 불이행(a failure of the other party to perform)으로 계약의 목적을 달성할 수

제2부 무역계약의 성립

없는 경우 그 상대방이 계약을 처음부터 없었던 것과 같이 계약 전의 상태로 환원시키는 것을 말한다.

(2) 계약의무 소멸과 반환청구(제81조)

① 계약의무의 소멸

계약의 해제(avoidance of the contract)는 이미 발생한 모든 손해배상의 의무를 제외(subject to any damages)하고 양 당사자를 계약상의 의무로부터 면하게 한다.

▸▸ Avoidance of the contract releases both parties from their obligations under it, subject to any damages which may be due.

② 분쟁해결 및 기타 조항과의 관계

해제는 분쟁해결(the settlement of disputes)을 위한 어떠한 계약조항(provision of the contract)이나 계약의 해제에 따라 발생하는 당사자의 권리와 의무를 규율하는 기타 모든 계약조항(any other provision of the contract governing the rights and obligations of the parties)에 영향을 미치지 아니한다.

▸▸ Avoidance does not affect any provision of the contract for the settlement of disputes or any other provision of the contract governing the rights and obligations of the parties consequent upon the avoidance of the contract.

③ 반환 청구권

계약의 전부 또는 일부를 이행한 당사자 일방(a party who has performed the contract either wholly or in part)은 상대방에 대하여 그 계약하에서 자신이 이미 공급하였거나 또는 지급한 것에 대한 반환을 청구(claim restitution)할 수 있다.

▸▸ A party who has performed the contract either wholly or in part may claim restitution from the other party of whatever the first party has supplied or paid under the contract.

④ 반환의 시기

당사자 쌍방이 반환(restitution)하여야 할 의무가 있는 경우에는 양 당사자는 동시(concurrently)에 이를 이행하여야 한다.

▸▸ If both parties are bound to make restitution, they must do so concurrently.

(3) 물품의 반환이 불가능한 경우의 계약해제(제82조)

① **매수인의 권리제한**

매수인(buyer)이 물품을 수령한 상태와 실질적으로 동등한 물품을 반환(restitution)하는 것이 불가능한 경우(if it is impossible for him to make restitution of the goods substantially)에는 매수인(buyer)은 계약의 해제를 선언하거나 또는 매도인에게 대체품의 인도를 요구하는 권리를 상실한다.

▶▶ The buyer loses the right to declare the contract avoided or to require the seller to deliver substitute goods if it is impossible for him to make restitution of the goods substantially in the condition in which he received them.

② **매수인의 권리가 상실되지 않는 경우**

㉠ 물품을 반환(restitution)하거나 또는 매수인(buyer)이 물품을 수령한 상태와 실질적으로 동등한 물품을 반환(restitution)하는 것이 불가능한 사유가 매수인(seller)의 작위(act) 또는 부작위(omission)에 기인하지 아니한 경우

▶▶ if the impossibility of making restitution of the goods or of making restitution of the goods or of making restitution of the goods substantially in the condition in which the buyer received them is not due to his act or omission;

㉡ 제38조에 규정된 검사의 결과(as a result of the examination)로 물품의 전부 또는 일부가 이미 멸실(have perished)되었거나 또는 변질(have deteriorated)된 경우

▶▶ If the goods or part of the goods have perished or deteriorated as a result of the examination provided for in article 38;

㉢ 매수인이 불일치를 발견하였거나 또는 발견하였어야 하는 때 이전에 물품의 전부 또는 일부가 이미 매수인(buyer)에 의하여 정상적인 영업과정에서 매각되었거나(if the goods have been sold in th normal course of business), 또는 정상적인 사용과정에서 소비되었거나 또는 변형된 경우

▶▶ if the goods or part of the goods have been sold in the normal course of business or have been cousumed or transform by the buyer in the course of normal use before he discovered or ought to have discovered the lack of confirmity.

(4) 기타의 구제방법(제83조)

매수인(buyer)은 제82조에 따라 계약의 해제를 선언하는 권리(the right to declare the contract avoided) 또는 매도인(seller)에게 대체품(substitute goods)의 인도를 요구하는 권리(the right to require the seller to deliver substitute goods)를 상실했다 하더라도 계약 및 이 협약에 따른 기타 모든 구제방법(all other remedies)을 보유한다.

▸▸ A buyer who has lost the right to declare the contract avoided or to require the seller to deliver substitute goods in accordance with article 82 retains all other remedies under the contract and this Convention.

(5) 이익의 반환(제84조)

① 매도인의 대금 반환 및 이자지급

매도인(seller)이 대금을 반환하여야 할 의무가 있는 경우에는 매도인(seller)은 대금이 지급된 날로부터의 이자(interest)도 지급하여야 한다.

▸▸ If the seller is bound to refund the price, he must also pay interest on it, from the date on which the price was paid.

② 매수인의 이익 반환의무

매수인(buyer)은 다음과 같은 경우에는 물품의 전부 또는 일부로부터 취득한 모든 이익(all benefits)을 매도인에게 반환하여야 한다.

▸▸ The buyer must account to the seller for all benefits which he has derived from the goods or part of them.

㉠ 매수인(buyer)이 물품의 전부 또는 일부를 반환(restitution)하여야 하는 경우

▸▸ if he must make restitution of the goods or part of them;

㉡ 매수인(buyer)이 물품의 전부 또는 일부를 반환(restitution)하거나 또는 그가 물품을 수령한 상태와 실질적으로 동등하게 물품의 전부 또는 일부를 반환하는 것이 불가능함에도, 매수인(buyer)이 계약의 해제를 선언하였거나 또는 매도인에게 대체품(substitute goods)의 인도를 요구한 경우

▸▸ if it is impossible for him to make restitution of all or part of the goods or to make restitution of all or part of the goods substantially in the condition is which he received them, but he has nevertheless declared the contract avoided or required the seller to deliver substitute goods.

※ 인도된 물품과 실질적으로 동등한 상태로 반환하는 것이 불가능함에도 매수인(buyer)이 계약의 해제를 선언하였거나 매도인에게 대체품의 인도를 요구한 경우에는 물품으로부터 취득한 이익도 매도인에게 반환하여야 한다.

8) 물품의 보존(제85조~제88조)

(1) 매도인의 보존의무(제85조)

① 매도인의 물품을 보존하기 위한 합리적인 조치의무

매수인(buyer)이 물품의 인도수령을 지체한 경우(in delay in taking delivery of the goods)이거나 대금의 지급과 물품의 인도가 동시에 이행되어야 하는(where payment of the price and delivery of the goods are to be made concurrently) 경우 매수인(buyer)이 그 대금을 지급하지 아니하고 매도인이 물품을 점유(in possession of the goods)하고 있거나 기타의 방법으로 그 처분을 지배할 수 있는 경우에는 매도인(seller)은 물품을 보존하기 위하여 그 사정에 합리적인 조치를 취하여야 한다.

▸▸ If the buyer is in delay in taking delivery of the goods or, where payment of the price and delivery of the goods are to be made concurrently, if he fails to pay the price, and the seller is either in possession of the goods or otherwise able to control their disposition, the seller must take such steps as are reasonable in the circumstances to preserve them.

② 매도인의 물품유치권

매도인(seller)은 자신의 합리적인 비용(reasonable expenses)을 매수인(buyer)으로부터 보상받을 때까지 물품을 유치할 권리가 있다.

▸▸ He is entitled to retain them until he has been reimbursed his reasonable expenses by the buyer.

(2) 매수인의 보존의무(제86조)

① 매수인의 물품을 보존하기 위한 합리적인 조치의무

매수인(buyer)이 물품을 수령한 경우(If the buyer has received the goods)에 있어서 그 물품을 거절하기 위하여 계약 또는 이 협약에 따른 어떠한 권리를 행사하고자 할 때(if the buyer intends to exercise any right under the contract)에는, 매수인(buyer)은 물품을 보존하기 위하여 그 사정에 합리적인 조치를 취하여야 한다.

▸▸ If the buyer has received the goods and intends to exercise any right under the contract or this Convention to reject them, he must take such steps to preserve them as are reasonable in the circumstances.

② 매수인의 물품유치권

매수인은 자신의 합리적인 비용(his reasonable expenses)을 매도인으로부터 보상받을 때까지 물품을 유치할 권리가 있다.

▸▸ He is entitled to retain them until he has been reimbursed his reasonable expenses by the seller.

③ 매수인의 인수거절시 물품점유 의무

㉠ 물품점유 의무

매수인(buyer) 앞으로 발송된 물품이 목적지에서 매수인(buyer)의 임의처분하에 적치된 경우(if goods dispatched to the buyer have been placed at his disposal at their destination)에 있어서 매수인(buyer)이 물품을 거절하는 권리를 행사(he exercise the right to reject them)할 때에는, 매수인(buyer)은 매도인(seller)을 위하여 물품을 점유하여야(he must take possession of them)한다.

▸▸ If goods dispatched to the buyer have been placed at his disposal at their destination and he exercise the right to reject them, he must take possession of them on behalf of the seller, provided that this can be done without payment of the price and without unreasonable inconvenience or unreasonable expense.

㉡ 물품점유 조건

물품의 점유는 대금의 지급이 없이(without payment of the price) 그리고 불합리한 불편(without unreasonable inconvenience)이나 불합리한 비용(without unreasonable expense)이 없이 행하여질 수 있는 경우에 한한다.

㉢ 적용배제

매도인(seller)이나 또는 매도인(seller)을 위하여 물품을 관리하도록 수권된 자(a person authorized to take charge of the goods on his behalf)가 목적지(destination)에 있는 경우에는 이를 적용하지 아니한다.

▸▸ This provision does not apply if the seller or a person authorized to take charge of the goods on his behalf is present at the destination.

㉣ 점유자의 권리와 의무

매수인(buyer)이 인수 거절권을 행사하는 물품을 점유하는 경우에는 물품을 보존하기 위한 합리적인 조치의무를 부담(without unreasonable inconvenience or unreasonable expense)하며 물품유치권을 갖는다.

▸▸ If the buyer takes possession of the goods under this paragraph, this right and obligations are governed by the preceding paragraph.

(3) 제3자 창고 기탁(제87조)

물품을 보존하기 위한 조치를 취하여야 할 의무가 있는 당사자(A party who is bound to take steps to preserve the goods)는 그 발생한 비용이 불합리한 것이 아닌 한, 상대방의 비용(at the expense of the other party)으로 물품을 제3자의 창고에 기탁할 수 있다.

▸▸ A party who is bound to take steps to preserve the goods may deposit them in a warehouse of a third person at the expense of the other party provided that the expense incurred is not unreasonable.

(4) 물품의 매각(제88조)

① 물품보존의무자의 매각

물품을 보존하여야 할 의무가 있는 당사자(A party who is bound to preserve the goods)는 상대방이 물품의 점유 또는 반송에 있어서, 또는 대금이나 보존비용의 지급에 있어서 불합리하게 지연한 경우(if there has been an unreasonable delay)에는 적절한 방법(by any appropriate means)으로 물품을 매각할 수 있다.

㉠ 매각의 주체

물품을 보존하여야할 의무가 있는 당사자(a party who is bound to preserve the goods)

㉡ 요건

상대방이 물품의 점유 또는 반송에 있어서(in taking possession of the goods or in taking them back), 또는 대금이나 보존비용의 지급(in paying the price or the cost of preservation)에 있어서 불합리하게 지연한 경우

㉢ 합리적인 통지의무

상대방에 대하여 그 매각의 의도에 관한 합리적인 통지(reasonable notice of the intention to sell)가 있어야 한다.

▸▸ A party who is bound to preserve the goods in accordance with article 85 or 86 may sell them by any appropriate means if there has been an unreasonable delay by the other party in taking possession of the goods or in taking them back or in paying the price or the cost of preservation, provided that reasonable notice of the intention to sell has been given to the other party.

② 변질물품에 대한 합리적 조치의무

물품이 급속히 변질되기 쉬운 것(rapid deterioration)이거나 또는 그 보존에 불합리한 비용이 요구되는 경우에는 물품을 보존하여야 할 의무가 있는 당사자(a party who is bound to preserve the goods)는 이를 매각하기 위한 합리적인 조치를(take reasonable measures to sell them) 취하여야 한다. 보존의 의무가 있는 당사자는 가능한 한(to the extent possible), 상대방에게 매각의 의도에 관하여 통지를 하여야 한다.

▸▸ If the goods are subject to rapid deterioration or their preservation would involve reasonable expense, a party who is bound to preserve the goods in accordance with article 85 or 86 must take reasonable measures to sell them. To the extent possible he must give notice to the other party of his intention to sell.

③ 매각비용 유보권 및 잔액 반환 의무

물품을 매각하는 당사자(a party selling the goods)는 매각의 대금으로부터 물품의 보존과 그 매각에 소요된 합리적인 비용(the reasonable expenses of preserving the goods and of selling them)과 동등한 금액을 유보할 권리를 갖는다. 그러나 그 당사자는 상대방에게 잔액(balance)을 반환하여야 한다.

▸▸ A party selling the goods has the right to retain out of the proceeds of sale an amount equal to the reasonable expenses of preserving the goods and of selling them. He must account to the other party for the balance.

실/전/무/역/영/어

제3부

무역계약의 이행

CHAPTER 1

무역계약의 당사자

제1절 무역계약의 이행

1. 의의

무역계약은 불요식 계약(Informal contract), 쌍무계약(Bilateral obligation contract), 낙성계약(Consensual contract), 유상계약(Remunerative contract)의 성격을 가지고 있다. 무역계약이 성립(formation of trade contract)하면 매매 당사자인 매도인(seller)과 매수인(buyer)은 그 계약 내용에 따르는 권리(right)를 향유하며 또한 그 계약(contract) 내용에 따르는 의무(obligations)를 이행(performance of obligation)하여야 한다.

매도인(seller)은 기본적으로 물품을 매수인(buyer)에게 인도해야 하고 소유권(property) 또한 이전해야 할 의무(obligation)를 부담하고 있으며 매수인(buyer)은 이 인도를 수령하고 대금을 지급(pay the price)할 의무(obligation)를 이행하여야 한다.

계약위반(breach of contract) 시에는 당사자 사이에 정한 계약 내용에 따라 발생하는 손해(damages)를 배상해야 하고 준거법(proper law)에 따라 피해에 대한 구제조치(remedies)를 취할 수도 있다.

2. 물품의 인도

1) 의의

인도(delivery)란 물품(goods)이나 권리(right)를 타인에게 넘겨주는 것을 의미하는데 영국물품매매법에 의하면 특정인의 타인에 대한 자발적인 점유의 이전을 말한다.

2) 현실적 인도와 추정적 인도

(1) 현실적 인도

현실적 인도(actual delivery)란 매도인(seller)이 매수인(buyer) 또는 그가 지정한 제3자에게 물품의 점유를 이전시키는 행위를 말한다.

(2) 추정적 인도

추정적 인도(constructive delivery)란 매도인(seller)이 현품을 인도(delivery)하는 것이 아니지만 인도(delivery)가 이루어진 것으로 추정하는 것을 말한다.

① 상징적 인도

상징적 인도(symbolic delivery)란 물품을 운송인과 같은 수탁자인 제3자가 점유하고 있고 그 물품을 대표하는 선하증권(bill of lading)과 같은 권리증권(document of title)을 매수인(buyer)에게 인도(delivery)함으로써 물품의 인도(delivery)가 이루어진 것으로 추정하는 것을 말한다.

② 간이 인도

매매 대상 물품이 매매(sales of goods)가 이루어지기 전에 매수인(buyer)에게 점유되고 매매 후 실지로 물품의 이전은 이루어지지 않고 단순한 의사표시로서 물품의 인도(delivery)가 이루어진 것으로 추정하는 것을 말한다.

③ 지시 인도

매매물품을 매도인(seller)의 수탁자인 제3자가 점유하고 매매 후 이에 대한 권리를 매수인(buyer)에게 양도하며 제3자가 매도인(seller)의 수탁자가 아닌 매수인(buyer)의 수탁자로서 계속 물품을 점유하는 것을 말한다.

3) 인도의 장소

물품의 인도 장소(place of delivery)란 매수인(buyer)이나 매수인(buyer)이 지시한 대리인 또는 운송인(carrier)에게 물품을 인도하는 장소를 말한다. 당사자가 명시적 묵시적으로 인도 장소(place of delivery)에 대한 합의(agreement)를 하였다면 그 합의 장소에서 인도하여야 한다.

별도의 합의(agreement)가 없는 경우에는 정형거래조건에서 제시하는 장소(place of presentation)가 인도장소(delivery place)가 된다.

4) 인도의 시기

인도의 시기(time of delivery)는 매매대상물품을 매도인이 매수인(buyer) 또는 매수인(buyer)의 지시를 받는 대리인의 처분 하에 두어야 하는 시점을 말한다. 계약상의 최종 인도기일(particular date of delivery)이 정해진 경우 그 최종기일(particular date of delivery) 내에 인도(delivery)하여야 하며 인도의 기간(particular period of delivery)이 정해진 경우에는 그 기간에 인도(delivery)하여야 한다. 계약에서 특정한 기일 또는 기간이 없는 경우에는 상당한 기간(reasonable time) 이내에 물품을 인도(delivery)한다.

3. 소유권이전

1) 의의

소유권(property)이란 물품을 사용, 수익, 처분할 수 있는 권리(right)를 말한다. 따라서 소유권(property)이 이전된다 함은 물품(goods)의 사용, 수익, 처분할 수 있는 권리(right)의 양도를 의미한다. 즉 매매대상 물품에 대한 사용, 수익, 처분할 수 있는 권리(right)가 매도인(seller)에게서 매수인(buyer)으로의 이전을 말하는데 비엔나 협약에서는 소유권(property)의 이전에 관하여 매도인(seller)이 소유권을 이전하여야 한다(transfer property)는 규정만 존재할 뿐 구체적 규정은 나타나 있지 않다.

2) 소유권이전의 원칙

(1) 영국물품 매매법상의 소유권의 이전

특정물품의 경우 매매계약이 이루어지고 계약당사자가 물품의 소유권이전(transfer property)의 의사표시를 한때 소유권(property)이 매수인(buyer)에게 이전된다.

(2) 미국의 통일 상법 전

물품에 대한 소유권(property)은 당사자 간 합의(agreement)된 방법 및 조건에 따라 매도인(seller)으로부터 매수인(buyer)에게 이전한다고 규정하고 있다.

(3) Incoterms

Incoterms에서는 매매당사자의 의무규정만을 두고 있으며 소유권이전(transfer

property)에 관한 특별한 규정은 없다.

(4) 우리나라 민법

우리나라 민법에서는 인도(delivery)를 통하여 소유권이전(transfer property)의 효력이 발생하는 것으로 하고 있다.

4. 위험의 이전

1) 의의

무역거래대상 물품(goods)은 비교적 장기적으로 또한 장거리를 이동하게 되므로 물품에 대한 멸실(loss), 손상(damages), 변질(deterioration) 등의 위험(risk)에 노출되게 된다.

따라서 이러한 위험(risk)이 어느 시기에 매도인(seller)에게서 매수인(buyer)으로 이전되느냐에 대한 문제로서 위험의 이전(passing of risk)으로 인해 발생한 손해에 대해서는 위험의 분기점을 기준으로 따져야 할 것이며 위험(risk)이 이전되기 이전의 손해는 매도인(seller)이 부담하고 위험(risk)이 이전되고 난 이후의 손해는 매수인(buyer)이 부담하게 된다.

2) 위험이전의 원칙

(1) 소유권자의 위험부담 원칙

물품의 소유권자가 그 물품에 대하여 위험을 부담한다는 원칙으로 영국의 보통법, 영국물품매매법, 미국의 통일 매매법 등 이를 채택하고 있다.

(2) 소유권과 위험의 분리

소유권(property)과 위험(risk)은 따로 분리될 수 있다. 즉 당사자의 별도의 합의가 있다면 소유권(property)의 이전 시기와 위험의 이전시기를 별도로 정할 수 있다. 당사자의 별도의 합의(agreement)가 없는 경우에는 준거법(proper law)을 따른다.

제2절 무역계약 당사자의 의무

1. 의의

무역계약이 성립(formation of contract)되고 나면 매도인(seller)과 매수인(buyer)의 그 계약 내용에 따라 의무(obligation)를 이행하여야 한다. 당사자의 별도의 합의(agreement)가 있는 경우에는 그 내용에 따르지만 일반적으로 볼 때 매도인(seller)은 계약의 이행을 위해 물품(goods)을 매수인(buyer)에게 인도(delivery)를 하여야 하고 매수인(buyer)은 매도인의 인도를 수령(take delivery)할 의무가 있고 물품(goods)에 대한 대금을 지급(pay the price for the goods)하여야 할 의무(obligation)를 부담하게 된다.

여기서는 매매법의 통일을 위하여 UN에 의하여 제정된 CISG 규정을 중심으로 살펴보기로 한다.

2. 매도인의 의무

1) 물품의 인도

(1) 당사자 간의 합의가 있는 경우

계약당시 당사자의 합의(agreement)가 있다면 합의 내용에 따라 합의된 장소(particular place)와 인도기일(date of delivery) 또는 기간(period of delivery) 내에 매수인(buyer)의 임의 처분하에 적치하거나 운송인(carrier)에게 인도(delivery)하여야 한다.

(2) 당사자 간의 합의가 없는 경우

인도(delivery)에 관하여 당사자 간의 구체적인 합의가 없는 경우에는 준거법상의 규정(provision of proper law) 또는 관습(usage of trade)에 따라 매수인(buyer)에게 물품을 인도(delivery)한다.

2) 서류의 제공

(1) CISG의 규정

매도인(seller)이 물품과 관련된 서류를 교부(hand over the document)할 의무(obligation)가 있다면, 매도인(seller)은 계약에서 요구되는 시기(time), 장소

(place) 및 형식(form)으로 서류를 교부(hand over the document)하여야 한다.

▶▶ If the seller is bound to hand over documents relating to the goods, he must hand them over at the time and place and in the from required by the contract.

(2) 서류의 종류

일반적으로 매도인(seller)이 선적(shipment)을 위하여 그리고 매수인(buyer)의 인도의 수령을 위하여 제시되는 서류(document)는 아래와 같다.

① **계약 물품과 관련된 서류** : Commercial Invoice, Inspection Certificate, Weight note, Packing list, Detail Packing list 등

② **물품의 인도와 관련된 서류** : 선하증권(Bill of lading), 항공화물 운송장(Air waybill), 해상화물 운송장(Sea waybill) 등

③ **보험관련 서류** : 해상보험증권(Marine insurance policy), 보험증명서(Certificate of insurance) 등

④ **통관 관련 서류** : 원산지 증명서(Certificate of Origin), 영사송장(Consular Invoice), 세관송장(Customs Invoice) 등

(3) 서류의 의미

상기 서류(document)는 일반적으로 매도인(seller)이 물품을 선적한 후 필요한 서류를 타 기관으로부터 발급받거나 직접 발급하여 그 서류를 구비하여 은행을 통하여 또는 직접 매수인(buyer)에게 제시함으로써 대금(payment)을 결제받게 된다.

3) 소유권의 이전

매매계약이 성립(formation of contract)되고 매도인(seller)이 매수인(buyer)에게 물품(goods)의 인도(delivery)는 물론이고 소유권(property) 또한 이전하여야 하는 것은 당연한 논리이다. 하지만 CISG에서는 구체적인 규정 없이 소유권(property)을 이전하여야 한다는 원칙만을 선언하고 있다.

4) 기타

(1) 위험과 비용의 부담

매도인(seller)은 매수인(buyer)과 합의한 시기 이전에 물품의 멸실 손상(loss,

damages) 등에 대한 위험(risk)을 부담하여야 하며, 물품을 인수하기 전에 발생하는 각종의 비용(expense)을 부담하여야 하는데 이 비용은 계약 내용 또는 가격 조건에 따라 서로 상이하다.

(2) 종속 계약의 체결

일반적으로 무역계약은 앞에서 언급한 바와 같이 다수의 종속 계약이 수반된다. 무역계약의 이행(performance of contract)을 위하여 당사자 합의(agreement)사항이나 정형거래조건(Incoterms 2020)에 의하여 매도인(seller)은 종속계약(운송계약, 보험계약, 금융계약)을 체결한다.

3. 매수인의 의무

1) 물품의 인수

(1) 의의

매도인(seller)의 물품 인도(delivery of goods)에 대하여 매수인(buyer)은 이에 대한 인도를 수령(take delivery)하고 대금을 지급(pay the price)하여야 한다고 CISG는 규정하고 있다. Incoterms 2020에서도 매수인(buyer)의 인수와 대금 지급의 규정을 두고 있다.

▸▸ The buyer must pay the price for the goods and take delivery of them as required by the contract and this Convention.

(2) 인수 거절권 행사시 통지

계약 내용과 상이한 물품 또는 품질 그리고 인도기간이 경과 된 경우 등에는 인수를 거절할 수 있으며 매수인(buyer)은 상당기간(Reasonable time) 내에 그 취지를 매도인(seller)에게 통지하여야 한다.

(3) 매수인의 부당한 인수 거절

매도인(seller)이 계약 내용에 따라 인도한 물품을 부당하게 인수 거절하는 경우에는 매수인(buyer)이 인수의무 위반(breach of obligations)으로 발생되는 일체의 위험(risk) 및 추가 비용(cost)을 부담하여야 한다.

2) 대금의 지급

가장 기본적인 매수인의 의무(obligation of the buyer)로서 매도인(seller)의 물품인도에 대하여 매수인(buyer)은 그 대금을 결제(pay the price)하여야 한다. 지급 시기와 방법 장소, 결제통화(currency of settlement) 등은 합의된 내용에 따른다.

3) 물품의 검사 및 하자의 통지

(1) 물품의 검사

매수인(buyer)은 그 사정에 따라 실행 가능한 짧은 기간 내(within a short period)에 물품을 검사(examination, inspection)하거나 또는 물품이 검사(examination, inspection)되도록 하여야 한다.

(2) 하자의 통지

매수인(buyer)이 물품의 불일치(a lack of confirmity)를 발견하였거나 발견하였어야 하는 때부터 상당기간(within a reasonable time) 내에 매도인(seller)에게 불일치에 대한 통지(notice)를 하지 아니한 경우에는 불일치에 대한 손해배상(claim damages)을 제기할 권리(right)를 상실한다. 어떠한 경우에도 물품이 현실적으로 인도(delivery)된 날로부터 2년 이내에 매도인(seller)에게 불일치 사실을 통지하지 않은 경우에 매수인(buyer)은 불일치에 의존하는 권리를 상실한다. 다만 보증기간이 2년을 넘는 경우에는 그렇지 아니하다.

4) 위험 및 비용 부담

매수인(buyer)은 매도인(seller)과 합의한 시기 이후에 물품(goods)의 멸실 손상(loss, damages) 등에 대한 위험(risk)을 부담하여야 하며, 물품을 인수한 후에 발생하는 각종의 비용(expense)을 부담하여야 하는데 이 비용(expense)은 계약 내용 또는 가격 조건에 따라 서로 상이하다.

CHAPTER 2

무역대금의 결제

제1절 무역대금의 결제

1. 의의

무역계약(international trade contract)은 쌍무계약(Bilateral contract)으로서 매도인(seller)이 계약과 일치하는 물품(goods)을 매수인(buyer)에게 공급(supply)하고 그 물품을 수령할 수 있도록 필요한 각종의 서류를 매수인(buyer)에게 제공하게 되며 매수인(buyer)은 매도인(seller)의 이러한 이행에 따르는 결과로서 인도를 수령(Taking delivery)하고 그에 대한 대가로서 무역 대금을 매도인(seller)에게 지급(pay the price)하여야 하는데 이를 대금결제라고 한다. 대금의 결제는 당사자 간 서로 합의(agreement)한 방법에 따라 결제통화(payment currency), 결제시기(time of payment) 등이 정해지며 매수인(buyer)은 마땅히 결제시기(time of payment)에 대금을 지급(pay the price)하여야 하나 이 의무(obligation)를 이행하지 않는다면 매도인(seller)은 이에 대한 구제조치(remedies)를 취할 수 있다.

2. 결제 수단

1) 현금(Cash)

현금(cash)을 결제 수단으로 사용하는 경우는 그리 많지 않은 편이다. 왜냐하면 무역이 국제간의 거래임을 감안할 때 현실적으로 현금(cash)을 수송하고 보관하는 것이 용이하지 않을 뿐 아니라 이동 중의 분실 또는 도난의 위험성 또한 높기 때문에 현금을 결제수단으로 사용하는 경우는 흔한 경우는 아니다.

그렇기는 하지만 아프리카에서 신용장 개설 및 송금이 어려울 때 수입상

(buyer)들이 직접 현금(cash)을 가지고 와서 계약을 체결하고 대금결제(pay the price)를 하는 경우도 있으며 동구권의 일부 국가에서는 상관행상(usage of trade) 현금(cash)으로 결제하는 경우도 있다.

2) 환(Exchange)

(1) 의의

환(exchange)이란 멀리 있는 채권자에게 현금 대신에 어음(bill, draft), 수표(check), 증서(bond) 따위를 보내어 결제하는 방식을 말한다.

외국환(Foreign exchange)이란 결제통화가 우리나라 통화가 아닌 다른 나라의 통화로 현금(cash) 대신에 어음(bill, draft), 수표(check), 전신환(telegraphic transfer) 등을 보내서 결제하는 방식을 말한다.

외국환으로 가장 보편적으로 사용되는 통화는 달러(US dollar)가 있고 유럽에서는 유로(EURO)로 결제하는 경우도 있을 수 있다. 그리고 가까이 있는 일본의 엔(YEN)도 사용되기도 한다. 환율(exchange rate)은 이때 자국화폐와 결제수단인 외국환과의 교환 비율(exchange rate)을 이야기하는 것이다.

(2) 환의 분류

환(exchange)은 장소에 따라 내국환(domestic exchange)과 외국환(foreign exchange)으로 분류되며, 자금의 이동방식에 따라 순환과 역환(adverse exchange)으로 구분된다.

① 순환

송금환(remittance bill)으로서 채무자가 은행에 대금을 지급하고 채권자 또는 수취인에게 송금하여 줄 것을 의뢰하는 것을 말하며 방법에 따라 송금환 수표(demand draft), 우편송금환(mail transfer), 전신송금환(telegraphic transfer)으로 구분된다.

㉠ 송금환 수표(D/D : Demand Draft)

수입업자(buyer)가 은행으로부터 송금 수표를 발급받아 수출업자(seller)에게 우송하는 방식을 말한다.

㉡ 우편 송금환(M/T : Mail Transfer)

수입업자(buyer)의 요청에 따라 송금은행이 지급은행에 일정금액을 지급하여 줄 것을 위탁하는 우편환을 발행해 지급은행으로 우송하는 방식을 말한다.

㉢ 전신환(T/T : Telegraphic Transfer)

전신을 통하여 수입자(buyer)가 수출자의 계좌로 송금하는 방식을 말하며 오늘날 무역에서 신용장을 제외한 송금방식 중 가장 보편적으로 활용되는 결제수단 중의 하나이다.

② 역환

추심환(exchange for collection)으로 채권자(creditor)가 채무자(detor)에게 지급을 청구할 때 사용하는 환(exchange)이다. 무역에서 쓰이는 추심환은 외국환(foreign exchange)으로서 지급지가 외국으로 되어 있는 어음(draft) 또는 수표(check)를 은행이 매입하거나 추심의뢰를 받아 외국 지급은행이 지급을 청구하여 결제가 이루어지도록 하고 있다.

3) 환어음(Bill of Exchange)

(1) 의의

환어음(Bill of Exchange)이란 환어음 발행인(drawer)이 지급인에 대하여 채권금액을 수취인(payee)이나 그 지시인 또는 소지인에게 무조건 지불할 것을 위탁하는 유통성을 띤 요식 유가증권을 말한다.

(2) 환어음의 당사자

① 발행인(drawer)

무역계약에 있어서 환어음의 발행인은 환어음을 발행하고 서명하는 자로서 수출상인 매도인(seller)이다.

② 지급인(drawee)

이때 매도인(seller)은 환어음에 기명날인을 하여 환어음을 발행하게 되는데 신용장인 경우에는 개설은행을 지급인으로 하며 추심방식에서는 매수인(buyer)이 지급인이 된다.

③ 수취인(payee)

수취인이란 환어음 금액을 지급 받을 자로서 발행인 또는 발행인이 지정하는 제3자가 된다.

(3) 환어음의 종류

① 일람

환어음이 지급인에게 제시되면 결제가 즉시 이루어지는 어음을 말한다.

② 기한부 어음(usance draft)

환어음이 발행되거나 제시된 후 일정기간이 지난 후에 지급되는 어음을 말한다.

㉠ 일람 후 정기 출급(after sight) : 지급인에게 제시된 날로부터 일정 기일이 경과된 날이 만기일

㉡ 일부 후 정기출급(after date) : 어음의 발행일로부터 일정 기일이 경과된 날이 만기일

㉢ 확정일 출급(on a fixed date) : 어음상에 확정된 날이 만기일

3. 대금결제 방식의 구분

1) 의의

무역 대금은 결제형태, 환의 이동방향, 물품의 인도, 대금결제 수단 등을 기준으로 구분해 볼 수 있다.

2) 결제형태를 기준으로

결제 형태를 기준으로 신용장 방식(Letter of Credit), 추심결제방식(Document against Acceptance 또는 Document against Payment), 송금결제방식 등이 가장 보편적으로 활용되고 있으며 국제 팩토링 방식(international factoring payment) 등의 방식이 활용되기도 한다.

3) 환의 이동방향을 기준으로

환의 이동방향을 기준으로 구분할 때 그 환이 매수인(buyer)에게서 매도인(seller)에게로 이동하고 그 결제도 매수인(buyer)에게서 매도인(seller)에게로 결제된다면 순환방식이라 하고 환어음은 매도인(seller)에게서 매수인(buyer)에게로 제시되지만 대금은 매수인(buyer)에게서 매도인(seller)에게 결제되는 방식을 역환방식이라고 한다.

4) 인도의 대상을 기준으로

(1) 현물상환 결제(Cash on Delivery)

매도인(seller)이 계약과 일치하는 물품을 매수인(buyer) 혹은 그가 지시하는 대리인의 처분 하에 인도하고 대금지급이 이루어지는 방식을 말한다.

(2) 서류상환 결제(Cash against Document)

서류상환 결제는 매도인(seller)이 계약과 일치하는 물품(goods)을 선적하고 그 물품과 관련된 서류(documents)를 제시하는 경우 이와 상환으로 대금결제가 이루어지는 방식을 말한다.

제2절 신용장에 의한 결제

1. 의의

신용장(credit)에 대하여는 ICC(international Chamber of Commerce)의 정의와 신용장 통일규칙에 신용장(letter of credit)의 정의가 명시되어 있다. 이를 기준으로 간략하게 정의한다면 다음과 같다. 신용장이란 조건부 지급확약으로서 신용장(letter of credit)에 명시된 서류와의 상환으로 명시된 기한 내에 명시된 금액(amount)까지 신용장(letter of credit)에 명시된 내용과 일치하는 서류를 제시(complying presentation)했을 때 신용장개설의뢰인(applicant)의 요청과 지시에 따라 혹은 은행 스스로를 위하여 행동하는 개설은행(Issuing Bank)이 이를 지급하도록 하는 문서상의 확약이라 할 수 있다.

2. 신용장의 기능

1) 대금결제의 수단으로서의 기능

신용장(credit)은 단순송금방식, 추심결제 방식과 더불어 가장 많이 활용되는 대금결제 방식 중 하나의 중요한 수단으로서의 기능을 담당한다.

국제간의 신용상태를 알기 어려운 입장에서 은행(bank)을 통하여 개설된 신용장(letter of credit)을 통해 명시된 서류를 제시(complying presentation)하면 은행에서는 수입상과의 원 계약과 관계없이 신용장(letter of credit)만을 기준으로 서류를 심사하여 이에 해당하는 대금을 지급하는 조건부 지급 확약이기 때문이다.

2) 금융기능

신용장(letter of credit)은 은행의 조건부 지급확약이기 때문에 이를 담보로 수출하는 매도인(seller)이나 수입하는 매수인(buyer)의 관계은행으로부터 금융상의 혜택을 받을 수 있도록 금융기능을 제공한다.

수출상(seller)은 신용장(letter of credit)을 담보로 하여 내국 신용장(Local L/C)을 개설할 수 있으며 필요한 무역금융을 활용할 수도 있으며 수출을 진행하고 이에 신용장(letter of credit)에서 명시하는 서류를 은행에 제시(complying presentation)하면 수출대금을 회수할 수 있다.

한편 수입상(buyer)은 물품의 선적 시에 수입대금을 결제하는 것이 아니라 선적서류가 개설은행(Issuing Bank)에 당도했을 때 결제를 하므로 그만큼 자금을 활용할 수 있는 장점이 있고 또한 대도(Trust receipt)를 이용하면 대금결제 없이 신용 공여 방식으로 미리 자신이 수입한 물품을 인수할 수도 있다.

3) 신용상의 위험 제거

매도인(seller)과 매수인(buyer)은 국적을 달리하고 비교적 먼 거리에 있기 때문에 신용상태를 수시로 확인하는 것이 어렵다. 그러나 신용장(letter of credit) 방식을 선택하면 은행을 통한 지급 보증이 되므로 수입상의 신용상태와 관계없이 마음 놓고 물품을 제조하여 수출할 수 있다.

4) 상품입수 불능의 위험 제거

신용장(letter of credit) 거래를 매수인(buyer)의 입장에서 보면 신용장(letter of credit)을 개설한 경우 매도인인 수출상(seller)이 신용장(letter of credit) 조건에 명시된 조건과 일치하는 선적서류를 은행에 제시(complying presentation)해야 대금결제가 이루어지므로 상품(goods)을 입수하지 못한 상태에서 이루어지는 결제, 또는 상품입수 불능의 위험을 간접적으로 제거시키는 역할을 한다.

5) 거래의 원활화

무역거래(international trade)는 국적이 서로 다른 나라와의 사이에서 이루어지는 교역이다. 따라서 수입상(buyer)은 선불로 미리 결제를 한 경우 수출상(seller)으로부터 상품(goods)의 입수에 대한 위험을 감수해야 하고 수출상(seller)의 경우 부분적으로 선지급을 받았다 하더라도 최종 물품이 제조되어 선적시점에 수입상(buyer)이 나머지 대금을 결제하여야 하는데 거리가 너무 멀리 떨어져 있다 보면 상황의 변화에 대한 위험(risk)을 감수할 수밖에 없다.

이러한 경우에 신용장은 양자의 상품입수 불능위험과 대금회수 불능의 위험 요인을 줄여 거래를 원활화시키는 기능을 담당하게 된다.

3. 수출상과 수입상의 신용장의 효용

1) 의의

신용장(letter of credit)은 수출상뿐만이 아니라 수입상(buyer)에게도 그만큼 거래를 활성화시킬 수 있는 역할을 한다. 수출상(seller)의 입장과 수입상(buyer)의 입장에서 본 효용을 살펴보면 아래와 같다.

2) 수출상의 효용

(1) 대금회수의 안전성

신용장 개설은행(Issuing Bank)에서 발행된 신용장(letter of credit)은 신용장 개설의뢰인(applicant)인 수입상(buyer)의 신용상태의 변화에 관계없이 은행에서 신용장(letter of credit)에 명시된 조건과 일치하는 서류와의 상환(complying presentation)으로 대금을 결제받을 수 있기 때문에 대금회수에 대한 위험(risk)이 경감되고 안정성이 보장된다.

(2) 무역금융의 활용

신용장(letter of credit)을 담보로 하여 내국 신용장(Local L/C)을 개설하여 국내 제조업자에게 제조 가공에 따르는 비용을 담보하는 역할을 할 수 있다. 무역금융의 경우 은행과의 약정 시 무역 금융한도를 설정해두고 그 범위 내에서 내국 신용장(Local L/C)을 개설하는 경우도 있지만 원 신용장(Original L/C)을 기준으로 그에 따르는 내국 신용장(Local L/C)을 개설하는 경우도 많다.

(3) 거래의 안정성

무역거래에서 수입상(buyer)은 대상물품 인수, 수출상(seller)은 대금결제에 대한 부분이 항상 가장 중요한 몫을 차지한다. 이러한 경우 은행의 신용을 담보로 개설된 은행의 조건부 지급 확약서라 할 수 있는 신용장(letter of credit)이 통용됨으로써 거래는 더욱더 안정화된 것이 사실이다.

(4) 매매 교섭 시 유리

신용장(letter of credit)거래는 수입상(buyer)의 매매 교섭 시에도 유리하지만 수출상(seller)에게도 대금결제의 안정성과 거래의 안정성 등의 이유로 매매 교섭 시 서로를 충족시키는 유리한 방법이다.

3) 수입상의 효용

(1) 거래의 안정성

수입상(buyer)인 매수인(buyer)의 입장에서 보면 추심방식을 선택하면 수입상(buyer)에게 유리할 수 있으나 수출상(seller)이 이를 반기지 않고, 송금방식을 선택하면 자금 부담이 가중될 수도 있으며 또한 부분적으로라도 선 지급을 한 경우에는 상품입수에 대한 위험을 부담해야 한다.

그러나 신용장(letter of credit)의 경우에는 신용장에 명시된 조건과 일치하는 서류가 제시되는 경우에 한하여 그 내용에 따라 지급이 이루어지므로 수입상(buyer)의 입장이나 수출상(seller)의 입장에서 모두 거래의 안정성을 보장한다고 볼 수 있다.

(2) 매매 교섭 시 유리

신용장(letter of credit) 방식은 수출상(seller)의 입장에서 거부할 필요가 없는 건전한 거래방식이므로 수출상(seller)에게도 유리하기 때문에 수입상(buyer)에게도 매매 교섭을 그만큼 용이하게 해준다.

기한부 신용장(letter of credit)의 경우에는 소정의 이자(interest)를 계상하지만 일람불로 할 경우 약간의 이자(interest)의 할인(Discount)도 가능하다.

(3) 금융부담 경감 및 무역 금융의 활용

수입상(buyer)의 경우 당장의 현금 부담이 없이도 신용장(letter of credit)의 개설이 가능하고 선적서류(shipping document) 도착 시에도 신용 공여방식인 대도(trust receipt)라는 방법을 통해 수입화물(cargo)을 인수할 수 있는 장점이 있다.

(4) 인도시기의 예상

신용장(letter of credit) 기재사항 중의 하나가 인도시기(time of delivery)이다. 보통 최종선적기간(not later than~)을 표시하게 되는데 최종선적기일(Latest date of shipment, S/D) 전에 선적되고 항해일수를 따져보면 수입상(buyer)이 원하는 물품(goods)이 언제쯤 목적항(port of discharge)에 도착하는지를 예상할 수 있다.

도착 예정일은 ETA(estimated time of arrival)라고 하며 출항예정일은 ETD (estimated time of departure)라고 표기한다.

(5) 물품의 선적에 대한 확인

신용장(letter of credit) 조건은 신용장에서 요구되는 조건을 일치시키는 서류를 수출상(seller)이 제시(presentation)했을 경우에만 은행이 이를 심사하여 그에 대한 대금을 지급하는 것이다.

따라서 계약과 일치하는 물품에 대한 심사를 은행이 하고 내용이 불일치(discrepancy)하는 경우에는 은행은 이를 개설의뢰인(applicant)인 수입상(buyer)에 통보하게 된다. 따라서 선적에 대한 서류 확인을 은행이 대신 해주고 불일치서류(discrepant document) 도착 시 인수할 것인가의 여부도 최종 결정할 수 있다.

제3절 추심방식에 의한 결제

1. 의의

1) 추심의 의의(Collections)

추심통일규칙(Uniform Rules for Collections)에 의하면 추심은 은행이 접수한 지시에 따라 인수 또는 지급을 받기 위하여 또는 인수 및 지급과 상환으로 서류를 인도하기 위하여 또는 기타의 조건으로 서류를 인도하기 위하여 서류를 취급하는 것을 말한다.

추심의 대상이 되는 서류는 금융서류(financial documents)와 상업서류(commercial documents)를 말한다.

금융서류란 환어음(bills of exchange), 약속어음(promissory note), 수표

(cheques), 지급영수증 또는 기타 금전의 지급을 받기 위하여 사용되는 이와 유사한 증서를 말한다. 그리고 상업서류(commercial documents)라 함은 송장(invoice), 선적서류(transport document), 권리증권(document of title) 또는 이와 유사한 서류 또는 기타 금융서류(financial documents)를 제외한 모든 서류를 말한다.

2) 추심의 종류

① 화환 추심(documentary collection)

화환 추심이란 상업서류(commercial documents)가 첨부된 금융서류(financial documents)의 추심 또는 금융서류(financial documents)가 첨부되지 않은 상업서류(commercial documents)만의 추심을 말한다.

② 무화환 추심(clean collection)

무화한 추심이란 상업서류(commercial documents)가 첨부되지 아니한 금융서류(financial documents)의 추심을 말한다.

2. 추심당사자(Parties to a Collection)

1) 의의

추심당사자(parties to a collection)란 추심거래에 관련된 추심의뢰인(principal), 추심의뢰은행(remitting bank), 추심은행(collecting bank), 제시은행(presenting bank), 지급인(drawee)을 말한다.

2) 추심당사자

(1) 추심의뢰인(Principal)

은행에 추심을 의뢰하는 수출상인 매도인(seller)을 말한다. consignor, drawer, seller라고도 한다.

(2) 추심의뢰은행(Remitting Bank)

수출상의 추심을 의뢰받은 수출국의 은행을 말한다.

(3) 추심은행(Collecting Bank)

추심에 참가하는 은행 중 추심의뢰은행을 제외한 모든 은행을 말한다.

추심지시서(collection instruction)에 따라 지급인에게 추심하여 대금을 송부하는 은행이다.

(4) 제시은행(Presenting Bank)

추심은행(Collecting Bank)이 수입업자의 거래은행이 아닌 경우에 제시은행이 지급인에게 추심서류를 제시한다.

(5) 지급인(Drawee)

추심 지시서(collection instruction)에 따라 서류를 제시받는 자로서 매수인(buyer)에 해당된다.

3. D/A와 D/P

1) D/A(Document against acceptance)

D/A란 인수도 조건(document against acceptance)으로서 수출상(seller)이 수입자(buyer) 앞으로 송장(commercial invoice), B/L, Packing list 등의 기본서류와 함께 기한부 어음(usance bill)을 발행하여 수출상의 거래은행(추심의뢰은행(remitting bank))을 통하여 수입상(buyer)의 거래은행(추심은행(collecting bank))에 제시되면 수입상(buyer)이 그 은행을 통하여 환어음(bill of exchange)을 인수하는 조건으로 선적 서류(shipping document)를 받아 통관을 하고 환어음(bill of exchange)의 만기일(maturity date)에 대금을 결제하여 추심의뢰은행(remitting bank)으로 송금하여 수출상(seller)에게 대금을 결제받는 방식을 말한다.

D/A 거래는 기한부 어음(usance bill)이 발행되므로 계약시 만기일(maturity date)을 표기하고 환어음(bill of exchange) 발행 시 그리고 송장(commercial invoice)에 D/A 만기일(maturity date)을 표기하고 때에 따라서 수출상의 계좌번호(account number)를 상업송장(commercial invoice)에 표기하기도 한다.

2) D/P(Document against payment)

D/P 거래는 지급인도 조건(document against payment)으로서 수출상(seller)이 수입자(buyer) 앞으로 송장, B/L 등의 기본서류(document)와 함께 일람불 어음(sight draft)을 발행하여 추심의뢰은행(remitting bank)을 통하여 수입국의 추

심은행(collecting bank)에 전달되면 수입상이 일람불 환어음(sight draft)을 결제함과 동시에 선적 서류를 받아 통관을 진행하는 방식을 말한다.

D/A(document against acceptance)와 D/P(document against payment)는 둘 다 추심방식에 의한 결제를 한다는 점에서는 동일하지만 D/A는 기한부 어음(usance draft)이 발행되기 때문에 결제 없이 상품의 입수가 가능하고 D/P는 일람불 어음(sight draft)이 발행되기 때문에 서류(document)인수와 동시에 결제도 이루어져야 한다는 점이 다르다.

3) D/A와 D/P의 효용

(1) 수입상의 효용

① 자금부담 경감

추심방식(collection)은 수입자(buyer) 측면에서는 자금의 부담이 상당히 경감되는 조건으로 신용장 방식(letter of credit)보다도 더욱 유리한 방법이다. 신용장(letter of credit)을 개설하려면 최소한 담보 내지 신용에 대한 은행의 평가와 기준이 있어 신용장 개설 한도가 정해져 있는 것이 현실이다.

그러나 추심 방식(collection)은 은행에서 신용장과 비교해 볼 때 서류심사에 대한 아무런 책임도 부담하지 않고 단순히 서류를 관리하는 입장 정도밖에는 되지 않으므로 수입자(buyer) 측면에서는 신용장 개설한도나 기타 자신의 신용평가의 결과에 관계없이 무역거래를 할 수 있기 때문에 수입자(buyer)에게는 매우 유리하다.

더구나 D/A(document against acceptance)의 경우에는 대상물품을 수입 통관(custom clearance) 후 일정기간이 경과한 후에 결제하기 때문에 수입물품을 판매한 후 그 대금으로 결제를 할 수 있는 장점도 있다.

② 상업 위험의 회피

수입상(buyer)의 입장에서는 선지급하는 대금이 없고 오로지 선적서류(shipping documents)가 당도한 이후에 결제하게 되므로 수입 물품을 인수하지 못하거나 기타 금전적인 위험(risk)이 적다.

③ 거래의 활성화

D/A(document against acceptance)의 경우에는 일정기간 경과 후 대금을 지불하는 것이기 때문에 수입상(buyer)의 경우 상품을 입수하고 판매한 후에 대

금을 결제하는 경우도 많다.

따라서 수입상(buyer)의 측면에서는 자금의 여유가 없더라도 수출상(seller)에게 많은 주문을 할 수 있기 때문에 거래는 더욱 활성화되는 측면이 있다.

(2) 수출상의 효용

① 수출 경쟁 수단으로 활용

일반적으로 추심결제(collection) 방식은 수출상(seller)이 대금결제에 대한 위험을 부담하여야하기 때문에 수출상(seller)이 이 방법을 활용하려면 자금여건이 좋아야 한다. 그리고 대부분의 수출상(seller)은 이 방법을 사용하는 것을 회피하는 경향이 있기 때문에 이 방법을 사용하는 수출상(seller)은 거래할 때 수출 경쟁수단으로 활용하기도 한다.

② 무역 금융의 활용

추심거래(collection)를 약정하게 되면 한도를 정해서 일정 금액까지는 무역금융을 활용하여 제조업체에 대금을 결제할 수 있다. 그러나 대부분의 경우에는 금융한도가 낮아서 추심방식을 선뜻 진행하지 못하는 것이 현실이다.

③ 수출보험을 통한 위험의 회피

수출보험제도를 이용하면 일정 한도까지는 추가로 금융혜택을 누릴 수 있다.

④ 취급절차의 간편성

신용장거래의 경우 신용장에 명시된 제 조건과 일치해야 하며 은행에서는 수출상(seller)과 수입상(buyer)의 원 계약 내용을 무시하고 신용장의 내용만을 기준으로 서류를 심사한다.

추심거래(collection)는 이에 비하여 기본적인 서류만을 요구하는 경우가 많고 은행에서도 이를 심사하여야 할 별도의 의무를 부담하고 있지 않으므로 취급절차는 신용장에 비해 상대적으로 간편하다고 볼 수 있다.

▸▸ Banks shall have no obligation to handle either a collection or any collection instruction or subsequent related instruction. (추심통일규칙1조 b)

4. D/A와 D/P의 장단점

무역계약(international trade contract)은 쌍무계약(bilateral contract)의 성격을 띠고 있으며 매도인(seller)의 물품인도(delivery)에 대해 매수인(buyer)은 인

도를 수령하고(take delivery) 그 대금을 지급하는 것(pay the price)을 기본적으로 하고 있다.

이러한 무역계약은 쌍방 간에 권리(right)와 의무(obligation)가 서로 상이한 경우도 있다. 즉 어느 일방이 권리(right)를 갖게 되면 상대방에서는 그 권리를 충족시키기 위한 의무(obligations)를 부담해야 하는 것이다. 일반적으로 말해서 추심거래(collection)는 신용장거래에 비해 수입자(buyer)에게 유리한 결제구조를 가지고 있다.

따라서 수출상(seller)은 대금회수 불능 위험(risk)에 노출될 수 있다. 이를 회피하기 위하여 수출 보험제도가 존재하나 수출보험도 전액 부보가 되는 것이 아니고 일정 비율 또는 일정금액 만큼을 부보하는 것이고 무역금융의 경우에도 수출상(seller)의 약정한도를 활용하는 것이기 때문에 수입상(buyer)이 결제시기에 송금을 하지 않는다면 수출상(seller)은 그 무역금융의 혜택을 본 금액을 반환하여야 한다.

따라서 추심 결제방식(collection)이 수입상(buyer)에게 유리한 만큼 수출상에게 불리하므로 신중한 선택이 요구된다.

제4절 송금방식에 의한 결제

1. 의의

송금방식(remittance)이란 무역계약이 성립(formation of contract)되고 수출상(seller)이 매매대상 물품(goods)을 선적(shipment)하기 전에 수입상(buyer)이 물품대금의 일부 또는 전부를 선불로 송금하거나 선적 직전 전액송금 또는 수출상(seller)이 물품(goods) 또는 서류(document)를 인도(delivery)하는 때에 수입상(buyer)이 대금을 송금하는 방식으로 결제가 이루어지는 것을 말한다.

2. 단순송금방식

1) 의의

단순송금방식의 일반적인 의미는 수입상(buyer)이 수출상(seller)에게 매매물품 또는 상품(goods)을 선적(shipment)하기 이전에 외화로 수출상에게 송금하여 지불하고 대금을 영수한 수출상은 일정기간 내에 약정된 물품을 수입상인 매수인(buyer)에게 선적(shipment)하는 방식을 말한다.

이는 수출상(seller)의 입장에서 대금을 미리 영수하는 것이므로 매우 유리한 방법이나 수입상(buyer)에 있어서는 상품 회수불능의 위험을 부담해야 한다.

따라서 이러한 거래는 수입상과 수출상(seller)이 매우 신용이 있어 서로를 신뢰하는 경우, 수입상buyer)의 자금 능력이 풍부한 경우에 이용되며 소액거래 시에는 신용장 개설비용과 기타 은행에서 공제하는 수수료가 너무 많으므로 경비절감을 위해 송금방식이 사용되기도 한다.

2) 전신송금방식(T/T : Telegraphic Transfer)

전신송금방식(Telegraphic Transfer)은 수입상의 요청과 지시에 따라 수입국의 은행에서 수출상(seller)이 지정한 은행을 통하여 수출상(seller)의 외환계좌로 전신환의 형식으로 수출대금을 송신하는 방식을 말한다.

여러 단계의 은행을 거치는 경우 일정시일이 소요되나 최근에는 은행 간 코레스계약이 광범위하게 맺어져 계좌번호(account number) 등의 송금 Detail만 정확히 기재하면 신속하고 편리하게 송금받을 수 있다. 전신환 수수료는 신용장(letter of credit)거래에 비해 저렴하였으나 지금은 송금하는 금액에 따라 수수료가 다르며 많이 인상되었다.

3) 우편환송금방식(Mail Transfer)

우편환 방식(Mail transfer)은 수입상(buyer)의 요청과 지시에 따라 수입지의 송금은행이 일정금액이 명시된 금액을 지급하여 줄 것을 위탁하는 우편환(mail transfer)을 발행하여 우송하는 방식이다.

4) 송금수표(Demand draft)

송금수표(Demand draft)는 수입상(buyer)이 수출상(seller)에게 무역계약 물품의 대금으로 수표(check)를 발행하여 직접 수출상 앞으로 우편이나 특송 업체(courier service)를 통하여 송부하는 방식이다.

수표는 Personal check와 bankers check로 구분되며 bankers check는 바로 현금화하여 사용할 수 있고 Personal check는 현금화하는 경우도 있고 추심(collection)을 의뢰하는 경우도 있다.

3. 대금상환도 방식

1) 의의

송금방식은 송금의 형식을 통해 이루어짐과는 달리 대금상환도 방식은 수입상buyer)이 물품 또는 서류(document)가 인도되거나 인도된 후에 대금을 지급하는 방식이다. 대금상환도 방식에는 현물상환 방식(cash on delivery)과 서류상환 방식(cash against document)이 있다.

2) 현물상환방식(COD : cash on delivery)

현물상환방식(cash on delivery)은 수출상(seller)이 선적물품을 선적한 후 선적 서류(shipping document)를 수입국에 소재하는 자신의 지사 또는 수입국의 은행에 송부하고 상품이 수입국에 도착했을 때 수입상(buyer)이 수입물품을 확인하고 물품의 대가를 현금으로 지불하는 방식을 말한다.

3) 서류상환방식(CAD : cash against delivery)

서류상환방식(cash against document)은 수출상(seller)이 선적물품을 선적한 후 선적서류(shipping document)를 수출국에 소재하는 수입상(buyer)의 지사 또는 대리인 또는 수입상의 거래은행을 통하여 제시(presentation)함으로써 서류와의 상환으로 대금을 결제하는 방식이다.

지급인도 방식인 D/P(document against payment)와는 개념의 차이가 있으나 실무에서는 D/P(document against payment)와 CAD(cash against document)를 혼용해서 사용하기도 한다. 왜냐하면 이론적으로 현금결제를 하는 것이 CAD (cash against document)이고 D/P(document against payment)는 서류와의 상환으로 추심방법을 통하여 대금결제가 이루어지기 때문에 수출상(seller)의 입장에서는 궁극적으로 대금이 회수되는 과정이 흡사하기 때문이다.

제5절 국제 팩토링 방식에 의한 대금결제

1. 의의

국제 팩토링(factoring)이란 기업의 외상매출 채권을 매매대상으로 하는 업무를 말한다. 전세계 팩터(팩토링 회사(factor))의 회원망을 통하여 팩터들의 긴밀한 관계가 유지되어야 활성화될 수 있다.

수출팩토링(Export Factoring)이란 사후송금방식의 거래에서 외상수출거래에 의해서 발생된 수출채권을 수출기업으로부터 '상환청구권 없이(without recourse)' 매입하는 수출금융상품으로서 국제 팩토링의 일종이다.

상황청구권(recourse) 없는 조건이기 때문에 수출팩토링을 이용하는 수출기업은 수출대금 회수에 대해 안심할 수 있는 것이다. 즉 해외수입자가 만기일에 수출대금을 상환하지 못하더라도 수출팩토링 회사(factor)가 수출기업에게 수출대금의 반환을 청구하지 않는 것을 의미한다.

수출팩토링 회사(factor)는 수출자(seller)에게 외상수출 채권과 관련된 대금회수를 보장하고 회수업무에 따르는 장부기장 등 회계업무와 수출대금의 조기지급, 해외수입자의 신용위험 인수, 수출대금의 추심, 해외수입자의 신용조사, 수출채권 관리 등의 제반서비스를 종합적으로 제공한다.

수입상(buyer)에게는 수입을 위한 신용을 공여해 줌으로써 해외 수출상(seller)으로부터 신용으로 상품을 수입할 수 있는 장점이 있다.

2. 국제 팩토링의 기능

1) 신용위험의 인수

수입 팩터가 수입상(buyer)에 대한 신용조사를 하고 수입상의 신용위험을 인수하고, 수출채권의 양수 및 수입상의 대금결제 등의 대금회수를 보장한다.

2) 금융의 제공

수출 팩터(factor)는 외상 수출 채권을 관리하고 수출 대금의 조기지급이 가능하게 함으로서 매도인(seller)이 운전자금을 효율적으로 조달할 수 있도록 지원하며 수입 팩터는 수입상(buyer)이 결제자금이 부족한 경우 결제할 수 있도록 금융을 제공한다.

3) 회계업무의 처리

수출 팩터는 회계업무를 대행함으로써 수출 채권과 관련한 회계업무를 처리하고 수입 팩터는 결제기일에 원만한 결제가 이루어질 수 있도록 관리하고 이와 관련된 회계업무를 처리하여 준다.

제6절 기타 방식에 의한 대금결제

1. 청산계정

1) 의의

청산계정(Open Account)이란 당사자끼리 금융협정(open account agreement)을 맺어 무역거래 시마다 현금결제를 하지 않고 그 대차(貸借)관계를 장부에 기록했다가 일정기간마다 정산을 하고 그 차액만을 현금 결제하는 방식을 말한다.

2) 특징

(1) 결제의 번거로움 회피

청산결제방식은 거래내용을 장부에 기록했다가 일정기간마다 그 차액(balance)만을 결제하므로 여러 번 결제해야 하는 불편함을 덜 수 있다.

(2) 자금 부담경감

당사자 간 협의한 신용한도 내에서 자금 부담 없이 자유롭게 거래할 수 있기 때문에 자금 부담이 경감된다. 이러한 거래는 외국에 지사를 둔 경우 본 지점 거래 시 활용하면 편리하다.

2. 포페이팅 금융기법

1) 의의

포페이팅(forfeiting)이란 현금을 대가로 채권을 포기 또는 양도한다는 것을 의미하며, 수출거래 시 환어음이나 약속어음을 소구권(Recourse) 없이 고정 이자율로 할인하여 외상판매를 현금판매로 전환시키는 금융기법을 말한다.

2) 특징

(1) 소구권없음(Without Recourse)

포페이팅은 소구권이 없이 어음을 할인하므로 수출상은 그 어음이 지급 거절되더라도 소구권에 응하여 대금을 반환할 책임을 질 필요가 없다.

(2) 포페이팅의 대상

포페이팅의 대상은 환어음 또는 약속어음을 대상으로 하며 일반적으로 기한부 신용장으로서 기한이 90일 이상이며 30만 달러가 넘은 수출 환어음이 포페이팅의 대상이 된다.

(3) 어음의 보증

포페이터는 어음 소구권이 없기 때문에 수입상의 신용이 충분하지 못한 경우에는 은행의 보증을 요구하여 이에 대비한다.

(4) 고정금리부 할인

포페이팅은 중장기 어음을 고정 금리부로 할인하기 때문에 금리위험은 포페이터가 부담하게 된다.

3) 포페이팅의 당사자

(1) 수출상

환어음 또는 약속어음상의 금액에 대해 수출상(seller)은 권리를 가진다.

(2) 수입상

환어음 또는 약속어음상의 금액을 지급할 의무를 지닌다.

(3) 포페이터

기한부 어음을 소구권 없이 할인하여 매입하는 은행을 말한다.

(4) 보증은행

수입상을 위하여 어음에 보증을 추가하거나 또는 어음에 대한 지급 보증서를 발급하는 수입상의 거래은행을 말한다.

CHAPTER 3

신용장

제1절 신용장

1. 의의

신용장(Letter of Credit)에 대하여는 국제상업회의소(International Chamber of Commerce)의 정의와 신용장 통일규칙에 그 정의가 명시되어 있다. 이를 기준으로 간략하게 정의한다면 다음과 같다.

신용장(letter of credit)이란 조건부 지급확약으로서 신용장(letter of credit)에 명시된 서류(document)와의 상환으로 명시된 기한 내에 명시된 금액까지 신용장(letter of credit)에 명시된 내용과 일치하는 서류를 제시(complying presentation)했을 때 개설의뢰인(Applicant)의 요청과 지시(at th request and of the instruction)에 따라 혹은 은행 스스로를 위하여(or its own behalf) 행동하는 개설은행(Issuing bank)이 이를 지급하도록 하는 문서상의 확약이라 할 수 있다.

2. 신용장의 특성

1) 신용장의 독립 · 추상성

"신용장은 그 성질상 그 근원적 거래인 매매계약 기타 계약과는 별개의 독립적인 거래(separate transactions)이며 은행은 이러한 계약에 대하여는 전혀 무관하며(in no way concerned with) 아무런 구속도 받지 아니한다."

▸▸ Credit, by their nature, are separate transactions from the sales of other contract(s) on which they may be based and banks are in no way concerned with or bound by such contract(s).

신용장은 통일규칙에서 명시된 규정과 같이 수입상(buyer)과 수출상(seller)의 계약과는 별개의 독립된 거래(separate transactions)인 것이다. 실지로 매도인(seller)과 매수인(buyer)의 계약 내용과 상이한 부분이 신용장에 명시되어 있는 경우 수출상(seller)은 원 계약을 이유로 신용장의 내용을 임의로 변경확대 또는 축소해석해서는 안 된다.

▸▸ A beneficiary can in no case avail himself of the contractual relationships existing between the banks or between the applicant and the Issuing Bank.

은행은 서류를 심사할 때 오로지 신용장에 명시된 제조건을 중심으로 이에 일치하느냐의 여부만을 기준으로 서류를 심사하게 되는 것이다. 이러한 신용장의 특성을 독립 · 추상성이라고 한다.

2) 서류에 의한 신용장 거래

"모든 당사자는 서류로 거래하는 것이지(all parties concerned deal with documents), 그 서류와 관련될 수 있는 물품, 서비스 또는 의무이행으로 거래하는 것이 아니다."

▸▸ In credit operations all parties concerned deal with documents, and not with goods, service and/or other performances to which the documents may relate.

앞에서 신용장의 독립 추상성으로 인하여 신용장과 매매계약과는 별개의 독립적인 거래(separate transactions)임을 인식하는 것과 마찬가지로 신용장의 거래는 서류를 심사하여 서류와 신용장의 조건의 일치 여부를 심사하는 것이지 상품의 품질 불량, 혹은 상이점을 심사하는 것은 아니다.

왜냐하면 신용장이 은행과 은행 사이에서 제반 서류만을 심사하지 않고 상품까지 심사하게 된다면 은행에서 상품에 대한 지식과 통일적인 기준이 마련되어 있어야 하는데 이렇게 된다면 신용장거래는 실제로 불가능하게 된다.

즉 신용장이 문면상 일치하는 서류(terms and conditions of the credit with the document)와의 상환으로 그 서류를 인수하고 그 금액을 상환할 의무를 지기 때문에 신용장 발행의뢰인(Applicant)에게 문의할 필요가 없으며 은행의 독자적인 판단에 따라 그 서류의 문면상의 일치성 여부를 결정하게 된다.

3) 엄밀일치의 원칙(Doctrine of strict compliance)

엄밀일치의 원칙이란 은행이 신용장의 조건에 엄밀히 일치하지 않는 서류를 거절할 수 있는 권리를 가지고 있다는 법률적인 원칙을 말한다.

그러한 이유는 발행은행(Issuing Bank)을 제외한 기타의 은행 ≪(매입은행(Negotiation Bank), 확인은행(confirming Bank), 통지은행(Advising Bank), 지급은행(Paying Bank) 등≫들은 발행은행의 대리인적 성격을 띠고 있고 발행은행 역시 실지로는 개설의뢰인(Applicant)의 대리인적 성격을 띠고 있기 때문이다.

이러한 경우 제한된 권한을 가지고 있음에도 불구하고 권한 밖의 행위를 하게 되면 이로 인하여 발생한 손해를 본인으로부터 보상받을 수 없게 된다. 특히 불황기에는 수입업자인 개설의뢰인이 신용장의 조건과 엄밀히 일치하지 않는 서류의 인수를 거절하는 것도 자주 있는 일이다.

이러한 엄밀일치의 원칙은 서류심사과정뿐 아니라 발행의뢰 또는 지시의 이행과 통지은행의 통지 역시 엄밀히 이 원칙을 준수하여야 한다.

3. 신용장의 분류

신용장은 대금지급시기, 양도가능성, 확인유무 등에 따라서 신용장을 구분하고 있으며 그 이외에도 여러 가지 기준에 의하여 신용장을 분류하고 있다. 아래의 기준을 중심으로 간략히 살펴보기로 한다.

1) 대금지급 시기에 따른 분류

(1) 일람출급불 신용장(Sight L/C, By Payment L/C)

어음(draft)이 지급인(drawee)에게 제시되면 즉시 지급 받을 수 있는 신용장을 통상적으로 일람불 신용장(at sight Letter of Credit)이라고 하며 어음(draft) 발행 없이 서류의 제시에 의해서도 즉시 대금을 지급받을 수 있는 신용장 역시 일람출급 신용장(by payment Letter of Credit)에 해당한다. 신용장에는 반드시 대금결제에 대한 사항이 명시되어 있는바 신용장에 draft at sight 혹은 by payment라고 명시되어 있다면 일람출급 신용장에 해당한다.

(2) 기한부 신용장(Usance L/C)

기한부 신용장(Usance Letter of Credit) 신용장(letter of credit)에 즉시 지급하겠다는 문구가 없이 일정 시간이 지난 후에 지급을 받을 수 있는 신용장(letter of credit)으로서 보통 by defer payment라고 명시되어 있으며 일람 출급이 아니기 때문에 기한이 정해진다.

보통 90일에서 180일 기한부로 신용장(letter of credit)이 개설되는 경우가 많지만 기간을 더 늘이거나 줄일 수 있으며 기한부 어음(usance draft, usance bill of exchange)을 발행하는 경우도 있고 연지급 약정서에 따라 어음의 발행 없이 일정기간 후에 지급을 확약하는 신용장(letter of credit)도 있다.

(3) 분할지급 신용장(Payment by Instalment L/C)

분할지급 신용장(Payment by Instalment L/C)이란 지급기한이 서로 다른 여러 환어음(bill of exchange)을 요구하여 수차에 걸쳐 분할하여 지급이 이루어지도록 하는 신용장(letter of credit)을 말한다.

(4) 전대 신용장(Packing L/C : Advance payment L/C)

전대 신용장(Packing L/C, Red Clause L/C : Advance payment L/C)은 수출상인 매도인이 대부분 정상적인 신용장(letter of credit)을 수취하고 이에 대한 물품인도를 하는 것이 대부분이나 수출에 따른 생산, 가공 또는 기타 특수한 경우로 인하여 수출상인 매도인(seller)이 자금을 융통하여야 할 경우 이 자금을 미리 융통해 주기 위해 선적 전에 선적 서류(shipping document) 없이 신용장(letter of credit) 금액(amount)을 전대할 수 있도록 하는 문구를 신용장(letter of credit)에 기재한 신용장을 말한다.

수출자(seller)는 전대금액에 해당되는 선수금을 받을 수 있으며 전대기간 중의 이자는 수익자(Beneficiary)가 부담하게 된다. 글자가 붉은색으로 되어있어서 Red clause L/C라고 부르기도 한다.

2) 양도가능 여부에 따른 분류

(1) 양도가능 신용장(Transferable L/C)

양도가능 신용장(Transferable L/C)이란 신용장에 명시된 금액(amount)의 전부 또는 일부를 1인 또는 다수의 제3자에게 양도할 수 있도록 허용하고 있는 신용장(letter of credit)을 말한다. 신용장(letter of credit)에는 “transferable”이라는 문구가 신용장(letter of credit)에 나타나 있으며, 신용장(letter of credit)에서 분할선적(Partial shipment)을 허용하지 않는 경우에는 1인의 수익자(Beneficiary)에게 금액의 전부(total amount)를 양도할 수 있다.

(2) **양도불능신용장**(Non-Transferable L/C)

양도불능신용장(Non-Transferable L/C)은 신용장(letter of credit)의 양도를 허용하지 않는 신용장(letter of credit)을 말하며 신용장(letter of credit)에 "transferable"이라는 문구가 신용장(letter of credit)에 나타나 있지 않은 신용장(letter of credit)은 양도 불능신용장(Non -Transferable L/C)이라 할 수 있다.

3) 확인 유무에 따른 분류

(1) **확인 신용장**(Confirmed L/C)

개설은행(Issuing Bank) 이외의 제3의 은행이 신용장(letter of credit)에 대해 추가적으로 지급 · 인수 · 매입을 확약하고 있는 신용장(letter of credit)을 말한다.

대부분의 경우에 있어서 신용장(letter of credit)은 일치하는 서류를 제시(complying presentation)하면 지급을 확약하고 있기 때문에 안전하게 신용장(letter of credit)을 사용할 수 있으나, 지나치게 작은 은행이 신용장(letter of credit)을 개설하여 이에 대한 대금지급여부를 보다 확실하게 하고자 하는 경우 등 대금지급의 확실성을 높이는 측면에서 확인신용장(confirmed L/C)이 필요하나 이에 따른 비용이 발생하기 때문에 그때마다 상황에 맞게 신용장(letter of credit)을 개설하도록 하고 또한 이에 대한 확인을 받는 것이 중요 하다.

(2) **미확인 신용장**(Unconfirmed L/C)

미확인 신용장(Unconfirmed L/C)은 개설은행 이외의 제3은행이 신용장에 대해 추가적으로 지급 · 인수 · 매입을 확약하지 않은 신용장(letter of credit)을 말한다.

통상적으로 정상적인 거래를 하는 은행에서 발행된 신용장(letter of credit)은 별도의 확인절차 없이 사용해도 무방하다. 일반적으로 문제가 없는 은행은 세계 상위 랭킹 1,000위 안에 있는 은행에서 발행된 신용장(letter of credit)에 대해서는 별다른 의심 없이 무난히 신용장(letter of credit)을 사용하고 있는 것이 보편적이라 할 수 있다.

4) 수익자에 의한 분류

(1) **원신용장**(Original L/C)

신용장(letter of credit)의 수익자(beneficiary)가 외국의 개설의뢰인(applicant)

의 요청과 지시에 의하여 개설은행(issuing bank)으로부터 개설 받은 신용장(letter of credit)을 말하며 실무에서는 MASTER L/C 또는 ORIGINAL L/C라고 부른다.

(2) 내국 신용장(Local L/C)

원신용장(Master L/C 또는 Original L/C)의 견질로 수출상인 매도인(seller)이 원료나 물품을 공급해주는 국내 공급업자를 위하여 개설된 신용장을 말한다. 실무에서는 이를 LOCAL L/C라고 부른다.

5) 특수 신용장

(1) 회전신용장(Revolving L/C)

회전신용장(Revolving L/C)은 수입상(buyer)과 수출상(seller)이 오랜 신뢰를 바탕으로 동종의 물품을 계속해서 상당기간 거래할 경우 매번 신용장(letter of credit)을 개설하는 것은 매우 불편하고 번거로운 일임이 분명하다.

이러한 불편과 부담을 덜기 위하여 일정기간에 신용장 금액이 자동으로 갱신되어 또다시 사용할 수 있도록 개설된 신용장(letter of credit)을 말한다. 섬유류 수출이 호황을 이룰 때 홍콩의 대형 매수인(buyer)들이 이런 신용장(letter of credit)을 개설하여 한국의 매도인(seller)은 수출거래의 불편을 줄인 적도 있으며 저자 또한 프랑스로부터 회전신용장(Revolving L/C)을 받아 진행한 적이 있다.

(2) 보증신용장(Stand-by L/C)

보증신용장(Stand-by L/C)이란 개설은행(Issuing Bank)이 특정인에게 금융지원 등이 가능하도록 상대은행에게 발행하는 것으로 은행 간의 보증의 성격을 가지며 발행자와 수익자(Beneficiary) 모두 은행이 된다.

보증신용장은 채무자가 채무를 상환하지 않을 경우 신용장개설은행이 상대여신은행에게 지급을 이행하겠다는 신용장형식의 보증서로서 주로 해외지사의 현지금융지원, 입찰보증, 계약이행 보증 등을 현지 은행에서 공급받는 경우에 주로 사용된다.

제2절 신용장의 당사자

1. 의의

신용장의 당사자란 신용장의 거래에 관계되는 자를 당사자라 하며 모든 관계 당사자(all parties concerned)라고도 한다. 신용장의 당사자는 신용장의 종류, 또는 개설은행과의 거래 경로에 따라 조금씩 다르므로 일반적인 기준에서 당사자를 설명하고자 한다.

2. 개설의뢰인(Applicant)

매도인(seller)인 수출상과 매수인(buyer)인 수입상과의 계약에 따라 자기 거래 은행에서 신용장(letter of credit)을 개설할 것을 의뢰하는 수입업자를 신용장 개설의뢰인(Applicant)이라고 한다.

대부분의 경우에 있어서는 매매계약의 실제 당사자인 수입업자(buyer)가 직접 수출상 앞으로 신용장(letter of credit)을 개설하게 되나 예외적으로 수입업자가 자금부족 기타의 사유로 다른 수입업자(other buyer)에게 의뢰하여 신용장(letter of credit)을 개설하기도 한다.

이러한 경우 신용장 개설의뢰인(Applicant)은 다른 수입업자(other buyer)가 예외적으로 되는 경우도 있다. 신용장 개설의뢰인은 Applicant · Opener · Buyer · Accountee · Consignee · Drawee · Accreduted Buyer 등으로 통한다.

3. 개설은행(Issuing bank)

개설은행(Issuing bank)은 개설의뢰인(Applicant)의 요청과 지시(at the request and on the instruction)에 의하여 수출업자(seller)가 발행하는 화환어음을 지급 · 인수 또는 매입할 것을 확약한다는 신용장(letter of credit)을 발행하는 은행을 말한다.

개설은행을 Issuing Bank · Opening Bank · Credited Writing Bank · Grantor 등으로 부른다.

4. 수익자(Beneficiary)

개설의뢰인(Applicant)의 요청과 지시(at the request and on the instruction)

에 의해 발행된 신용장(letter of credit) 발행의 혜택을 받는 자를 수익자(Beneficiary)라고 말한다. 수익자를 Beneficiary · User라고 부른다.

5. 확인은행(Confirming bank)

신용장(letter of credit)은 은행을 통하여 발행되는 것이기 때문에 일단 공신력이 있는 조건부 지급확약서라고 볼 수 있지만 신용장(letter of credit)의 공신력을 보다 더 확실하게 해주기 위해 공신력을 가진 은행이 신용장(letter of credit)에 대한 확인을 하는 절차가 있는데 이러한 경우 확인(confirmation)을 해주는 은행을 말한다.

다시 말해서 대부분의 은행 신용장(letter of credit)은 그대로 사용할 수 있으나 신용장(letter of credit)이라 하더라도 은행의 자금력이나 규모가 작은 은행에서 발행된 신용장(letter of credit)은 그 신용장(letter of credit)을 담보할 수 있는가에 대해 의구심이 생길 수 있다.

이러한 경우 수출국에 있는 제3의 은행이 소정의 수수료를 받고 대금지급이 이루어지지 않은 경우 그 신용장(letter of credit)의 어음(bill of exchange) 및 금액(amount)을 인수하는 은행이 있는데 이를 확인은행(Confirming bank)이라고 한다. 보통은 개설은행의 자금 규모가 취약할 때 사용하는 방법이다.

6. 통지은행(Advising bank)

개설의뢰인(Applicant)의 요청과 지시(at the request and on the instruction)에 의하여 개설은행(Issuing bank)에서 신용장(letter of credit)을 개설하게 되면 이 신용장(letter of credit)은 수출국에 있는 수입지 개설은행의 본 · 지점 또는 환거래은행으로 신용장이 전달되며 이 신용장(letter of credit)이 수익자(Beneficiary)에게 통지를 통해 전달되는데 이때 신용장(letter of credit)을 수익자(Beneficiary)에게 전달하는 은행을 통지은행(Advising bank)이라고 한다.

통지은행(Advising bank)은 신용장(letter of credit)을 단순히 수익자(Beneficiary)에게 통지해주는 역할을 담당하므로 거래에 관해서 책임을 지거나 약정을 하는 것은 아니다. 통지은행은 Advising bank 또는 Transmitting Bank라고 불린다.

신용장(letter of credit) 개설 시에 수익자(Beneficiary)는 통지은행을 보통 자신의 네고은행으로 정하여 통지해 줄 것을 요청하는데 개설은행(issuing bank)은 본 지점이 수출국에 있는 경우에는 통상적으로 개설은행의 본 · 지점을 통하여 신용장이 통지되는 경우가 많다.

7. 지정은행(Nominated bank)

지정은행(Nominated bank)이란 개설은행으로부터 지급, 인수 또는 매입에 대한 권한을 수권 받은 은행을 말하며, 자유매입 신용장(freely negotiable credit)의 경우에는 어떤 은행도 지정은행(any bank in the case of a credit available with any bank)이 될 수 있다.

8. 상환은행(Reimburse bank)

상환은행(Reimburse bank)은 개설은행(issuing bank)으로부터 수권 받은 개설은행을 제외한 타행으로서 지급, 인수, 또는 매입을 행한 은행으로부터의 상환청구에 대해 개설은행(issuing bank)을 대신하여 상환을 하는 은행이다.

9. 양도은행(Transferring bank)

양도은행(Transferring bank)이란 양도 가능 신용장(Transferable L/C)에 나타난 금액의 전부(Total T/S) 또는 일부(Partial T/S)를 다른 수익자(beneficiary)에게 양도(transfer)할 경우 양도(transfer)하는 절차에 따라 양도에 관한 업무를 처리하는 은행을 양도은행(Transferring Bank)이라고 한다.

제3절 신용장 통일규칙

1. 신용장 통일규칙의 제정

신용장(letter of credit)은 개설은행(Issuing Bank)에서 신용장(letter of credit)의 제반 조건에 일치하는 서류를 구비하여 일치하는 서류를 제시(Complying presentation)하면 그 내용에 따라 결제 또는 매입(to honour or negotiate a complying presentation)을 하겠다는 조건부 지급확약서이다.

그러나 신용장의 해석(Interpretations)에 있어서는 국제간의 언어, 상관습, 문화, 지리적 여건 등으로 해석(interpretation)에 이견을 보일 수도 있다. 그리고 제1차 세계대전 이후 세계의 상권은 영국 중심에서 미국 중심으로 이동하는 과정에서 영국계 신용장 관습과 미국계 신용장 관습이 충돌하게 되었고 이로 인한 분쟁(dispute)이 발생하면서 그 용어, 해석, 거래관습에 있어서 각 나라마다 의견이 분분함을 인식하게 되었다.

이에 따라 신용장(letter of credit)의 공통적이고 통일적인 해석 기준이 필요하게 되었고 이로 인해 국제적인 통일 규칙의 제정운동이 전개되었으며 국제상업회의소(ICC : International Chamber of Commerce) 신용장(letter of credit) 관련 용어의 해석과 취급규정의 국제적 통일을 위하여 노력을 기울인 결과 1933년 비엔나에서 통일규칙이 채택되어 상용되게 되었다. 그 이후 상관습(usage of trade)의 변화 등의 사유로 지금까지 여섯 차례에 걸쳐 개정되기에 이르렀다.

2. 신용장 통일규칙 개정 과정

1) 1차 개정(1951년)

제1차 개정은 1951년 6월 리스본에서 개최된 ICC 제13차 회의에서 채택되었으나 영국은 수취선화증권, 보험증권, 분할선적 용인문제 등이 영국의 관행에 어긋난다는 이유로 채택하지 않았다. 1차 개정은 미국과 유럽대륙의 각 나라를 중심으로 채택되었으나 범세계적인 통일규칙이 되지는 못하였다.

2) 2차 개정(1962년)

1차 개정 이후 영국의 적극적인 협력으로 개정작업이 이루어져 1962년 이사회 가결을 거쳐 1963년 4월 멕시코총회에서 통과됨으로써 동년 7월 1일부터 영국을 포함한 각국이 이를 채택하게 되었다.

3) 3차 개정(1974년)

국제 무역형태의 발전, 특히 컨테이너 운송의 발전 등으로 과거의 신용장 거래관습의 변화에 대응하기 위해서 1974년 12월 이사회에서 가결되고 1975년 10월 1일부터 시행되었다.

4) 4차 개정(1983년)

신용장 통일규칙의 3차 개정 이후 Incoterms의 제4차 개정, Institute cargo clause의 개정 등의 국제규칙들이 개정되고 국제 무역환경의 변화에 적응하기 위하여 이의 개정이 필요하게 되었다.

제4차 개정은 1983년 6월 21일 제4차 개정안이 파리 이사회를 통과하고 동년 10월 1일부터 정식으로 시행하게 되었다.

5) 5차 개정(1993년)

(1) 개정 배경

컨테이너 운송과 국제 복합운송이 정착됨으로서 복합운송서류를 다른 서류와 별도로 규정하고 컴퓨터 통신기술의 발달로 EDI 방식을 수용할 필요성 등 국제 무역환경이 급속도로 변화됨에 따라 신용장 통일규칙도 개정을 하게 되었다.

당시에는 무역관습의 변화를 수용하기 위하여 Incoterms도 개정되고 해상화물 운송장의 사용이 증가됨으로써 해상화물 운송장(Seaway bill)을 통일규칙에 수용할 필요성이 대두하여 신용장의 제5차 개정에 이르게 되었다.

(2) 개정목적

제5차 신용장 통일규칙은 운송 산업 발전, 통신 산업의 발전 등으로 과학기술이 진보함에 따라 그에 부응하기 위하여 개정하게 되었다.

① 간소화

② 실제은행 관행과의 일치

③ 신용장의 취소 불능성 강조

신용장의 취소 불능성을 강조함으로써 신용자의 신뢰성을 한층 높이게 되었다.

④ 운송방식에 따른 서류의 구분

(3) 특징

① 새로운 무역 관행의 수용

② 간소화

전체 조항을 6개 장 55개 조에서 총 7개 장 49조로 간소화 하였다.

③ 적용 범위의 확대

④ 은행의 재량권 확대

⑤ 적용 범위의 확대

EDI 방식의 신용장도 적용할 수 있도록 하였다.

6) 6차 개정

(1) 개정 배경

신용장 통일규칙(Uniform Customs and Practice for Documentary Credits)이 제정되고 1951년 제1차 개정된 이래 평균적으로 약 10년을 주기로 신용장 통일규칙은 개정되었다. 이는 상관행의 변화, 무역환경의 변화, 운송방식 및 형태의 변화 등의 이유에 의해서 개정이 필요하였기 때문이다.

1993년 제5차 개정 이후 1999년 UCP 500의 개정을 위한 논의를 진행하였으나 UCP 500을 개정하여야 할 중대한 이유를 발견하지 못하였다는 이유로 개정 논의가 지연되었다. 이러한 가운데 2002년에는 eUCP와 화환신용장하에서 서류심사를 위한 국제표준은행 관행(International standard banking practice for the examination of documents under documentary credits)을 제정 · 시행하게 되었다.

한편 ICC에서는 2003년 UCP 500의 개정검토를 그룹을 구성하여 39개 조항으로 된 UCP 600을 발행하고 이 개정안은 2006년 10월 25일 ICC은행위원회에서 만장일치로 승인됨으로써 2007년 7월 1일부터 새로운 신용장 통일규칙(Uniform Customs and Practice for Documentary Credits 2007 Revision)이 시행되게 되었다.

(2) 특징

① 용어의 정의 및 해석 조항

UCP 600 제2조 및 제3조에서는 UCP 전체에 걸쳐 사용되는 용어들이 일관성 있게 사용되도록 하고, 불필요한 반복을 피하기 위하여 용어의 정의(Definitions) 및 해석조항(Interpretations)을 신설하였다

② 신용장의 취소 가능성

UCP 500 에서는 신용장이 취소 가능한 지(revocable) 또는 불가능한지(irrevocable)의 규정이 있었지만 UCP 600에서는 취소가능신용장(revocable L/C)이 거의 사용되지 않는 점과 신용장 자체가 특별한 사정이 없는 한 취소하지 않는다는 취지로 취소불능 신용장 규정을 삭제하였다.

③ 서류 심사기간 및 불일치 서류의 통지기간 단축

UCP 500에서는 서류 심사기간을 "제7영업일을 초과하지 아니한 범위 내에서 상당기간"이라고 명시하였으나 UCP 600에서는 서류 심사기간을 "제5영업일"(maximum of five banking days following the day of presentation to determine)

로 단축하고 불일치에 대한 통지기간도 역시 "제5은행 영업일의 마감시간까지"로 변경하였다.

3. 신용장 통일규칙의 내용

1) 용어의 정의(definitions)(제2조)

정의(definitions) 부분에서는 명칭에 따른 오해의 소지를 줄이고자 각 명칭에 따는 정의를 내림으로써 명확한 해석을 함에

차질이 발생하지 않도록 하고 있다. 이미 언급한 내용 이외에도 실무에서 사용되는 용어들을 다음과 같이 정의하고 있다.

(1) 통지은행(Advising Bank)

통지은행(Advising Bank)이란 개설은행(Issuing Bank)의 요청에 따라(at the request of) 신용장을 통지하는 은행을 말한다.

the bank that advises the credit at the request of the issuing bank.

(2) 개설의뢰인(Applicant)

개설의뢰인(Applicant)이란 신용장 개설을 의뢰한 당사자를 말한다.

the party on whose request the credit is issued.

(3) 은행영업일(Banking day)

은행영업일(Banking day)이란 이 신용장통일규칙이 적용되는 행위가 이루어지는 장소에서 은행이 통상적으로 영업하는 날을 말한다.

▶▶ a day on which a bank is regularly open at the place which an act subject to these rules is to be performed.

(4) 수익자(Beneficiary)

수익자(Beneficiary)란 신용장 개설을 통하여 수익을 받는 당사자를 말한다.

▶▶ the party in whose favour a credit is issued.

(5) 일치하는 제시(Complying Presentation)

일치하는 제시(Complying Presentation)라 함은 신용장의 조건, 적용 가능한 범위 안에서 신용장통일규칙의 규정 및 국제표준은행관습(International Standard

Banking Practice)에 다른 제시를 말한다.

▶▶ a presentation that is in accordance with the terms and conditions of the credit, the applicable provisions of these rules and international standard banking practice.

(6) 확인(Confirmation)

확인(Confirmation)이란 일치하는 제시에 대하여 결제(honour) 또는 매입하겠다는 개설은행의 확약에 추가하여 확인은행이 하는 확약을 말한다.

▶▶ a definite undertaking of the confirming bank, in addition to that of the issuing bank, to honour or negotiate a complying presentation.

(7) 확인은행(Confirming bank)

확인은행(Confirming bank)이란 개설은행의 수권 또는 요청(the issuing bank's authorization or request)에 의하여 신용장에 확인을 한 은행을 말한다.

▶▶ the bank that adds its confirmation to a credit upon the issuing bank's authorization or request.

(8) 신용장(Credit)

신용장(Credit)이란 그 명칭에 관계없이 개설은행이 일치하는 제시에 대하여 결제(to honour a complying presentation)를 하겠다는 확약으로 취소가 불가능한 모든 약정을 말한다.

▶▶ any arrangement, however named or described, that is irrevocable and thereby constitutes a definite undertaking of the issuing bank to honour a complying presentation.

(9) 결제(honour)

결제(honour)란 신용장이 일람지급에 의하여 이용가능하다면 일람출급으로 지급하는 것(to pay at sight), 신용장이 연지급에 의하여(by deferred payment) 이용가능하다면 연지급(a deferred payment)을 확약하고 만기에 지급하는 것(pay at maturity), 신용장이 인수에 의하여 이용가능하다면 수익자 발행한(drawn by the beneficiary) 환어음(a bill of exchange("draft"))을 인수하고 만기에 지급하는 것(pay at maturity)을 말한다.

▸▸ a. to pay at sight if the credit is available by sight payment.

b. to incur a deferred payment undertaking and pay at maturity if the credit is available by deferred payment.

c. to accept a bill of exchange("draft") drawn by the beneficiary and pay at maturity if the credit is available by acceptance.

(10) 개설은행(Issuing bank)

개설은행(Issuing bank)이란 개설의뢰인의 요청(at the request of an applicant) 또는 그 자신을 위하여 신용장을 개설한 은행을 말한다.

▸▸ the bank that issues a credit at the request of an applicant or on its own behalf.

(11) 매입(Negotiation)

매입(Negotiation)이란 일치하는 제시에(under a complying presentation) 대하여 지정은행(nominated bank)이, 지정은행에 상환하여야 하는 은행영업일 또는 그 전(on or before the banking day)에 수익자(beneficiary)에게 대금을 지급함으로써 또는 대금지급에 동의함으로써 환어음 또는 서류(the drafts and/or documents)를 구입(the purchase)하는 것을 말한다.

▸▸ the purchase by the nominated bank of the drafts (drawn on a bank other than the nominated bank) and/or documents under a complying presentation, by advancing or agreeing to advance funds to the beneficiary on or before the banking day on which reimbursement is due to the nominated bank.

(12) 지정은행(Nominated bank)

지정은행(Nominated bank)이란 신용장에서 권한을 받은 은행을 말하며, 자유매입신용장의 경우에는(in the case of a credit available with any bank) 모든 은행이 지정은행이 될 수 있다.

▸▸ the bank with which the credit is available or any bank in the case of a credit available with any bank.

(13) 제시(Presentation)

제시(Presentation)란 개설은행이나 지정은행에 대한 서류의 인도(the delivery of documents) 또는 그렇게 인도된 서류 자체(the document so delivered)를 말한다.

▶▶ either the delivery of documents under a credit to the issuing bank or nominated bank or the document so delivered.

(14) 제시자(Presenter)

제시자(Presenter)란 제시를 하는 수익자(beneficiary), 은행(bank) 또는 다른 당사자(other party)를 말한다.

▶▶ a beneficiary, bank or other party that makes a presentation.

2) 신용장의 해석(Interpretations)(제3조)

(1) 취소불능 여부

신용장은 취소 불능이라는 표시가 없더라도(even if there is no indiction to that effect)취소가 불가능하다.

▶▶ A credit is irrevocable even if there is no indiction to that effect.

(2) 유효한 서류의 서명

서류의 서명은 자필(handwriting), 팩스서명(facsimile signature), 천공서명(perforated signature), 스탬프(stamp), 부호(symbol) 또는 기계적 또는 전자적 확인방법(mechanical or electronic method of authentication)으로도 서명될 수 있다.

▶▶ A document may be signed by handwriting, facsimile signature, perforated signature, stamp, symbol or any other mechanical or electronic method of authentication.

(3) 다른 국가에 위치한 같은 은행의 지점

다른 국가에 위치한 같은 은행의 지점은 다른 은행으로 간주한다(considered to be separate banks).

▶▶ Branches of a bank in different countries are considered to be separate banks.

(4) 서류에 사용하도록 요구되지 않은 단어의 유효성 여부

서류에서 요구되지 않은 신속히("prompt"), 즉시("immediately") 또는 가능한한 빨리(as soon as possible)라는 단어는 무시된다.

▸▸ Unless required to be used in a document, words such as "prompt', immediately" or as soon as possible will be disregarded.

(5) on or about 또는 이와 유사한 표현의 해석

특정일자(the specified date)의 전 5일부터(five calendar days before) 후(five calendar days after the specified date 5)일까지 기간을 말하며 시작일자와 마지막일자(both start and end dates included)를 포함한다.

▸▸ The expression "on or about" or similar will be interpreted as a stipulation that an event is to occur during a period of five calendar days before until five calendar days after the specified date, both start and end dates included.

(6) 선적기간에 관한 해석

선적기간(a period of shipment)을 정하기 위하여 사용되는 단어로 "to", "until", "till", "from"과 "between"이 사용되면 당해일자를 포함하고 "before" and "after"가 사용되면 명시된 일자를 제외한다.

The word "to", "until", "till", "from" and "between" when used to determine a period of shipment include the date or dates mentioned, and the words "before" and "after" exclude the date mentioned.

(7) 만기에 관한 해석

만기(a maturity date)를 정하기 위하여 "from"과 "after"라는 단어가 사용된 경우에는 명시된 일자를 제외한다.

▸▸ The word "from" and "after" when used to determine a maturity date exclude the date mentioned.

(8) 월을 전반과 후반으로 구분할 경우의 해석

월의 전반("first half") 과 후반("second half")이라는 용어가 사용되면 각 해당월의 1일부터 15일까지(the 1st to the 15th), 16일부터 해당 월의 마지막 날까지로(the 16th to the last day of the month) 해석되며 그 기간 중의 모든 날짜를 포함한다(all dates inclusive.).

▸▸ The terms "first half" and "second half" of a month shall be construed respectively as the 1st to the 15th and the 16th to the last day of the month, all dates inclusive.

(9) 월을 초, 중, 말로 구분할 경우의 해석

월의 초("beginning"), 중("middle"), 말("end")이라는 용어가 사용되면 각 해당 월을 1일부터 10일(the 1st to the 10th), 11일부터 20일(the 11th to the 20th), 21일부터 해당 월의 마지막 날(the 21st to the last day of the month)까지로 해석되며 그 기간 중의 모든 날짜를 포함한다(all dates inclusive.).

▸▸ The terms "beginning", "middle", and "end" of a month shall be construed respectively as the 1st to the 10th, the 11th to the 20th and the 21st to the last day of the month, all dates inclusive.

3) 신용장과 계약과의 관계(Credits v. Contracts)(제4조)

신용장은 그 본질상 매매나 다른 계약(the sale or other contract)과 별개의 거래(separate transaction)이다. 은행은 그 계약과 아무런 관계가 없고(in no way concerned with) 그러한 계약 내용에 구속(bound by such contract)되지 않는다.

따라서 신용장에 의한 결제(honour), 매입 또는 다른 의무이행(to negotiate or to fulfil any other obligation)은 개설의뢰인 또는 수익자(beneficiary)과 개설의뢰인(applicant) 사이의 관계에서 비롯된 개설의뢰인(applicant)의 주장이나 항변(claims or defences by the applicant)에 구속되지 않는다. 수익자(beneficiary)는 어떠한 경우에도 은행 간 또는 개설의뢰인(applicant)과 개설은행(issuing bank) 사이의 계약관계를 원용할 수 없다.

▸▸ a. A credit by its nature is a separate transaction from the sale or other contract on which it may be based. Bank are in no way concerned with or bound by such contract, even if any reference what soever to it is included in the credit. Consequently, the undertaking of a bank to honour, to negotiate or to fulfil any other obligation under the credit is not subject to claims or defences by the applicant resulting from its relationships with the issuing bank or the beneficiary. beneficiary can in no case avail itself of the contractual relationship existing between bank or between the applicant and the issuing bank.

개설은행(issuing bank)은 개설의뢰인(applicant)이 원인계약(the underlying

contract)이나 견적송장(pro forma invoice) 등의 사본을 신용장의 일부분으로 포함시키려는 어떠한 시도도 하지 못하게 하여야 한다.

▸▸ b. An issuing bank should discourage any attempt by the applicant to include, as an integral part of the credit, copies of the underlying contract, pro forma invoice and the like.

4) 서류와 물품, 용역 또는 의무의 이행(Documents v. Goods, Service or Performance)(제5조)

은행은 서류를 취급하는 것이지 물품(goods), 용역(service), 서류와 관련된 의무의 이행(performance to which the documents may relate)을 취급하는 것은 아니다.

▸▸ Bank deal with documents and not with goods, service or performance to which the documents may relate.

5) 이용가능은행, 유효기일과 제시장소(Availability, Expiry Date and Place for Presentation)(제6조)

신용장은 그 신용장이 이용 가능한 은행(available bank)을 명시하거나 모든 은행(any bank)에서 이용가능한지 여부를 명시하여야 한다. 지정은행(nominated bank)에서 이용 가능한 신용장은 개설은행(issuing bank)에서도 이용가능하다.

▸▸ a. A credit must state the bank with which it is available or whether it is available with any bank. A credit available with a nominated bank is also available with the issuing bank. A credit available with a nominated bank is also available with the issuing bank.

신용장은 일람지급(sight payment), 연지급(deferred payment), 인수(acceptance) 또는 매입(negotiation)에 대한 내용이 명시되어 있어야 한다.

▸▸ b. A credit must state whether it is available by sight payment, deferred payment, acceptance or negotiation.

신용자은 개설의뢰인(applicant)을 지급인으로 하는 환어음(a draft drawn on the applicant)이 이용가능하도록 개설되어서는 안 된다.

▸▸ c. A credit must not be issued available by a draft drawn on the applicant.

신용장에는 제시를 위한 유효기일(expiry date for presentation)을 명시 하여야 한다. 결제 또는 매입을 위한 유효기일(expiry date stated for honour or negotiation)은 제시를 위한 유효기일(an expiry date for presentation)로 간주한다.

▸▸ d.

i. A credit must state and expiry date for presentation. An expiry date stated for honour or negotiation will be deemed to be an expiry date for presentation.

신용장이 이용 가능한 은행의 장소가 제시를 위한 장소(place for presentation)이다. 모든 은행(any bank)에서 이용 가능한 신용장의 제시장소는 모든 은행(any bank)의 장소가 제시를 위한 장소(place for presentation)이다. 개설은행(issuing bank)이 아닌 제시 장소(place for presentation)는 개설은행(issuing bank)의 제시장소(place for presentation)에 그 장소를 추가한 것이다.

▸▸ ii. The place of the bank with the credit is available is the place for presentation. The place for presentation under a credit available with any bank is that of any bank. A place for presentation other than that of the issuing bank is in addition to the place of the issuing bank.

제29조 (a)의 규정을 제외하고 수익자에 의한 또는 수익자(presentation by or on behalf of the beneficiary)를 위한 제시는 유효기일 또는 그 이전(on or before the expiry date)에 이루어져야 한다.

▸▸ e. Except as provided in sup-article 29(a), a presentation by or on behalf of the beneficiary must be made on or before the expiry date.

6) 개설은행의 의무(Issuing Bank Undertaking)(제7조)

규정된 서류(stipulated documents)가 지정은행(nominated bank)이나 개설은행(issuing bank)에 제시되고 이러한 서류들이 일치하는 제시(complying presentation)가 이루어진 경우 개설은행(issuing bank)은 다음과 같이 결제를 하여야 한다.

▸▸ a. Provided that the stipulated documents are presented to the nominated bank or to the issuing bank and that they constitute a complying presentation, the issuing bank must honour if the credit is avail by :

개설은행(issuing bank)에서 일람지급(sight payment), 연지급(deferred payment) 또는 인수(acceptance)에 의하여 이용될 수 있는 경우

▸▸ i. sight payment, deferred payment or acceptance with the issuing bank;

지정은행(nominated bank)이 일람지급(sight payment) 신용장에 대해 대금을 지급하지 않은 경우

▸▸ ii. sight payment with a nominated bank and that nominated bank does not pay;

지정은행(nominated bank)이 연지급(deferred payment) 신용장에 대해 연지급(deferred payment) 의무를 부담하지 않거나 연지급의무를 부담하였으나 만기(at maturity)에 대금을 지급하지 않은 경우

▸▸ iii. deferred payment with a nominated bank and that nominated bank does not incur its deferred payment undertaking or, having incurred its deferred payment undertaking, does not pay at maturity;

지정은행(nominated bank)이 인수 신용장에 대하여 환어음을 인수하지 않거나(does not accept a draft) 환어음을 인수하였으나 만기(at maturity)에 대금을 지급하지 않은 경우

▸▸ iv. acceptance with a nominated bank and that nominated bank does not accept a draft drawn on it or, having accepted a draft drawn on it, does not pay at maturity;

지정은행(nominated bank)이 매입신용장에 대하여 매입을 하지 않은 경우

▸▸ v. negotiation with a nominated bank and that nominated bank does not negotiate.

개설은행(issuing bank)은 신용장 개설시점부터 취소불능의 결제의무(irrevocably bound to honour)를 부담한다.

▸▸ b. An issuing bank is irrevocably bound to honour as of the time it issue the credit.

개설은행(issuing bank)은 일치하는 제시(complying presentation)에 의하여 결제 또는 매입을 하고 개설은행(issuing bank)에 그 서류를 송부한 지정은행(nominated bank)에 대하여 신용장 대금을 상환할 의무를 부담한다.

인수 신용장이나 연지급 신용장에 대하여 일치하는 제시(complying presentation)에 대하여 이루어지는 대금의 상환(reimbursement for the amount)은 지정은행(nominated bank)이 만기이전에 대금을 지급하였거나 매입하였는지 여부와 관계없이 만기(at maturity)에 이루어진다.

지정은행(nominated bank)에 대한 개설은행(issuing bank)의 상환의무(undertaking to reimburse a nominated bank)는 개설은행의 수익자(beneficiary)에 대한 의무로부터 독립적이다.

▸▸ c. An issuing bank undertakes to reimburse a nominated bank that has honoured or negotiated a complying presentation and forwarded the documents to the issuing bank. Reimbursement for the amount of a complying presentation under a credit available by acceptance or deferred payment is due at maturity, whether or not the nominated bank prepaid or purchased before maturity. An issuing bank's undertaking to reimburse a nominated bank is independent of the issuing bank's undertaking to the beneficiary.

7) 확인은행의 의무(Confirming Bank Undertaking)(제8조)

확인은행(confirming bank) 또는 다른 지정은행(any other nominated bank)에 규정된 서류들(stipulated documents)이 제출되고 이들이 조건에 일치하는 제시(complying presentation)일 경우 확인은행(confirming bank)은 다음과 같은 경우 결제(honour)의 의무를 부담한다.

▸▸ a. Provided that the stipulated documents are presented to the confirming bank or to any other nominated bank and that they constitute a complying presentation, the confirming bank mast :

i. honour, if the credit is available by

확인은행에서 일람지급(sight payment), 연지급(deferred payment) 또는 인수(acceptance)에 의하여 이용될 수 있는 경우

▸▸ a) sight payment, deferred payment or acceptance with the confirming bank;

일람지급 신용장이 다른 지정은행(another nominated bank)에서 대금지급을 하지 않은 경우

▸▸ b) sight payment with another nominated bank and that nominated bank does not pay;

연지급 신용장(deferred payment)이 다른 지정은행(another nominated bank)에서 연지급 의무를 부담하지 않거나 연지급 의무를 부담하였으나 만기(at maturity)에 대금을 지급하지 않은 경우

▸▸ c) deferred payment with another nominated bank and that nominated bank does not incur its deferred payment undertaking or, having incurred its deferred payment undertaking, does not pay at maturity;

인수 신용장(acceptance)이 다른 지정은행(another nominated bank)에서 환어음(draft)을 인수하지 않거나 환어음을 인수하고 만기(at maturity)에 대금을 지급하지 않은 경우

▸▸ d) acceptance with another nominated bank and that nominated bank does not accept a draft drawn on it or, having accepted a draft drawn on it, does not pay at maturity;

매입신용장(negotiation)이 다른 지정은행에서 매입(negotiation)되지 않은 경우

▸▸ e) negotiation with another nominated bank and that nominated bank does not negotiate.

신용장이 매입(negotiation)에 의하여 이용이 가능하다면 확인은행은 상환청구권 없이(without recourse) 매입하여야 한다.

▸▸ ii. negotiate, without recourse, if the credit is available by negotiation with the confirming bank.

확인은행(confirming bank)은 신용장에 확인을 추가하는 시점부터(as of the time it adds its confirmation to the credit) 취소불능의 결제와 매입의무를 부담한다.

▸▸ b. A confirming bank is irrevocably bound to honour or negotiate as of the time it adds its confirmation to the credit.

확인은행(confirming bank)은 일치하는 제시(complying presentation)에 결제 또는 매입을 진행(has honoured or negotiated)하고 확인은행(confirming bank)에 서류를 송부한 다른 지정은행에 대하여 상환의무를 부담한다(undertakes to reimburse another nominated bank).

인수신용장(acceptance) 또는 연지급(deferred payment) 신용장의 경우 일치하는 제시(complying presentation)에 대한 대금의 상환(reimbursement)은 다른 지정은행이 그 신용장의 만기이전에 대금을 먼저 지급하였거나 또는 매입하였는지 여부와 관계없이 만기(at maturity)에 이루어진다.

다른 지정은행(another nominated bank)에 대한 확인은행(confirming bank)의 상환의무(undertaking to reimburse a nominated bank)는 확인은행의 수익자(beneficiary)에 대한 의무로부터 독립적이다.

▸▸ c. A confirming bank undertakes to reimburse another nominated bank that has honoured or negotiated a complying presentation and forwarded the documents to the confirming bank. Reimbursement for the amount of a complying presentation under a credit available by acceptance or deferred payment is due at maturity, whether or not another nominated bank prepaid or purchased before maturity.
A confirming bank's undertaking to reimburse another nominated bank is independent of the confirming bank's undertaking to the beneficiary.

어떤 은행이 개설은행(issuing bank)으로부터 확인(confirmation)의 권한을 받았거나 요청받았으나 준비가 되지 않았다면, 지체없이(without delay) 개설은행(issuing bank)에 이를 통지하여야 하며 이 경우 확인 없이(without confirmation) 신용장통지만 할 수 있다.

▸▸ d. If a bank is authorized or requested by the issuing bank to confirm a credit but is not prepared to do so, it must inform the issuing bank without delay and may advise the credit without confirmation.

8) 신용장 및 조건변경의 통지(Advising of Credits and Amendments) (제9조)

신용장 및 조건변경(amendment)은 통지은행(advising bank)을 통하여 수익자(beneficiary)에게 통지될 수 있다.

확인은행(confirming bank)이 아닌 통지은행(advising bank)은 결제(honour)나 매입(negotiation)에 대한 부담 없이 신용장을 통지한다.

▸▸ a. A credit and any amendment may be advised to a beneficiary through ann advising bank. An advising bank that is not a confirming bank advises the credit and any amendment without any undertaking to honour or negotiate.

통지은행(advising bank)은 신용장 또는 조건변경이 외견상 진정성(apparent authenticity)이 충족된다는 점과 송부받은 신용장 및 조건변경이 조건들이 정확히 반영(accurately reflects the terms)되고 있다는 것을 표명한다.

▶▶ b. By advising the credit or amendment, the advising bank signifies that it has satisfied itself as to the apparent authenticity of the credit or amendment and that the advice accurately reflects the terms and conditions of the credit or amendment received.

통지은행(advising bank)은 신용장 및 조건변경을 수익자(beneficiary)에게 통지하기 위하여 제2의 통지은행("second advising bank")을 이용할 수 있다. 제2의 통지은행("second advising bank")은 신용장 또는 조건변경이 외견상 진정성(apparent authenticity)이 충족된다는 점과 송부받은 신용장 및 조건변경이 조건들이 정확히 반영(accurately reflects the terms)되고 있다는 것을 표명한다.

▶▶ c. An advising bank may utilize the services of another bank("second advising bank") to advise the credit and any amendment to the beneficiary. By advising the credit or amendment, the second advising bank signifies that it has satisfied itself as to the apparent authenticity of the advice it has received and that the advice accurately reflects the terms and conditions of the credit or amendment received.

신용장 통지를 위하여 통지은행(advising bank)이나 제2통지은행("second advising bank")을 이용하는 은행은 그 신용장의 조건변경 통지할 때 동일한 은행을 이용하여야 한다(must use the same bank).

▶▶ d. A bank utilizing the services of an advising bank or second advising bank to advise a credit must use the same bank to advise any amendment thereto.

신용장이나 조건변경을 통지하도록 요청받았으나 이를 수락하지 않은 경우(elects not to do so) 지체없이(without delay) 이를 송부한 은행에 이 사실을 알려 주어야 한다.

▸▸ e. If a bank is requested to advise a credit or amendment but elects not to do so, it must so inform, without delay, the bank from which the credit, amendment or advice has been received.

신용장이나 조건변경을 통지하도록 요청받았으나 신용장의 외견상의 진정성(apparent authenticity of the credit)이 충족되지 못한다고 판단한 경우 지체 없이(without delay) 통지지시를 송부한 은행에 이 사실을 알려 주어야 한다.

그럼에도 통지은행(advising bank)이나 제2통지은행("second advising bank") 신용장 또는 조건변경을 통지하기로 한 경우

외견상의 진정성(apparent authenticity of the credit)이 충족되지 못한다는 점을 수익자(beneficiary)에게 알려주거나 또는 제2통지은행("second advising bank")에 알려 주어야 한다.

▸▸ f. If a bank is requested to advice a credit or amendment but cannot satisfy itself as to the apparent authenticity of the credit, the amendment or the advice, it must so inform, without delay, the bank from which the instructions appear to have been received. If the advising bank or second advising bank elects nonetheless to advise the credit or amendment, it must inform the beneficiary or second advising bank the it has not been able to satisfy itself as to the apparent authenticity of the credit, the amendment or the advice.

신용장 통지 과정

① Issuing Bank → Advising Bank → Beneficiary

② Issuing Bank → Advising Bank → Second Advising Bank → Beneficiary

9) 조건변경(Amendments)(제10조)

제38조에서 규정한 경우를 제외하고 신용장은 개설은행(issuing bank), 확인은행((confirming bank)(확인은행이 있는 경우))과 수익자의 동의 없이(with out the agreement)는 조건변경이 되거나 취소될 수 없다.

▸▸ a. Except as otherwise provided by article 38, a credit can neither be amended nor cancelled with out the agreement of the issuing bank, the confirming bank, if any, and the beneficiary.

개설은행(issuing bank)이 신용장의 조건변경을 한 경우에는 그 시점부터(the time it issues the amendment) 변경내용에 대하여 취소불능으로 구속된다.

확인은행(confirming bank)은 조건변경에 대한 확인을 연장할 수 있고 통지를 하였다면 통지 시점(the time it advises the amendment)부터 변경내용에 대하여 취소불능으로 구속된다.

그러나 확인은행이 확인을 연장하지 않고 조건변경을 통지하기로 선택한 경우 지체없이(without delay) 개설은행(issuing bank)과 수익자(beneficiary)에게 그 사실을 알려주어야 한다.

▸▸ b. An issuing bank is irrevocably bound by an amendments as of the time it issues the amendment. A confirming bank may extend its confirmation to an amendment and will be irrevocably bound as of the time it advises the amendment. A confirming bank may, however, choose the advise an amendment without extending its confirmation and if so, it must inform the issuing bank without delay and inform the beneficiary in its advice.

원신용장(original credit)은 수익자(beneficiary)가 조건변경을 수락(acceptance of the amendment)한다는 의사를 밝힐 때까지 효력을 가진다.

수익자(beneficiary)는 조건변경의 수락 또는 거절의 의사표지를 통지(notification of acceptance or rejection of an amendment)하여야 한다.

수익자(beneficiary)가 그러한 통지를 하지 않고 아직 수락하지 않은 조건변경에 부합하는 제시가 있는 경우 수익자(beneficiary)가 그 조건변경 내용을 수락한다는 것을 통지한 것으로 간주한다. 이러한 경우 그 순간부터 신용장의 조건이 변경된다.

▸▸ c. The terms and conditions of the original credit (or a credit incorporating previously accepted amendments) will remain in force for the beneficiary until the beneficiary communicates its acceptance of the amendment to the bank that advised such amendment. The beneficiary should give notification of acceptance or rejection of an amendment. If the beneficiary fails to give such notification, a presentation that complies with the credit and to any not yet accepted amendment will be deemed to be notification of acceptance by the beneficiary of such amendment. As of that moment the credit will be amended.

신용장의 조건변경을 통지하는 은행은 조건변경을 송부한 은행에 수락 또는 거절의 의사를 통지(any notification of acceptance or rejection)하여야 한다.

▸▸ d. A bank that advises an amendment should inform the bank from which it received the amendment of any notification of acceptance or rejection.

조건변경의 일부만을 수락하는 것(partial acceptance of an amendment)은 허용되지 않으며 이는 조건변경의 거절(rejection of the amendment)의 의사표시로 간주한다.

▸▸ e. Partial acceptance of an amendment is not allowed and will be deemed to be notification of rejection of the amendment.

수익자(beneficiary)가 일정한 시간 내(within a certain time)에 조건변경에 대한 거절을 하지 않으면 조건변경이 효력을 가지게 된다는 규정이 있는 조건변경은 무시된다.

▸▸ f. A provision in an amendment to the effect that the amendment shall enter into force unless rejected by the beneficiary within a certain time shall be disregarded.

※ 해설

수익자는 조건변경을 수락할 수도 있고 거절할 수도 있다. 왜냐하면 신용장은 취소불능 신용장으로써 일치하는 제시가 이루어지면 대금지급이 이루어지는 문서상의 확약이기 때문이다. 여기에 시간적 한계를 조건으로 수익자의 수락으로 간주하는 것은 수익자에게 불리할 뿐만 아니라 신용장의 개설 취지와도 상충되기 때문에 엄격히 해석함이 타당하다 할 것이다.

10) 서류심사의 기준(Standard for Examination of Document)(제14조)

지정에 따라 행동하는 지정은행(nominated bank), 확인은행((confirming bank)(있는 경우)), 개설은행(issuing bank)은 문면상 일치하는 제시가 있는지 여부를 심사할 때 오로지 서류만은 기초로 심사(on the basis of the documents alone)를 하여야 한다.

▸▸ a. A nominated bank acting on its nomination, a confirming bank, if any, and the issuing bank must examine a presentation to determine, on the basis of the documents alone, whether or not the documents appear on their face to constitute a complying presentation.

지정에 따라 행동하는 지정은행(nominated bank), 확인은행((confirming bank)(있는 경우)), 개설은행(issuing bank)은 제시 일치여부를 결정하기 위하여 최장 제시일 다음날부터 기산하여 최장 5 은행영업일이 각각 주어진다.

이 기간은 유효기일 내의 제시일자(the date of presentation of any expiry date)나 최종제시일자(last day for presentation) 또는 그 이후 발생한 사건에 대하여 기간(period)이 줄어들거나 영향을 받지 않는다.

▸▸ b. A nominated bank acting on its nomination, a confirming bank, if any, and the issuing bank shall each have a maximum of five banking days following the day of presentation to determine if a presentation is complying. This period is not curtailed or otherwise affected by the occurrence on or after the date of presentation of any expiry date or last day for presentation.

신용장 통일규칙 규정에 따라 하나 또는 그 이상의 운송서류의 원본이 제시되면 수익자에 의하거나 수익자를 대신(on behalf of the beneficiary)하여 선적일 후 21일(21 calendar days after the date of shipment) 이내에 심사가 이루어져야 하며 어떤 경우라도 신용장의 유효기일(expiry date of the credit)보다 늦게 이루어져서는 안 된다.

▸▸ c. A presentation including one or more original transport documents subject to articles 19, 20, 21, 22, 23, 24 or 25, must be made by or on behalf of the beneficiary not later than 21 calendar days after the date of shipment as described in these rules, but in any event not later than the expiry date of the credit.

신용장 서류의 문맥을 판독할 때 서류상의 정보와 서류 그 자체는 국제표준은행관행(international standard banking practice)과 동일할 필요는 없으나 상충되어서는 안 된다.

▸▸ d. Data in a document, when read in context with the credit, the document itself and international standard banking practice, need not be identical to, but must not conflict with, data in the document, any other stipulated document or the credit.

상업송장(commercial invoice), 물품명세(description of the goods), 용역 또는 의무의 이행(services or performance)에 관련된 서류 이외의 서류는 신용장 명세와 상충되지 않는 범위 내에서 일반 용어(general terms)로 기재될 수 있다.

▸▸ e. In documents other than the commercial invoice, the description of the goods, services or performance, if stated, may be in general terms not conflicting with their description in the credit.

신용장에서 운송서류(transport document), 보험서류(insurance document), 상업송장(commercial invoice) 이외의 서류를 제시를 요구하는 경우 누가 서류를 발행하여야 하는지 또는 그 정보가 명시되어 있지 않은 경우에는 요구되는 서류(required document)가 그 기능을 충족하는 것으로 보고 제14조 (d)항에 부합하는 한 은행은 제시된 대로 서류를 수리한다(banks will accept the document as presented)

▸▸ f. If a credit requires presentation of a document other than a transport document, insurance document or commercial invoice, without stipulating by whom the document is to be issued or its data content, banks will accept the document as presented if its content appears to fulfil the function the required document and otherwise complies with sub-article 14(d)

서류가 제시되었으나 신용장에서 요구하지 않는 경우(not required by the credit)에는 이를 무시되며(be disregarded) 제시자(presenter)에게 반환될 수 있다.

▸▸ g. A document presented but not required by the credit will be disregarded and may be returned to the presenter.

조건과 일치함을 서류에 명시함이 없이(without stipulating the document) 신용장에 어떠한 조건을 함유하고 있다면 은행은 그러한 조건이 기재되지 않은 것으로 간주하고 무시한다.

▸▸ h. If a credit contains a condition without stipulating the document to indicate compliance with the condition, bank will deem such condition as not stated and will disregard it.

서류는 신용장 개설일 이전에 작성될 것(prior to the issuance date of the credit)일 수 있지만 제시일자보다 늦은 일자(later than its date of presentation)에 작성된 것이어서는 안 된다.

▸▸ i. A document may be dated prior to the issuance date of the credit, but must not be dated later than its date of presentation.

신용장의 수익자(beneficiary)와 개설의뢰인(applicant)의 주소가 서류에 나타날 때 신용장상의 주소와 동일할 필요는 없으나(need not be the same as those stated in the credit) 같은 국가 내에 있어야 한다(must be within the same country).

수익자(beneficiary)와 개설의뢰인(applicant)의 주소의 일부분으로 나타난 연락처는 무시된다.

그러나 운송서류의 수하인(consignee), 착하 통지처(notify party)의 일부로 나타난 개설의뢰인(applicant)의 주소와 세부 연락처가 제19조, 제20조, 제21조, 제23조, 제24조나 제25조의 적용을 받는 경우 신용장에 명시된 대로 기재 되어야 한다(must be as stated in the credit).

▸▸ j. When the addresses of the beneficiary and the applicant appear in any stipulated document, they need not be the same as those stated in the credit or in any other stipulated document, but must be within the same country as the respective addresses mentioned in the credit. contact details (telefax, telephone, email and the like) stated as part of the beneficiary's and the applicant's address will be disregarded. However, when the address and contact details of the applicant appear as part of the consignee or notify party details on a transport document subject to articles 19, 20, 21, 22, 23, 24 or 25, they must be as stated in the credit.

화주(shipper)나 송하인(consignor of the goods)은 신용장의 수익자(beneficiary of the credit)일 필요가 없다.

▸▸ k. The shipper or consignor of the goods indicated on any document need not be the beneficiary of the credit.

> ※ 참고
> 신용장에서는 양자를 구분하고 있으나 실무에서 운송인들이 매도인을 부를 때 양자를 구분하지 않고 혼용하고 사용하고 있음.

운송서류(transport document)는 신용장통일규칙의 요건(the requirements of articles 19, 20, 21, 22, 23 or 24 of these rules)을 충족하는 한 운송인(carrier), 소유자(owner), 선장(master), 용선자(charterer) 아닌 어느 누구에 의해서도 발행될 수 있다.

▸▸ l. A transport document may be issued by and party other than a carrier, owner, master or charterer provided that the transport document meets the requirements of articles 19, 20, 21, 22, 23 or 24 of these rules.

11) 일치하는 제시(Complying Presentation)(제15조)

개설은행(issuing bank)은 제시가 일치한다고 판단할 경우 결제(honour)하여야 한다.

▸▸ a. When an issuing bank determines that a presentation is complying, it must honour.

확인은행(confirming bank)은 제시가 일치한다고 판단할 경우 결제(honour) 또는 매입(negotiate)하고 그 서류를 개설은행에 송부 하여야 한다(forward the documents to the issuing bank).

▸▸ b. When a confirming bank determines that a presentation is complying, it must honour or negotiate and forward the documents to the issuing bank.

지정은행(nominated bank)은 제시가 일치한다고 판단할 경우 결제(honour) 또는 매입(negotiate)하고 그 서류를 확인은행(confirming bank) 또는 개설은행(issuing bank)에 송부하여야 한다.

▸▸ c. when a nominated bank determines that a presentation is complying and honours or negotiates, it must forward the documents to the confirming bank or issuing bank.

12) 하자있는 서류, 권리포기 및 통지(Discrepant Documents, Waiver and Notice)(제16조)

지정에 따라 행동하는 지정은행(nominated bank), 확인은행(confirming bank) 또는 개설은행(issuing bank)은 제시가 일치하지 않다고 판단하는 때에는 결제 또는 매입을 거절할 수 있다(refuse to honour or negotiate).

▶▶ a. When a nominated bank acting on its nomination, a confirming bank, if any, or the issuing bank determines that a presentation does not comply, it may refuse to honour or negotiate.

개설은행(issuing bank)이 제시가 일치하지 않는다고 판단하는 때에는 독자적 판단(in its sole judgement)으로 신용장 개설의뢰인(applicant)에게 불일치에 대한 권리 포기의사(waiver of the discrepancies) 관련 접촉을 할 수 있다.

이러한 경우 제14조 (b)항에 규정된 기간이 연장되지 않는다(제5영업일).

※ 실무에서 개설은행이 서류의 불일치(discrepancy)를 발견한 경우 지정은행(nominated bank)으로 불일치 내용을 통지함과 동시에 신용장 개설의뢰인(applicant)에게 이 불일치 내용(discrepancy)을 통지한다.

신용장 개설의뢰인(applicant)은 서류를 매입하지 않겠다는 의사를 밝힐 수도 있고 하자가 경미한 경우에는 권리를 포기하고 불일치한 서류를 매입하겠다는 의사를 개설은행(issuing bank)에 통지한다.

이는 신용장 매입의무는 개설은행(issuing bank)에 있다고 하지만 실지로 그 신용장 대금을 지급하는 당사자는 신용장 개설의뢰인(applicant)이기 때문에 개설은행(issuing bank)이 단순히 불일치만을 이유로 대금지급을 거절하는 것이 아니고 개설의뢰인(applicant)이 불일치 서류를 매입하지 않겠다는 의사를 밝힐 경우에 실질적인 대금지급거절이 이루어진다.

▶▶ b. When an issuing bank determines that a presentation does not comply, it may in its sole judgement approach the applicant for a waiver of the discrepancies. This does not, however, extend the period mentioned in sub-article 14(b).

지정에 따라 행동하는 지정은행(nominated bank), 확인은행(confirming bank) 또는 개설은행(issuing bank)은 결제 또는 매입(honour or negotiate)을 거절하기로 결정하는 때에는 제시자(to the presenter)에게 그러한 취지로 한 번에 통지하여야 한다.

※ 실무에서 제시자(presenter)는 수익자(beneficiary)인데 개설은행(issuing bank)이 지정은행(nominated bank)에 그러한 취지의 통지를 하고 지정은행(nominated bank)이 다시 수익자(beneficiary)에게 개설은행(issuing bank)을 대신하여 이러한 내용을 통지한다.

▸▸ c. When a nominated bank acting on its nomination, a confirming bank, if any, or the issuing bank decides to refuse to honour or negotiate, it must give a single notice to that effect to the presenter.

통시에는 다음과 같은 사항이 기재되어야 한다.

① 은행이 결제 또는 매입을 거절한다는 사실 그리고

② 은행이 결제 또는 매입을 거절하는 각각의 불일치 그리고

③ (a) 제시자의 추가 지시가 있을 때까지 은행이 서류를 보관할 것이라는 사실 : 또는

(b) 개설의뢰인으로부터 권리포기를 받고 이를 받아들이기로 동의하거나 또는 권리 포기를 받아들이기로 동의하기 이전에 제시자로부터 추가 지시를 받을 때까지, 개설은행이 서류를 보관할 것이라는 사실 또는

(c) 은행이 서류를 반환할 것이라는 사실 : 또는

(d) 은행이 사전에 제시자(presenter)로부터 받은 지시에 따라 행동할 것이라는 사실

▸▸ The notice must state :

i. that the bank is refusing to honour or negotiate; and

ii. each discrepancy in respect of which the bank refuses to honour or negotiate; and

iii. a) that the bank is holding the documents pending further instructions from the presenter; or

b) that the issuing bank is holding the documents until it receives a waiver from the applicant and agrees to accept it, or receives further instructions from the presenter prior to agreeing to accept a waiver; or

c) that the bank is returning the documents; or

d) that the bank is acting in accordance with instructions previously received from the presenter.

※ 해설

- 개설의뢰인이 권리를 포기하면 정상적인 결제가 이루어지게 되지만 지연이자가 발생하게 되고 통신료 등 각종 비용이 추가적으로 발생하게 되는데 이러한 경우 수익자 부담으로 정산이 이루어진다.
- 개설은행은 지정은행으로 서류를 반환하면 지정은행은 제시자(presenter)인 수익자에게 서류를 반환한다.
- 개설은행이 불일치를 발견한 경우에는 이를 개설의뢰인과 지정은행에 통지하면서 위와 같은 사항을 제시자(presenter)에게 통지하게 되는 데 제시자(presenter)는 일부 불일치가 보완될 수 있는 경우에는 보완하여 치유가 가능하겠으나 불일치에 대한 책임은 전적으로 제시자(presenter)에게 있으므로 개설의뢰인의 의사가 가장 중요하다고 볼 수 있다.

제16조 (c)항에서 요구되는 통지는 전신(telecommunication)으로 또는, 전신이 불가능 하다면(if that is not possible), 다른 신속한 수단(expeditious means)으로 제시일의 다음날부터 기산하여 제5영업일의 종료 시(the close of the fifth banking day)보다 늦지 않게 이루어져야 한다.

▶▶ d. The notice required in sub-article16(c) must be given by telecommunication or, if that is not possible, by other expeditious means no later than the close of the fifth banking day following the day of presentation.

지정에 따라 행동하는 지정은행(nominated bank), 확인은행(confirming bank) 또는 개설은행(issuing bank)은 제16조(c)(iii) (a) 또는 (b)에서 요구되는 통지를 한 이후에도 언제든지(at any time) 제시자(presenter)에게 서류를 반환할 수 있다.

▶▶ e. A nominated bank acting on its nomination, a confirming bank, if any, or the issuing bank may, after providing notice required by sub-article 16(c)(iii) (a) or (b), return the documents to the presenter at any time.

개설은행(issuing bank) 또는 확인은행(confirming bank)은 이 조항의 규정에 따라 행동하지 못한 경우에는 서류에 대한 일치하는 제시가 아니라는 주장을 할 수 없다.

▶▶ f. If an issuing bank or a confirming bank fails to act in accordance with the provisions of this article, if shall be precluded from claiming that the document to not constitute a complying presentation.

※ **해 설 :** 일치하지 않는 제시
지정은행(nominated bank)은 제시자(presenter)가 최초로 지정은행에 서류를 제시하면 이를 확인은행(confirming bank)이나 개설은행(issuing bank)으로 송부하게 되고 확인은행(confirming bank)이나 개설은행(issuing bank)이 불일치에 대한 통지를 하기 때문에 일치하는 제시가 아니라는 주장을 하는 은행은 확인은행(confirming bank) 또는 개설은행(issuing bank)이다.
보통 신용장은 지정은행(nominated bank)이 정해진 경우도 있고 어느 은행서나 제시할 수 있는 신용장 두 종류로 구분된다.
지정은행(nominated bank)이 명시되어 있는 경우에 수출자(presenter)는 통상적으로 수출자의 거래은행에 서류를 제시하고 수출자의 거래은행은 지정은행(nominated bank)으로 서류를 송부하게 되는데 이 과정에서 지정은행(nominated bank)이 서류를 다시 심사하기 때문에 통상적으로 불일치 서류(discrepant document)는 지정은행(nominated bank)에서 발견되기 때문에 일치하지 않는 서류가 확인은행(confirming bank)이나 개설은행(issuing bank) 으로 송부되는 경우는 극히 이례적인 경우에만 가능할 뿐 실무에서는 무난히 신용장 거래가 이루어진다고 볼 수 있다.

개설은행(issuing bank)이 결제를 거절(refuses to honour)하거나 확인은행(confirming bank)이 결제 또는 매입을 거절(refuses to honour or negotiate)하고 이 조항에 따라 통지(notice)를 하면 은행은 이미 지급된 상환대금(any reimbursement made)을 이자와 함께(with interest) 반환 청구(claim a refund)할 수 있다.

※ **해 설**
자유 매입 신용장(freely negotiable credit at any bank)에서 확인은행(confirming bank) 또는 개설은행(issuing bank)이 결제 또는 매입을 거절한 경우

자유 매입 신용장(freely negotiable credit)은 통상적으로 수출자(presenter)의 주거래 외환은행에서 매입이 이루어진다. 이러한 경우 수출자의 거래은행은 서류제시와 동시에 서류를 매입하고 확인은행이 있는 경우 확인은행(confirming bank)으로 서류를 송부하거나 개설은행(issuing bank)으로 서류를 송부한다.

확인은행(confirming bank) 또는 개설은행(issuing bank)이 결제 또는 매입을 거절하고 서류를 반환하게 되면 제시자(presenter, beneficiary)는 이미 대금을 받았기 때문에 수출자의 거래은행에 이미 지급된 상환대금(any reimbursement made)을 이자와 함께(with interest) 반환하여야 한다.

▸▸ g. When an issuing bank refuses to honour or a confirming bank refuses to honour or negotiate and has given notice to that effect in accordance with this article, it shall then be entitled to claim a refund, with interest, of any reimbursement made.

13) 원본과 사본(Original Document and Copies)(제17조)

적어도 신용장에서 명시된 각각의 서류 원본 한 통은 제시되어야 한다.

▸▸ a. At least one original of each document stipulated in the credit must be presented.

은행은 서류 자체가 원본이 아니라고 표시하고 있지 않은 한(unless the document itself indicates that it is not an original), 명백하게 원본성격을 가지고 있는 발행자의 서명, 마크, 스탬프 또는 발행자의 라벨이 있는 서류를 원본으로 취급한다.

▸▸ b. A bank shall treat as an original any document bearing an apparently original signature, mark, stamp, or label of the issuer of the document, unless the document itself indicates that it is not an original.

서류가 달리 표시하고 있지 않은 한 은행은 다음과 같은 서류를 원본으로 수리한다.

▸▸ c. Unless a document indicates otherwise, a bank will also accept a document as original if it :

① 발행자의 손으로 작성한 것, 타이핑, 천공 또는 스탬프로 보이는 것
② 발행자의 원본 용지 서류에 작성된 것으로 보이는 것
③ 원본이라는 표시가 있는 것

▸▸ i. appears to be written, typed, perforated or stamped by the document issuer's hand; or

ii. appears to be on the document issuer's original stationery; or

iii. states that it is original, unless the statement appears not to apply to the document presented.

신용장이 사본 제시를 요구하는 경우 원본 또는 사본제시가 모두 허용된다.

▸▸ d. If a credit requires presentation of copies of documents, presentation of either originals or copies is permitted.

신용장이 "in duplicate", "in two fold" 또는 "in two copies"와 같은 용어를 사용하여 여러 복수의 서류(multiple documents)를 요구하는 경우 최소한 한통의 원본(at least one original)과 나머지 수량의 사본(remaining number in copies)을 제시함으로서 충족된다.

▸▸ e. If a credit requires presentation of multiple documents by using terms such as "in duplicate", "in two fold" or "in two copies" this will be satisfied by the presentation of at least one original and the remaining number in copies, except when the document itself indicates otherwise.

14) 상업송장(Commercial Invoice)(제18조)

상업송장은

① 수익자가 발행한 것으로 보여야 한다. (38조가 적용되는 경우 제외)

② 개설의뢰인 앞으로 발행되어야 한다. (38조 (g)항이 적용되는 경우 제외)

③ 신용장과 같은 통화로 발행되어야 한다.

④ 서명될 필요가 없다.

▸▸ a. A commercial invoice :

i. must appear to have been issued by the beneficiary (except as provided in article 38);

ii. must be made out in the name of the applicant (except as provided in sub-article 38(g));

iii. must be made out in the same currency as the credit; and

iv. need not be sighed.

지정에 따라 행동하는 지정은행(nominated bank), 확인은행(confirming bank) 또는 개설은행(issuing bank)은 신용장에서 허용된 금액을 초과하여 발행된 상업송장(commercial invoice issued for an amount in excess of the amount permitted)을 수리할 수 있으며, 그 결정은 문제된 은행(the bank in question)이 초과된 금액을 결제 또는 매입하지 않았던 경우에 한하여 모든 당사자를 구속한다. → 신용장에서 허용된 금액을 초과하여 발행된 상업송장은 초과분을 결제 또는 매입하지 않는 조건으로 수리가 가능하다.

▸▸ b. A nominated bank acting on its nomination, a confirming bank, if any, or the issuing bank may accept a commercial invoice issued for an amount in excess of the amount permitted by the credit, and its decision will be binding upon all parties, provided the bank in question has not honoured or negotiated for an amount in excess of that permitted by the credit.

상업 송장상의 물품, 서비스 또는 의무의 이행은 신용장에 나타난 내용과 부합하여야 한다.

▸▸ c. The description of the goods, services or performance in a commercial invoice must correspond with that appearing in the credit.

15) 적어도 둘 이상의 다른 운송방법을 포괄하는 운송서류(Transport Document Covering at Least Two Different Modes of Transport)(제19조)

적어도 둘 이상의 다른 운송방법(at least two different modes of transport)을 포괄하는 운송서류(복합운송서류)는 명칭에 관계없이 다음과 같은 사항이 나타나 있어야 한다.

① 운송인(carrier)의 명칭을 표시하고 서명되어야 한다.

Ⓐ 운송인(carrier) 또는 운송인(carrier)을 위한 또는 그를 대리하는 지정대리인

Ⓑ 선장(master) 또는 선장(master)을 위한 또는 그를 대리하는 지정대리인

운송인(carrier), 선장(master) 또는 대리인(agent)의 서명은 운송인(carrier), 선장(master) 또는 대리인(agent)의 서명으로서 특정되어야 한다.

대리인(agent)의 서명은 그가 운송인(carrier)을 위하여 또는 대리하여 또는 선장(master)을 위하여 또는 대리하여 서명한 것인지를 표시하여야 한다.

▸▸ a. A transport document covering at least two different modes of transport(multimodal or combined transport document), however name, must appear to :

i. indicate the name of the carrier and be signed by :

- the carrier or a named agent for or on behalf of the carrier, or
- the master or a named agent for or on behalf of the master.

Any signature by the carrier, master or agent must be identified as that of the carrier, master or agent.

Any signature by agent must indicate whether the agent has signed for or on behalf of the carrier or for or on behalf of the master.

② 물품이 신용장에 명시된 장소에서 발송(dispatched), 수탁(taken in charge) 또는 본선적재(shipped on board)되었다는 것을 다음의 방법으로 표시하여야 한다.

Ⓐ 미리 인쇄된 문구

Ⓑ 물품이 발송(dispatched), 수탁(taken in charge) 또는 본선적재(shipped on board)되었다는 스탬프 또는 표기

운송서류의 발행일은 발송(dispatched)일, 수탁(taken in charge)일 또는 본선적재(shipped on board)일 또는 선적일(shipment)로 본다.

▸▸ ii. indicate that the goods have been dispatched, taken in charge or shipped on board at the place stated in the credit, by :

- pre-printed wording, or
- a stamp or notation indicating the date on which the goods have been dispatched, taken in charge or shipped on board.

  The date of issuance of the transport document will be deemed to be the date of dispatch, taking in charge or shipped on board, and the date of shipment. However, if the transport document indicates, by stamp or notation, a date of dispatch, taking in charge or shipped on board, this date will be deemed to by the date of shipment.

③ 다음의 경우에 해당되더라도 신용장에 나타난 대로 발송지(the place of dispatch), 수탁지(taking in charge), 선적지(shipment)와 최종목적지(the place of final destination)를 표시하여야 한다.

a) 운송서류가 추가적으로 다른 발송지(the place of dispatch),수탁지(taking in charge), 선적지(shipment)와 최종목적지(the place of final destination)를 기재하는 경우

b) 운송서류가 선박(vessel), 선적항(port of loading), 하역항(port of discharge)과 관련하여 "예정된"("intended")이라는 표시되는 이와 유사한 단서조건(similar qualification)을 사용하는 경우

▸▸ iii. indicate the place of dispatch, taking in charge or shipment and the place of final destination stated in the credit, even if :

a) the transport document states, in addition, a different place of dispatch, taking in charge or shipment or place of final destination, or

b) the transport document contains the indiction "intended" or similar qualification in relation to the vessel, port of loading or port of discharge.

운송서류의 유일한 원본(sole original transport document)이거나 한 통을 초과(more than one original)하여 원본이 발행된 경우에는 전통(full set)에 표시되어야 한다.

▸▸ iv. be the sole original transport document or, if issued in more than one original, be the full set as indicated on the transport document.

운송조건을 포함하거나 다른 출처를 언급하여야 한다. (약식 또는 백지 운송서류) 운송조건의 내용은 심사되지 않는다.

▸▸ v. contain terms and conditions of carriage or make reference to another source containing the terms and conditions of carriage (short form or blank back transport document). contents of terms and conditions of carriage will not be examined.

용선계약(charter party)에 따른다는 어떠한 표시도 포함되지 않아야 한다.

▸▸ vi. contain no indication that it is subject to a charter party.

이 조항의 목적상, 환적(transshipment)은 신용장에 기재된 발송지(the place of dispatch), 수탁지(taking in charge) 또는 선적지로부터 최종목적지(place of final destination)까지 운송하는 도중 하나의 이동수단에서 양하(unloading)되고 다른 운송수단으로 재적재(reloading) 되는 것을 말한다. (운송방법 다른 지 여부는 상관하지 않는다. ex) a 선박에서 b 선박으로 재적재해도 환적임)

▸▸ b. For the purpose of this article, transshipment means unloading from one means of conveyance and reloading to another means of conveyance(whether or not in different modes of transport) during the carriage from the place of dispatch, taking in charge or shipment to the place of final destination stated in the credit.

① 운송서류(transport document)는 전체 운송(entire carriage)이 하나의 동일한 운송서류(one and the same transport document)에 의해 포함된다면 물품이 환적되거나 환적될 수 있다는 표시를 할 수 있다.

② 신용장이 화적을 금지하고 있을지라도(even if the credit prohibits transshipment) 환적되거나 환적될 수 있다는 표시를 한 운송서류(transport document)는 수리될 수 있다.

▸▸ c.

i. A transport document may indicate that the goods will or may be transshipped provided that the entire carriage is covered by one and the same transport document.

ii. A transport document indicating that transshipment will or may take place is acceptable, even if the credit prohibits transshipment.

※ 해설
신용장에서 환적을 금지하는 조항이 있다 해도 하나의 동일한 운송서류에 의해 환적되거나 환적될 수 있다는 표시가 있는 운송서류는 수리될 수 있다.

16) 선하증권(Bill of Lading)(제20조)

신용장은 어떤 명칭을 사용하는 다음과 같은 사항이 나타나 있어야 한다.

① 운송인의 명칭이 표시되고 다음의 자에 의하여 서명되어야 한다.

Ⓐ 운송인, 또는 운송인을 위한 또는 그를 대리하는 지정 대리인

Ⓑ 선장 또는 선장을 위한 또는 그를 대리하는 지정 대리인

▸▸ a. A bill of lading, however named, must appear to :

i. indicate the name of the carrier and be signed by :

- the carrier or a named agent for or on behalf of the carrier, or
- the master or a named agent for or on behalf of the master.

운송인, 선장, 대리인의 서명은 운송인, 선장 또는 대리인의 서명으로 식별되어야 한다.

대리인의 서명은 대리인이 서명한 것인지 운송인 또는 선장을 대신하여 서명된 것인지를 표시하여야 한다.

▸▸ Any signature by the carrier, master or agent must be identified as that of the carrier, master or agent.

Any signature by an agent must indicate whether the agent has signed for or on behalf of the carrier or for or on behalf of the master.

② 물품이 신용장에서 명시된 선적항(port of loading)에서 지정된 선박(named vessel)에 본선적재(shipped on board) 되었다는 것을 다음의 방법으로 표시하여야 한다.

Ⓐ 미리 인쇄된 문구

Ⓑ 물품이 본선에 적재된 날짜를 표시하는 본선적재 표기(on board notation)

▸▸ ii. indicate that the goods have been shipped on board a named vessel at the port of loading stated in the credit by :

- pre-printed wording, or
- an on board notation indicating the date on which the goods have been shipped on board.

선하증권의 발행일자(date of issuance of the bill of lading)는 선하증권이 선적일자(date of shipment)를 표시하여 본선적재 표기(on board notation)가 포함되어 있지 않은 경우 선적일자(date of shipment)로 간주된다. 본선적재 표기(on board notation)가 되어 있는 경우에는 그 일자를 선적일자(date of shipment)로 간주한다.

▸▸ The date of issuance of the bill of lading will be deemed to be the date of shipment unless the bill of lading contains an on board notation indicating the date of shipment, in which case the date stated in the on board notation will be deemed to be the date of shipment.

선하증권에 "예정선박("intended vessel") 또는 선명과 관련하여(in relation to the name of the vessel) 이와 유사한 표시를 포함하고 있는 경우에는 선적일자(date of shipment)를 나타내는 본선적재표기(on board notation)와 실제 선박의 이름(name of the actual vessel)을 나타내야 한다.

▸▸ If the bill of lading contains the indication "intended vessel" or similar qualification in relation to the name of the vessel, an on board notation indicating the date of shipment and the name of the actual vessel is required.

③ 신용장에 나타난 선적항(the port of loading)부터 하역항(port of discharge)까지의 선적을 표시하여야 한다.

선하증권에 신용장에 기재된 선적항이 선적항으로 표시되어 있지 않거나, 예정된("intended") 또는 선적항(the port of loading)과 관련하여 이와 유사한 표시를 포함하고 있는 경우에는 신용장에 기재된 선적항(the port of loading)이 표시된 본선적재표기, 실제선명과 선적일자가 요구된다.

이 조항은 지정된 선박에 본선적재 또는 선하증권에 미리 인쇄된 문구에 의해 지정선박에 선적하는 경우에도 적용된다.

▸▸ iii. indicate shipment from the port of loading to the port of discharge stated in the credit.

If the bill of lading does not indicate the port of loading stated in the credit as the port of loading, or if it contains the indication "intended" or similar qualification in relation to the port of loading, an on board notation indicating the port of loading as stated in the credit, the date of shipment and the name of the actual vessel is required. This provision applies even when loading on board or shipment on a named vessel is indicated by pre-printed wording on the bill of lading.

※ **해 설**

선하증권에는 신용장에 명시된 대로 선적항(the port of loading)과 하역항(port of discharge)까지의 선적표시를 하여야 하는데 기본적으로 본선적재 표기(on board notation), 선명(name of vessel), 선적일자(date of shipment)가 표시된 선하증권이 정상적으로 수리된다는 것을 말한다.

④ 유일한 선하증권이거나 한 통을 초과하여 발행된 경우 선하증권에 표시된 전통(full set)이어야 한다.

▸▸ iv. be the sole original bill of lading or, if issued in more than one original, be the full set as indicated on the bill of lading.

※ 참고 : 대부분의 경우 선하증권은 원본 3통이 발행된다.

⑤ 운송조건의 심사 여부

운송조건을 포함하거나 운송조건을 포함하는 다른 출처를 언급하여야 한다. (약식 또는 뒷면 백지 선하증권)

운송조건의 내용은 심사되지 않는다.

▸▸ v. contain terms and conditions of carriage or make reference to another source containing the terms and conditions of carriage(short for or blank back bill of lading). Contents of terms and conditions of carriage will not be examined.

⑥ 용선계약(charter party)에 따른다는 어떠한 표시도 포함되지 않아야 한다.

▸▸ vi. contain no indication that it is subject to a charter party.

환적의 정의

이 조항의 목적상 환적(transshipment)이란 선적항(port of loading)으로부터 양륙항(port of discharge)까지 운송 중 한 선박에서 양하(unloading)하여 다른 선박으로 재적재(reloading)하는 것을 말한다.

▸▸ b. For the purpose of this article, transshipment means unloading from one vessel and reloading to another vessel during the carriage from the port of loading to the port of discharge stated in the credit.

① 선하증권(bill of lading)은 전 운송(entire carriage)이 하나의 동일한 선하증권에 포괄(covered by one and the same bill of lading)된다면 환적될 것(will be transshipped)이라거나 환적(transshipment)될 수 있다(may be transshipped)는 것을 표시할 수 있다.

② 환적(transshipment)이 될 것이라고 하거나 환적(transshipment)될 수 있다고 표시하는 선하증권(bill of lading)은 물품이 컨테이너, 트레일러 또는 래시바지에 선적되었음이 선하증권(bill of lading)에 의하여 증명(evidenced by the bill of lading)되는 경우에는 신용장이 환적(transshipment)을 금지하고 있다고 할지라도(even if the credit prohibits transshipment) 수리될 수 있다.

▸▸ c.

i. A bill of lading may indicate that the goods will or may be transshipped provided that the entire carriage is covered by one and the same bill of lading.

ii. A bill of lading indicating that transshipment will or may take place is acceptable, even if the credit prohibits transshipment, if the goods have been shipped in a container, trailer or LASH barge as evidenced by the bill of lading.

운송인(carrier)이 환적할 권리(right to tranship)를 갖고 있음을 기재한 선하증권의 조항은 무시된다.

▸▸ d. Clauses in a bill of lading stating that the carrier reserves the right to tranship will be disregarded.

17) 비유통 해상화물 운송장(Non-Negotiable Sea Waybill)(제21조)

비유통 해상화물 운송장은 어떤 명칭을 사용하든 다음과 같은 사항이 나타나 있어야 한다.

① 운송인의 명칭이 표시되고 서명되어야 한다.

Ⓐ 운송인 또는 운송인을 위한 또는 운송인을 대리하는 지정 대리인

Ⓑ 선장 또는 선장을 위한 또는 선장을 대리하는 지정 대리인

▸▸ a. A non-negotiable sea waybill, however named, must appear to :

i. indicate the name of the carrier and be signed by :

- the carrier or a named agent for or on behalf of the carrier, or
- the master or a named agent for or on behalf of the master.

운송인, 선장, 대리인의 서명은 운송인, 선장 또는 대리인의 서명으로 식별되어야 한다.

대리인의 서명은 대리인이 서명한 것인지 운송인 또는 선장을 대신하여 서명된 것인지를 표시하여야 한다.

▸▸ Any signature by the carrier, master or agent must be identified as that of the carrier, master or agent.

Any signature by an agent must indicate whether the agent has signed for or on behalf of the carrier or for or on behalf of the master.

② 물품이 신용장에서 명시된 선적항(port of loading)에서 지정된 선박(named vessel)에 본선적재(shipped on board) 되었다는 것을 다음의 방법으로 표시하여야 한다.

Ⓐ 미리 인쇄된 문구

Ⓑ 물품이 본선에 적재된 날짜를 표시하는 본선적재 표기(on board notation)

▸▸ ii. indicate that the goods have been shipped on board a named vessel at the port of loading stated in the credit by :

- pre-printed wording, or
- an on board notation indicating the date on which the goods have been shipped on board.

비유통 해상화물 운송장의 발행일자(The date of issuance of the non-negotiable sea waybill)는 비유통 해상화물 운송장(non-negotiable sea waybill)이 선적일자(date of shipment)를 표시하여 본선적재 표기(on board notation)가 포함되어 있지 않은 경우 선적일자(date of shipment)로 간주된다. 본선적재 표기(on board notation)가 되어 있는 경우에는 그 일자를 선적일자(date of shipment)로 간주한다.

▸▸ The date of issuance of the non-negotiable sea waybill will be deemed to be the date of shipment unless the non-negotiable sea waybill contains an on board notation indicating the date of shipment, in which case the date stated in the on board notation will be deemed to be the date of shipment.

비유통 해상화물 운송장(non-negotiable sea waybill)에 "예정선박("intended vessel") 또는 선명과 관련하여(in relation to the name of the vessel) 이와 유사한 표시를 포함하고 있는 경우에는 선적일자(date of shipment)를 나타내는 본선적재표기(on board notation)와 실제 선박의 이름(name of the actual vessel)을 나타내야 한다.

▸▸ If the non-negotiable sea waybill contains the indication "intended vessel" or similar qualification in relation to the name of the vessel, an on board notation indicating the date of shipment and the name of the actual vessel is required.

③ 비유통 해상화물 운송장(non-negotiable sea waybill)에 나타난 선적항(the port of loading)부터 하역항(port of discharge)까지의 선적을 표시하여야 한다. 비유통 해상화물 운송장(non-negotiable sea waybill)에 신용장에 기재된 선적항이 선적항으로 표시되어 있지 않거나, 예정된("intended") 또는 선적항(the port of loading)과 관련하여 이와 유사한 표시를 포함하고 있는 경우에는 신용장에 기재된 선적항(the port of loading)이 표시된 본선적재표기, 실제선명과 선적일자가 요구된다.

이 조항은 지정된 선박에 본선적재 또는 비유통 해상화물 운송장(non-negotiable sea waybill)에 미리 인쇄된 문구에 의해 지정선박에 선적하는 경우에도 적용된다.

▸▸ iii. indicate shipment from the port of loading to the port of discharge stated in the credit.

If the non-negotiable sea waybill does not indicate the port of loading stated in the credit as the port of loading, or if it contains the indication "intended" or similar qualification in relation to the port of loading, an on board notation indicating the port of loading as stated in the credit, the date of shipment and the name of the actual vessel is required. This provision applies even when loading on board or shipment on a named vessel is indicated by pre-printed wording on the non-negotiable sea waybill.

※ 해설
비유통 해상화물 운송장(non-negotiable sea waybill)에는 신용장에 명시된 대로 선적항(the port of loading)과 하역항(port of discharge)까지의 선적표시를 하여야 하는데 기본적으로 본선적재 표기(on board notation), 선명(name of vessel), 선적일자(date of shipment)가 표시된 비유통 해상화물 운송장(non-negotiable sea waybill)이 정상적으로 수리된다는 것을 말한다.

④ 유일한 비유통 해상화물 운송장(non-negotiable sea waybill) 원본이거나 원본이 한 통을 초과하여 발행된 경우 비유통 해상화물 운송장(non-negotiable sea waybill)에 표시된 전통(full set)이어야 한다

▸▸ iv. be the sole original non-negotiable sea waybill or, if issued in more than one original, be the full set as indicated on the non-negotiable sea waybill.

⑤ 운송조건의 심사 여부

운송조건을 포함하거나 운송조건을 포함하는 다른 출처를 언급하여야 한다. (약식 또는 뒷면 백지 선하증권)

운송조건의 내용은 심사되지 않는다.

▸▸ v. contain terms and conditions of carriage or make reference to another source containing the terms and conditions of carriage(short for or blank back non-negotiable sea waybill). Contents of terms and conditions of carriage will not be examined.

⑥ 용선계약(charter party)에 따른다는 어떠한 표시도 포함되지 않아야 한다.

▸▸ vi. contain no indication that it is subject to a charter party.

환적의 정의

이 조항의 목적상 환적(transshipment)이란 선적항(port of loading)으로부터 양륙항(port of discharge)까지 운송 중 한 선박에서 양하(unloading)하여 다른 선박으로 재적재(reloading)하는 것을 말한다.

▸▸ b. For the purpose of this article, transshipment means unloading from one vessel and reloading to another vessel during the carriage from the port of loading to the port of discharge stated in the credit.

① 비유통 해상화물 운송장(non-negotiable sea waybill)은 전 운송(entire carriage)이 하나의 동일한 비유통 해상화물 운송장(non-negotiable sea waybill)에 포괄(covered by one and the same non-negotiable sea waybill)된다면 환적될 것(will be transshipped)이라거나 환적(transshipment)될 수 있다(may be transshipped)는 것을 표시할 수 있다.

② 환적(transshipment)이 될 것이라고 하거나 환적(transshipment)될 수 있다고 표시하는 비유통 해상화물 운송장(non-negotiable sea waybill)은 물품이 컨테이너, 트레일러 또는 래시바지에 선적되었음이 비유통 해상화물 운송장(non-negotiable sea waybill)에 의하여 증명(evidenced by the non-negotiable sea waybill)는 경우에는 신용장이 환적(transshipment)을 금지하고 있다고 할지라도(even if the credit prohibits transshipment) 수리될 수 있다.

▸▸ c. A non-negotiable sea waybill may indicate that the goods will or may be transshipped provided that the entire carriage is covered by one and the same non-negotiable sea waybill.

A non-negotiable sea waybill indicating that transshipment will or may take place is acceptable, even if the credit prohibits transshipment, if the goods have been shipped in a container, trailer or LASH barge as evidenced by the non-negotiable sea waybill.

운송인(carrier)이 환적할 권리(right to tranship)를 갖고 있음을 기재한 비유통 해상화물 운송장(non-negotiable sea waybill)의 조항은 무시된다.

▸▸ d. Clauses in a non-negotiable sea waybill stating that the carrier reserves the right to tranship will be disregarded.

18) 항공운송 서류(Air Transport Document)(제23조)

항공운송 서류는 어떤 명칭을 사용하든지 다음과 같은 사항이 나타나 있어야 한다.

① 운송인의 명칭이 표시되고 서명되어야 한다.

Ⓐ 운송인

Ⓑ 운송인을 위한 또는 운송인을 대리하는 지정대리인

▸▸ a. An air transport document, however named, must appear to :

i. indicate the name of the carrier and be signed by :

- the carrier or
- a named agent for or on behalf of the carrier.

운송인, 대리인의 서명은 운송인 또는 대리인의 서명으로 식별되어야 한다.

대리인의 서명은 대리인이 서명한 것인지 운송인을 대리하여 서명된 것인지를 표시하여야 한다.

▸▸ Any signature by the carrier or agent must be identified as that of the carrier, or agent.

Any signature by an agent must indicate that the agent has signed for or on behalf of the carrier.

② 물품이 운송을 위하여 수리되었다는 것을 표시하여야 한다.

▸▸ ii. indicate that the goods have been accepted for carriage.

③ 발행일자(date of issuance)를 표시하여야 한다. 이 날짜는 항공운송서류(air transport document)가 실제 선적일(actual date of shipment)에 대한 특정한 표기가 없는 한 선적일로 간주한다.

선적일자의 표기가 있는(the date stated in the notation) 경우는 그 일자를 선적일자로 간주한다. 운항번호와 날짜(the flight number and date)와 관련하여 항공운송서류(air transport document)에 나타나는 그 밖의 정보는 선적일(date of shipment)을 결정할 때 고려되지 않는다.

▸▸ iii. indicate the date of issuance. This date will be deemed to be the date of shipment unless the air transport document contains a specific notation of the actual date of shipment, in which case the date stated in the notation will be deemed to be the date of shipment.

Any other information appearing on the air transport document relative to the flight number and date will not be considered in determining the date of shipment.

④ 신용장에 기재된 출발 공항과 도착 공항을 표시하여야 한다.

▸▸ iv. indicate the airport of departure and the airport of destination stated in the credit.

⑤ 신용장이 원본 전통(full set of originals)을 요구하더라도 송하인(consignor) 또는 선적인(shipper)용 원본이어야 한다.

※ 참고 : 실무에서 운송인이 매도인(seller)을 부를 때 주로 화주 또는 shipper라고 부른다.

항공화물 운송장은 주로 원본 2통이 발행되며 1통은 서류 제시를 위해 매도인(seller) 항공기와 함께 매수인(buyer) 송부되는 경우가 많은데 이는 선박수출과 달리 항공기는 하루에 물품이 도착하기 때문에 수출상(seller)이 서류 제시(presentation)시기보다 물품이 빨리 도착하기 때문이다.

▸▸ v. be the original for consignor or shipper, even if the credit stipulates a full set of originals.

⑥ 운송조건(terms and conditions of carriage)을 포함하거나 운송조건(terms and conditions of carriage)을 포함하는 다른 출처를 언급하여야 한다. 운송 조건의 내용(contents of terms and conditions of carriage)은 심사되지 않는다.

▸▸ vi. contain terms and conditions of carriage or make reference to another source containing the terms and conditions of carriage. Contents of terms and conditions of carriage will not be examined.

항공운송에서 환적의 정의

이 조항의 목적상 환적(transshipment)은 신용장에 기재된 출발공항(air port of departure)으로부터 도착공항(airport of destination)까지의 운송도중 하나의 항공기로부터 양하(unloading form one air craft)되어 다른 항공기로 재적재 되는 것(reloading to another aircraft)을 말한다.

▸▸ b. For the purpose of this article, transshipment means unloading form one air craft and reloading to another aircraft during the carriage from the air port of departure to the airport of destination stated in the credit.

① 항공운송서류(air transport document)는 전 운송(entire carriage)이 하나의 동일한 항공운송서류(air transport document)에 포괄(covered by one and the same air transport document)된다면 환적될 것(will be transshipped)이라거나 환적(transshipment)될 수 있다(may be transshipped)는 것을 표시할 수 있다.

② 환적(transshipment)이 될 것이라고 하거나 환적(transshipment)될 수 있다고 표시하는 항공운송서류(air transport document)는 신용장이 환적(transshipment)을 금지하고 있다고 할지라도(even if the credit prohibits transshipment) 수리될 수 있다.

▸▸ c. An air transport document may indicate that the goods will or may be transshipped, provided that the entire carriage is covered by one and the same air transport document.

An air transport document indication that transshipment will or may take place is acceptable, even if the credit prohibits transshipment.

19) 도로, 철도 또는 내수로 운송서류(Road, Rail or Inland Waterway Transport Document)(제24조)

도로, 철도 또는 내수로 운송서류 어떤 명칭을 사용하든지 다음과 같은 사항이 나타나 있어야 한다.

① 운송인의 명칭이 표시

Ⓐ 운송인 또는 운송인을 위한 또는 운송인을 대리하는 지정 대리인 인이 서명하거나

Ⓑ 운송인 또는 운송인을 위한 또는 운송인을 대리하는 지정 대리인은 서명, 스탬프 또는 표기에 의하여 물품의 수령을 표시하여야 한다.

▸▸ a. A road, rail or inland waterway transport document, however named, must appear to :

i. indicate the name of the carrier and :

- be signed by the carrier or a named agent for or on behalf of the carrier, or

- indicate receipt of the goods by signature, stamp or notation by the carrier or a named agent for or on behalf of the carrier.

운송인 또는 대리인의 서명, 스탬프 또는 물품수령 식별표기는 운송인 또는 대리인에 의하여 식별되어야 한다.

대리인에 의한 서명, 스탬프 또는 물품수령 식별표기는 대리인이 서명한 것인지 또는 운송인을 위하여 또는 운송인을 대리하여 행위한 것인지를 표시하여야 한다.

철도운송서류(rail transport document)가 운송인을 특정하지 않았다면 철도회사(railway company)의 서명 또는 스탬프(signature or stamp of the railway company)는 서류에 대한 증거(as evidence of the document)로 운송인에 의해서 서명된 것으로 수리된다.

▸▸ Any signature, stamp or notation of receipt of the goods by the carrier or agent must be identified as that of the carrier or agent. Any signature, stamp or notation of receipt of the goods by the agent must indicate that the agent has signed or acted for or on behalf of the carrier. If a rail transport document does not identify the carrier, any signature or stamp of the railway company will be accepted as evidence of the document being signed by the carrier.

② 선적일(date of shipment) 또는 선적(shipment), 발송(dispatch), 운송(carriage)을 위해 물품을 수령한 일자를 표시하여야 한다. 운송서류(transport document)에 수령일자가 표시된 스탬프, 수령일자나 선적일자의 표시가 없는 한 운송서류의 발행일(date of issuance of the transport document)이 선적일로 간주된다.

▸▸ ii. indicate the date of shipment or the date the goods have been received for shipment, dispatch or carriage at the place stated in the credit. Unless the transport document contains a dated reception stamp, an indication of the date of receipt or a date of shipment, the date of issuance of the transport document will be deemed to be the date of shipment.

③ 신용장에 기재된 선적장소(place of shipment)와 도착장소(place of destination)를 표시하여야 한다.

▸▸ iii. indicate the place of shipment and the place of destination stated in the credit.

① 도로 운송서류(road transport document)는 송하인(consignor) 또는 선적인(shipper)을 위한 원본임을 나타내거나 또는 서류가 누구를 위해 작성되었는지에 대한 표시가 없어야 한다.

② "duplicate"라고 표시된 도로 운송서류(road transport document)는 원본으로 수리된다.

③ 철도 또는 내수로 운송서류(rail or inland waterway transport document)는 원본표시와 관계없이 원본으로 수리된다.

▸▸ b.

i. A road transport document must appear to be the original for consignor or shipper or bear no marking indicating for whom the document has been prepared.

ii. a rail transport document marked "duplicate" will be accepted as an original.

iii. A rail or inland waterway transport document will be accepted as an original whether marked as an original or not.

발행된 운송서류에 원본통수의 표시가 없는 경우에는 제시된 통수(he number presented)가 전통(full set)을 구성하는 것으로 간주한다.

▸▸ c. In the absence of an indication on the transport document as to the number of originals issued, the number presented will be deemed to constitute a full set.

환적의 정의

이 조항의 목적상 환적은 동일한 운송형태(same mode of transport)로 신용장에 기재된 선적지, 발송지 또는 운송지(place of shipment, dispatch or carriage)로부터 도착지(place of destination)까지 운송하는 동안 하나의 운송수단(one means of conveyance)으로부터 양하(unloading)되어 다른 운송수단으로 재적재(reloading) 되는 것을 말한다.

▸▸ d. For the purpose of this article, transshipment means unloading from one means of conveyance and reloading to another means of conveyance, within the same mode of transport, during the carriage from the place of shipment, dispatch or carriage to the place of destination stated in the credit.

① 도로, 철도 또는 내수로 운송서류(road, rail or inland waterway transport document)는 전 운송(entire carriage)이 하나의 동일한 운송서류(one and the same transport document)에 의하여 포괄되면 물품이 환적될 것이라거나 환적될 수 있다는 것을 표시할 수 있다.

② 도로, 철도 또는 내수로 운송서류(road, rail or inland waterway transport document)는 신용장에서 환적을 금지하고 있다 할지라도(even if the credit prohibits transshipment) 환적될 것이라거나 환적될 수 있다는 도로, 철도 또는 내수로 운송서류(road, rail or inland waterway transport document)는 수리될 수 있다

▸▸ e.

I. A road, rail or inland waterway transport document may indicate that the goods will or may be transshipped provided that the entire carriage is covered by one and the same transport document.

ii. A road, rail or ind watery transport document indicating that transshipment will or may take place is acceptable, even if the credit prohibits transshipment.

20) 특송배달영수증, 우편영수증 또는 우편증명서(Courier Receipt, Post Receipt or Certificate of Posting)(제25조)

어떠한 명칭을 사용하든지 물품을 수령하였다는 것을 증명하는 특송배달 영수증은 다음의 사항이 나타나 있어야 한다.

① 특송배달업체의 명칭(name of the courier service)을 표시하여야 하고 물품이 선적되기로 신용장에 기재된 장소에 스탬프 또는 지정된 특송배달업체의 서명(signed by the named courier service)이 있어야 한다.

② 픽업일자 또는 수령일자(date of pick-up or of receipt)를 표기하거나 이러한 취지의 문구를 표시하여야 한다.

이 일자를 선적일자로 간주한다.

▸▸ a. A courier receipt, however named, evidencing receipt of goods for transport, must appear to :

I. indicate the name of the courier service and be stamp or signed by the named courier service at the place from which the credit states the goods are to be shipped; and

ii. indicate a date of pick-up or of receipt or wording to this effect. this date will be deemed to be the date of shipment.

특송배달요금(courier charges)이 지급 또는 선지급 되어야 한다는 요구는 특송배달료(courier charges)가 수하인(consignee)이 아닌 제3자 부담임을 증명하는 특송배달업체의 운송서류(transport document issued by a courier service)에 의하여 충족될 수 있다.

▸▸ b. A requirement that courier charges are to be paid or prepaid may be satisfied by a transport document issued by a courier service evidencing that courier charges are for the account of a party other than the consignee.

운송을 위하여 물품을 수령하였다는 증거(evidencing receipt of goods for transport)로 우편영수증(post receipt) 또는 우편증명서(certificate of posting)(어떤 명칭을 사용하든 간에)는 스탬프 되거나 서명되고 신용장에 기재된 장소에서 물품이 선적된 일자가 기재되어야 한다. 이 일자를 선적일자(date of shipment)로 간주한다.

▸▸ c. A post receipt or certificate of posting, however named, evidencing receipt of goods for transport, must appear to be stamped or signed and dated at the place from which the credit states the goods are to be shipped. This date will be deemed to be the date of shipment.

21) "갑판적재", "내용물부지약관"과 운임에 대한 추가비용("On Deck", "Shipper's Load and Count", "said by Shipper to Contain" and Charges additional to Freight)(제26조)

운송서류(transport document)는 물품이 갑판에 적재(loaded on deck)되거나 적재될 것이라는 표시를 하여서는 안 된다. 운송서류의 조항에 물품이 갑판에 적재될 수도 있다(the goods may be loaded on deck)고 기재된 조항은 수리될 수 있다.

※ 물품이 갑판에 적재되었거나 적재될 예정이라는 표시는 안 되지만 적재될 수도 있다는 조항은 수리될 수 있다.

▸▸ a. A transport document must not indicate the goods are or will be loaded on deck. A clause on a transport document stating that the goods may be loaded on deck is acceptable.

운송서류는 선적자 적재 및 수량 확인("shipper's load and count")이라는 조항이나 선적인의 신고에 따름(said by shipper to contain)이란 조항이 있는 운송서류는 수리될 수 있다.

▸▸ b. A transport document bearing a clause such as "shipper's load and count" and said by shipper to contain is acceptable.

※ 보충 해설

실제로 운송인이 수출자의 화물의 내용이나 수량을 일일이 직접 확인하는 것은 불가능하며 수출자가 신고한 내용에 따라 서류를 발급한다.

그렇기 때문에 선하증권에도 "said to contain" 내용이 기재되고 이러한 내용이 포함되었을 경우 수리를 할 수 있어야 하며 위에서 shipper는 수출자, 화주, 송하인 등으로 혼용되어 사용되고 있으며 그중 어느 용어를 사용하여도 무방하다.

운송서류(transport document)는 스탬프 혹은 다른 방법으로 운임에 추가되는 요금(charges additional to the freight)을 언급할 수 있다.

▸▸ c. A transport document may bear a reference, by stamp or otherwise, to charges additional to the freight.

22) 무고장 운송서류(Clean Transport Document)(제27조)

은행은 오로지 무사고 운송서류만(clean transport document)을 수리한다. 무사고 운송서류(clean transport document)는 물품이나 포장의 하자상태(defective condition)를 명시적으로 나타내는 조항 또는 표기가 없는 운송서류를 말한다.

비록 신용장이 운송서류에 "무사고 본선적재"("clean on board")를 요구하고 있더라도 "무사고"라는 단어를 운송서류에 나타낼 필요는 없다.

▸▸ A bank will only accept a clean transport document. A clean transport document is on bearing no clause or notation expressly declaring a defective condition of the goods or their packing. The word "clean" need not appear on a transport document, even if a credit has a requirement for that transport document to be "clean on board".

23) 보험서류와 부보범위(Insurance Document and Coverage)(제28조)

보험증권(insurance policy), 보험증서(insurance policy) 또는 예정보험통지서(declaration under an open cover)와 같은 보험서류(insurance document)는 보험회사(insurance company), 보험업자(underwriter) 또는 보험대리인(agents)이나 보험수탁인(proxy)에 의해 발행 및 서명되어야 한다.

대리인 또는 수탁인의 서명은 보험회사 또는 보험업자를 대리하여 서명했는지 여부를 나타내어야 한다.

▸▸ a. An insurance document, such as an insurance policy, and insurance certificate or a declaration under an open cover, must appear to be issued and signed by and insurance company, an underwriter or their agents or their proxies. Any signature by an agent or proxy must indicate whether the agent or proxy has signed for or on behalf of the insurance company or underwriter.

보험서류(insurance document)가 원본 2통 이상 발행(more than one original)된 경우 원본 전통(all originals)을 제시하여야 한다.

▸▸ b. When the insurance document indicates that it has been issued in more than one original, all originals must be presented.

보험승낙서(cover note)는 수리되지 않는다.

▸▸ c. Cover notes will not be accepted.

> **※ 보충 해설**
> 보험승낙서(insurance cover note)는 보험 가입자가 보험 중개업자(Insurance borker)를 통하여 보험에 부보할 경우 발급해주는 보험승낙서류로 이것만 가지고는 보험계약이 확실히 체결되었는지의 여부도 확인할 수 없다.

보험증권(insurance policy)은 보험증서(insurance certificate) 또는 예정보험통지서(declaration under an open cover)를 대신하여 수리할 수 있다.

▸▸ d. An insurance policy is acceptable in lieu of an insurance certificate or a declaration under an open cover.

보험서류상(insurance document)에 담보(cover)가 선적일 이전에 효력이 발생함을 나타내고 있지 않은 한 보험서류(insurance document)의 일자는 선적일보다 늦어서는 안 된다(no later than the date of shipment).

▸▸ e. The date of the insurance document must be no later than the date of shipment, unless it appears from the insurance document that the cover is effective from a date not later than the date of shipment.

f.

① 보험서류(insurance document)는 부보금액(amount of insurance coverable)을 표시하여야 하고 신용장과 동일한 통화(same currency as the credit)로 표시되어야 한다.

② 신용장에서 부보금액이 물품의 가액(value of the goods), 송장가액(value of the invoice) 또는 이와 유사한 가액의 백분율로 표시되어야 한다는 요건이 있는 경우에는 요구되는 부보금액의 최저금액(minimum amount of coverage)으로 간주한다.

신용장에 부보범유에 대한 명시가 없는 경우, 부보금액은 물품의 CIF 또는 CIP 금액에 최소 110%가 되어야 한다.

서류상에서 CIF 또는 CIP 가액을 결정할 수 없을 때 부보금액(amount of insurance coverage)은 결제(honour) 또는 매입(negotiation)시에 요구되는 금액과 송장에 나타나는 물품의 총 가액(the gross value of the goods as shown on the invoice) 중 더 큰 금액을 기준으로 산출되어야 한다.

③ 보험서류(insurance document)는 신용장에 기재된 대로 최소한 수탁지(place of taking in charge) 또는 선적지(place of shipment)로 부터 양륙지(place of discharge) 또는 최종목적지(final destination) 사이에 발생하는 위험(risk)에 대한 부보가 표시되어야 한다.

▸▸ i. The insurance document must indicate the amount of insurance coverable and be in the same currency as the credit.

ii. A requirement in the credit for insurance coverage to be for a percentage of the value of the goods, of the invoice value or similar is deemed to be the minimum amount of coverage required. If there is no indication in the credit of the insurance coverage required, the amount of insurance coverage must be at least 110% of the CIF or CIP value of the goods. When the CIF or CIP value can not be determined from the document, the amount of insurance coverage must be calculated on the basis of the amount for which honour or negotiation is requested or the gross value of the goods as shown on the invoice, whichever is greater.

iii. The insurance document must indicate that risk are covered at least between the place of taking in charge or shipment and the place of discharge or final destination as stated in the credit.

신용장은 요구되는 보험의 종류(type of insurance required)를 명시하여야 하고 추가되는 위험(additional risk)에 대해서 부보가 필요하다면 그것도 명시하여야 한다.

만일 신용장이 "통상적인 위험"("usual risk") 또는 "관습적 위험"("customary risks")과 같은 부정확한 용어(imprecise terms)를 사용한다면 보험서류(insurance document)는 위험을 부보하는지의 여부를 고려하지 않고(without regard to any risk) 그 보험서류(insurance document)는 수리된다.

▸▸ g. A credit should state the type of insurance required and, if any, the additional risk to be covered. An insurance document will be accepted without regard to any risk that are not covered if the credit uses imprecise terms such as "usual risk" or "customary risks".

신용장이 "전위험"("all risk")에 대한 부보를 요구할 때 보험서류가 "전위험"("all risk") 표기 또는 해당문구를 포함하여 제출되면 "전위험"("all risk")의 표제가 있는지의 여부와 관계없이 그 보험서류(insurance document)는 특정위험이 제외된다는 명시가 있을지라도 수리된다.

▸▸ h. When a credit requires insurance against "all risk" and an insurance document is presented containing any "all risk" notation or clause, whether or not bearing the heading "all risk", the insurance document will be accepted without regard to any risk stated to be excluded.

보험서류는 어떤 제외 문구에 대한 언급을 포함할 수 있다.

▸▸ i. An insurance document may contain reference to any exclusion clause.

보험서류에는 부보에 일정액 공제제도 소손해 면책(franchise) 조항이나((deductible) 자기부담금)의 적용을 표시할 수 있다

▸▸ j. An insurance document may indicate that the cover is subject to a franchise or excess (deductible).

24) 유효기일 또는 최종제시일의 연장(Extension of Expire Date or Last Day for Presentation)(제29조)

유효만기일 또는 최종제시일에 은행이 영업을 하지 않는 경우

신용장의 유효기일(expiry date) 또는 최종제시일(last day for presentation)이 제36조에서 언급된 사유(불가항력) 이외의 사유로 영업을 하지 않는 날에 해당하는 경우 유효기일(expiry date)과 최종제시일(last day for presentation)은 그 다음 첫 은행영업일(first following banking day)까지 연장된다.

▸▸ a. If the expiry date of a credit or the last day for presentation falls on a day when the bank to which presentation is to be made is closed for reasons other than those referred to in article 36, the expiry date or the last day for presentation, as the case may be, will be extended to the first following banking day.

제시(presentation)가 그 다음 첫 은행영업일(the first following banking day)에 이루어지는 경우, 지정은행(nominated bank)은 개설은행(issuing bank) 또는 확인은행(confirming bank)에 제시가 제29조 (a)항에 따른 연장된 기한 내(within the time limits extended)에 이루어졌음을 기재한 표지서류를 제공하여야 한다.

▸▸ b. If presentation is made on the first following banking day, a nominated bank must provide the issuing bank or confirming bank with a statement on its covering schedule that the presentation was made within the time limits extended in accordance with sub-article 20(a).

최종선적일(latest date for shipment)은 제29조 (a)에 의하여 연장되지 않는다.

▸▸ c. Th latest date for shipment will not be extended as a result of sub-article 29(a)

25) 신용장 금액, 수량 그리고 단가의 허용치(Tolerance in Credit Amount, quantity and Unit Prices)(제30조)

신용장의 금액 또는 수량 또는 단가와 관련하여 "about" 또는 "approximately" 라는 단어는 금액(amount), 수량(quantity), 단가(unit price)에 관하여 10%를 초과하지 않는 범위 내에서 많거나 적은 편차를 허용하는 것으로 해석된다.

▸▸ a. The words "about" or "approximately" used in connection with the amount of the credit or the quantity or the unit price stated in the credit are to be construed as allowing a tolerance not to exceed 10% more or 10% less than the amount, the quantity or the unit price to which they refer.

만일 신용장이 수량을 포장단위 또는 개별품목단위를 정하지 않고 청구금액의 총액(total amount of the drawing)이 신용장금액(amount of the credit)을 초과하지 않는 경우에는 물품의 수량에서 5%를 초과하지 않는 범위 내에서 많거나 적은 편차(tolerance not to exceed 5% more or 5% less)는 허용된다.

▸▸ b. A tolerance not to exceed 5% more or 5% less than the quantity of the goods is allowed, provided the credit does not state the quantity in terms of a stipulated number of packing units or individual items and the total amount of the drawing does not exceed the amount of the credit.

분할선적(partial shipment)이 허용되지 않더라도 5% 이내의 편차 허용

신용장에 기재된 대로 물품의 전 수량이 선적(shipped in full)되고 단가가 감액되지 않은(unit price is not reduced) 경우 또는 제30조 (b)항이 적용되지 않는 경우 분할선적(partial shipments)이 허용되지 않더라도 5% 이내의 편차는 허용된다.

이 편차허용범위는 신용장에서 특정편차를 명시 하거나 제30조 (a)항에서 언급된 표현을 사용하는 경우에는 적용하지 않는다.

▸▸ c. Even when partial shipments are not allowed, a tolerance not to exceed 5% less than the amount of the credit is allowed, provided that the quantity of the goods, if stated in the credit, is shipped in full and a unit price, if stated in the credit, is not reduced or that sub-article 30(b) is not applicable. this tolerance does not apply when the credit stipulates a specific tolerance or uses the expression referred to in sub-article 30(a).

26) 분할청구 또는 분할 선적(Partial Drawings or shipment)(제31조)

분할청구 또는 분할선적은 허용된다.

▸▸ a. Partial drawings or shipments are allowed.

동일한 운송수단(same means of conveyance)에서 시작되고 동일한 운송구간을 위한 선적을 증명하는 두 세트 이상으로 구성된 운송서류(consisting of more than one set transport documents)의 제시는 두 서류가 동일한 목적지(indicate the same destination)를 가리키고 있는 한 다른 선적일자(different date of shipment) 또는 다른 선적항(different ports of loading), 수탁지(place of taking in charge) 또는 발송지(place of dispatch)를 표시하더라도 분할선적으로 보지 않는다.

두 세트 이상으로 구성된 운송서류의 제시는 운송서류에 의해 증명되는 가장 늦은 선적 일을 선적일자로 본다. 같은 형태의 운송수단이나 둘 이상의 운송수단(more than one means of conveyance)을 이용한 선적을 증명하는 두 세트 이상으로 구성된 운송서류의 제시는 운송수단이 같은 날짜에 같은 목적지로 출발(leave on the same day for the same destination.)하더라도 분할선적으로 본다.

▸▸ b. A presentation consisting of more than one set transport documents evidencing shipment commencing on the same means of conveyance and for the same journey, provided they indicate the same destination, will not be regarded as covering a partial shipment, even if they indicate different date of shipment or different ports of loading, place of taking in charge or dispatch. If the presentation consists of more than one set of transport documents, the latest date or shipment as evidenced on any of the sets of transport documents will be regarded as the date of shipment. A presentation costing of one or more sets of transport documents evidencing shipment on more than one means of conveyance within the same mode of transport will be regarded as covering a partial shipment, even if the means of conveyance leave on the same day for the same destination.

둘 이상의 특송 배달 영수증(courier receipt), 우편영수증(post receipt) 또는 우송증명서(certificate of posting)는 동일한 특송 업체 또는 우체국에 의하여 같은 장소와 일자(same place and date) 그리고 같은 목적지(for the same destination)로 스탬프가 찍히거나 서명된 것으로 보이는 경우 분할선적으로 보지 않는다.

▸▸ c. A presentation consisting of more than one courier receipt, post receipt or certificate of posting will not be regarded as a partial shipment if the courier receipts, post receipts or certificates of posting appear to have been stamped or signed by the same courier or postal service at the same place and date and for the same destination.

27) 할부청구 또는 할부 선적(Instalment Drawing or Shipments)(제32조)

신용장에 할부청구 또는 할부선적 주어진 기간 내에(within the period allowed for the instalment) 이루어지도록 명시된 경우 주어진 기간 내에 할부청구 또는 할부선적이 이루어지지 않으면, 동 신용장은 해당 할부분과 향후 할부분에 대하여 더 이상 이용될 수 없다.

▸▸ If a drawing or shipment by instalments within given periods is stipulated in th credit and any instalment is not drawn or shipped within the period allowed for the instalment, the credit ceases to be available for that and any subsequent instalment.

※ **보충 해설** _ 분할선적(partial shipment)과 할부선적(instalment shipment) 구분

분할선적(partial shipment)은 신용장에 기재된 선적기간 내에 나누어서 자유롭게 선적하고 서류를 제시할 수 있으나 할부선적(instalment shipment)은 주어진 기간 내에(within the period allowed for the instalment) 주어진 수량을 선적해야 한다.

28) 제시기간(Hours of Presentation)(제33조)

은행은 자신의 영업시간 외의 제시를 수리할 의무(obligation)가 없다.

▸▸ A bank has no obligation to accept a presentation outside of its banking hours.

29) 불가항력(Force Majeure)(제36조)

은행은 천재지변, 폭동, 소유, 반란, 전쟁, 테러행위 또는 스트라이크, 직장폐쇄, 또는 통제범위를 벗어난 원인에 의한 영업의 중단(interruption of its business)으로 발생되는 결과에 대하여 어떠한 의무와 책임도 지지 않는다(no liability or responsibility).

은행은 영업이 재개되어도 영업중단 기간동안 만료된 신용장에 결제(honour) 또는 매입(negotiate)을 하지 않는다.

▸▸ A bank assumes no liability or responsibility for the consequences arising out of the interruption of its business by Act of god, riots, civil commotions, insurrections, wars, act of terrorism, or by any strikes or lockouts or any other causes beyond its control. A bank will not, upon resumption of its business, honour or negotiate under a credit that expired during such interruption of its business.

30) 양도가능 신용장(Transferable Credits)(제38조)

은행은 자신이 명시적으로 허락된 범위와 방법에 의한 경우를 제외하고 신용장을 양도할 의무가 없다(no obligation to transfer a credit).

▸▸ a. A bank is under no obligation to transfer a credit except to the extent and in the manner expressly consented to by that bank.

이 조항의 목적상 다음과 같이 해석한다.

양도가능 신용장(Transferable credit)이란 신용장에 양도가능("transferable.")이라고 구체적으로 기재되어 있는 신용장(credit that specifically states it is "transferable.")을 말한다.

양도가능 신용장은 제1수익자("first beneficiary")의 요청에 의하여(request of the beneficiary)전체 또는 부분적으로 제2수익자("second beneficiary")에게 이용하게 할 수 있다.

양도은행(Transferring bank)은 신용장을 양도하는 지정은행(nominated bank), 또는 어느 은행에서나 이용할 수 있는 신용장(credit vailable with any bank)은 개설은행(issuing bank)으로부터 신용장 양도에 관한 권한을 받아 신용장을 양도하는 은행을 말한다.

개설은행(issuing bank)은 양도은행(Transferring bank)이 될 수 있다. 양도된 신용장(transferred credit)이란 양도은행(Transferring bank)에 의하여 제2수익자("second beneficiary")가 이용할 수 있도록 한 신용장을 말한다.

▸▸ b. For the purpose of this article :

Transferable credit means a credit that specifically states it is "transferable." A transferable credit may be made available in whole or in part to another beneficiary("second beneficiary") at the request of the beneficiary("first beneficiary"). Transferring bank means a nominated bank that transfers the credit or, in a credit vailable with any bank, a bank that is specifically authorized by the issuing bank to transfer and that transfers the credit. An issuing bank may be a transferring bank. Transferred credit means a credit that has been made available by the transferring bank to a second beneficiary.

양도시기에 합의된 경우를 제외하고 모든 수수료(all charges)(커미션, 요금, 비용, 경비 등)는 제1수익자("first beneficiary")가 지급해야 한다(must be paid by the first beneficiary).

※ 참고
신용장 통일규칙의 규정으로는 제1수익자가 양도관련 비용을 지급하도록 되어 있으나 신용장을 양도하게 되면 제2수익자가 서류를 가지고 양도를 받으러 가는 경우가 많은데 양도비용을 제2수익자가 부담하는 경우가 대부분이다. 규정이 그렇다 하더라고 신용장의 제2수익자는 그 신용장을 양도 받음으로써 신용장의 새로운 수익자가 되기 때문이다. 실무적으로는 제2수익자가 수수료를 지급하는 경우가 훨씬 많음을 참고하기 바란다.

▸▸ c. Unless otherwise agreed at the time of transfer, all charges (such as commissions, fees, cost or expenses) incurred in respect of a transfer must be paid by the first beneficiary.

신용장에서 분할청구(partial drawings) 또는 분할선적(partial shipment)이 허용되는 경우에는 둘 이상의 제2수익자(more than one second)에게 분할양도 될 수 있다. 양도된 신용장(transferred credit)의 제2수익자의 요청(at the request of a second beneficiary)으로 그 다음 수익자(subsequent beneficiary)에게 양도 될 수 없다. 제1수익자("first beneficiary")는 그 다음 수익자(subsequent beneficiary)로 간주되지 않는다.

※ 참고
분할선적이 허용되는 경우 제1수익자는 다수의 제2수익자에게 신용장을 분할하여 양도 할 있으나 양도된 신용장을 제3의 수익자에게 재양도하는 것은 허용되지 않지만 맨 처음 신용장을 수령한 제1수익자에게 신용장을 재양도하는 것은 가능하다.

▸▸ d. A credit may be transferred in part to more than one second be beneficiary provided partial drawings or shipment are allowed. A transferred credit cannot be transferred at the request of a second beneficiary to any subsequent beneficiary. The first beneficiary is not considered to be a subsequent beneficiary.

모든 양도 요청은 제2수익자(second beneficiary)에게 어떤 조건하에서 조건변경을 통지하는지 표시하여야 한다.

양도된 신용장(transferred credit)은 그러한 조건을 명확하게 표시하여야 한다.

▸▸ e. Any request for transfer must indicate if and under what conditions amendments may be advised to the second beneficiary. The transferred credit must clearly indicate those conditions.

신용장이 둘 이상의 제2수익자(second beneficiary)에게 양도된 경우(transferred to more than one second beneficiary) 하나 또는 둘 이상의 제2수익자가 조건변경을 거절(rejection of an amendment)하더라고 다른 제2수익자가 승낙한 신용장(acceptance by any other second beneficiary)은 무효가 되지 않고 양도된 신용장은 그에 따라 변경된다.

조건변경을 거절한 제2수익자(second beneficiary)에게는 양도된 신용장(transferred credit)은 조건변경 되지 않는 상태로 남는다.

※ 보충 해설

분할선적이 허용되는 양도가능신용장은 다수에게 양도될 수 있는데 양도되고 난 후에 조건변경이 되는 경우가 발생했을 때 이를 승낙하면 조건변경이 이루어지고 이를 거절하면 조건변경이 이루어지지 않는다.

▸▸ f. If a credit is transferred to more than one second beneficiary, rejection of an amendment by one or more second beneficiary does not invalidate the acceptance by any other second beneficiary, with respect to which the transferred credit will be amended accordingly. For any second beneficiary that rejected the amendment, the transferred credit will remain unamended.

양도된 신용장(transferred credit)은 확인을 포함하여 신용장의 조건을 정확히 반영하여야 한다. 신용장의 금액(the amount of the credit) – 거기에 기재된 단가(any unity price stated therein) - 유효기일(expiry date)-제시기간(period of presentation) - 최종선적일자(latest shipment date) 또는 주어진 선적기간(given period for shipment)은 예외적으로 일부 또는 전부감액 되거나 단축될 수 있다(may be reduced or curtailed).

보험부보 백분율은 신용장 또는 이 규약(credit or these articles)에서 규정된 규모까지 증액될 수 있다.

제1수익자(first beneficiary)의 이름은 개설의뢰인(applicant)의 이름으로 대체할 수 있다. 만일 신용장이 송장을 제외한 다른 서류에서 개설의뢰인의 이름이 보일 것을 요구하고 있다면 그러한 요건은 양도된신용장(transferred credit)에 반영되어야 한다.

▸▸ g. The transferred credit must accurately reflect the terms and conditions of the credit, including confirmation, if any, with the exception of : - the amount of the credit, - any unity price stated therein, - the expiry date, - the period of presentation, or - the latest shipment date or given period for shipment, any or all of which may be reduced or curtailed. The percentage for which insurance cover must be effected may be increased to provide the amount of cover stipulated in the credit or these articles. The name of the first beneficiary may be substituted for that of the applicant in the credit. If the name of the applicant is specifically required by the credit to appear in any document other than the invoice, such requirement must be reflected in the transferred credit.

제1수익자(first beneficiary)는 신용장에 규정된 원 금액을 초과하지 아닌 한 금액(an amount not in excess of that stipulated in the credit)대해 제2수익자(second beneficiary)의 송장 및 환어음을 자신의 송장 및 환어음(its own invoice and draft)으로 대체할 권리(the right to substitute)를 가지고 있으며, 제1수익자(first beneficiary)가 송장 및 환어음을 대체하는 경우 자신의 송장과 제2수익자의 송장사이에 차액이 있을 때(difference, if any) 이에 대하여 제1수익자(first beneficiary)는 신용장에 따른 환어음을 발행할 수 있다(the first beneficiary can draw under the credit for the difference.

▸▸ h. The first beneficiary has the right to substitute its own invoice and draft, if any, for those of a second beneficiary for an amount not in excess of that stipulated in the credit, and upon such substitution the first beneficiary can draw under the credit for the difference, if any, between its invoice and the invoice of a second beneficiary.

제1수익자(first beneficiary)가 자신의 송장과 환어음(invoice and draft)을 제시하려고 하였으나 최초 요구(on first demand)에서 그렇게 하지 못한 경우 또는 제1수익자가 제시한 송장에서 제2수익자(second beneficiary)가 제시한 서류에 없었던 불일치(discrepancies)가 발생한 경우 그리고 제1수익자가 최초 요구를 정정하지 못한 경우, 양도은행(transferring bank)은 제1수익자에 대하여 더 이상의 책임 없이(without further responsibility) 제2수익자에게서 받은 서류 그대로(documents as received from the second beneficiary) 개설은행(issuing bank)에 제시할 권리를 갖는다.

▸▸ i. If the first beneficiary is to present its own invoice and draft, if any, but fails to do so on first demand, or if the invoices presented by the first beneficiary create discrepancies that did not exist in the presentation made by the second beneficiary and the first beneficiary fails to correct them on first demand, the transferring bank has the right to present the documents as received from the second beneficiary to the issuing bank, without further responsibility to the first beneficiary.

양도요청에서 제1수익자는 신용장이 양도된 장소에서 결제 또는 매입이 이루어져야 한다고 표시할 수 있다.

이는 제38조 (h)항에 따는 제1수익자의 권리를 침해받지 않는다(without prejudice to the right of the first beneficiary).

▸▸ j. The first beneficiary may, in its request for transfer, indicate that honour or negotiation is to be effected to a second beneficiary at the place to which the credit has been transferred, up to and including the expiry date of the credit. This is without prejudice to the right of the first beneficiary in accordance with sub-article 38(h)

제2수익자에 의한 또는 제2수익자를 위한 제시는 양도은행에 대하여 이루어져야 한다.

▶▶ k. Presentation of documents by or on behalf of a second beneficiary must be made to the transferring bank.

31) 대금의 양도(Assignment of Proceeds)(제39조)

신용장이 양도가능성을 기재하지 않은 사실은, 수익자가 그러한 신용장하에서 받을 권리가 있거나 혹은 있게 될 모든 대금을 그 적용 가능한 법률의 규정(provisions of applicable law)에 따라 양도하는 수익자의 권리(right of the beneficiary)에 영향을 미치지 않는다.

이 조항은 대금의 양도(assignment of proceeds)에 관한 것이며 신용장 자체에 따라 이행할 권리의 양도(assignment of the right)에 관한 것은 아니다.

▶▶ The fact that a credit is not stated to be transferable shall not affect the right of the beneficiary to assign any proceeds to which it may be or may become entitled under the credit, in accordance with the provisions of applicable law. This article relates only to assignment of proceeds and not to the assignment of the right to perform under the credit.

CHAPTER 4

무역운송

제1절 무역운송

1. 의의

무역계약이 성립(formation of contract)되고 매도인(seller)이 계약을 이행(performance of contract)하기 위하여 물품(goods)을 제조하고 선적시기(time of shipment)가 도래하면 계약 내용에 따라 매도인(seller)이 운송인(carrier)을 수배하여 매매의 목적물인 상품(goods)을 선적(shipment)하는 경우도 있고 매수인(buyer)이 공장(factory)으로부터 직접 물품(cargo)을 운송(transportation)하는 경우도 있다.

매매 거래 당사자들은 운임을 대가로 운송서비스를 제공하는 운송인(carrier)에게 물품의 운송(transportation)을 의뢰하는 경우가 보편적이라 할 수 있다.

무역에 있어서의 운송(transportation)이란 운송수단(means of transport)을 이용하여 한 장소에서 다른 장소로 물품(cargo)을 이동시키는 것을 말한다. 운송(transportation)의 수단으로는 차량, 선박, 항공기 등이 이용된다.

2. 운송의 형태

1) 해상운송(Carriage by Sea, shipping, marine transport)

무역거래 시 저렴한 운임(ocean freight charge), 대량의 물량운송 등의 이유로 가장 보편적으로 이루어지는 운송형태(mode of transport) 중의 하나이다. 해상운송(carriage by sea)은 선박(vessel)에 의하여 바다를 통하여 화물(cargo)을 운송하는 방식이다. 대부분의 화물(cargo)은 컨네이너(container)로 운송되며 운송경로가 정해져 있는 정기선(liner)과 운송수요에 따라 운항되는 부정기선(tramper)이 있다.

2) 항공운송(Carriage by Air)

항공기를 통하여 운송(carriage)이 이루어지는 방식으로 주로 항공료가 비싸기 때문에 긴급을 요하는 물품 또는 고 부가가치의 물품, 신선도를 유지해야 할 물품 등이 항공운송에 적합하다.

항공운송의 경우 대부분 화물운송 주선인(Air Freight forwarder)을 통하여 이루어지고 각 항공사마다 차별화된 운임을 제시하고 있으므로 보다 저렴하고 신속한 운송(carriage)을 위해서는 여러 항공사별로 가격을 종합적으로 점검한 후 최종적인 운송계약(carriage contract)을 맺는 것이 매우 중요하다.

3) 복합운송(Multimodal transport)

복합운송(Multimodal transport)이란 적어도 둘 이상의 운송수단(mode of transport)에 의하여 물품을 운송하는 것(at least two different modes of transport)을 말한다. 복합운송(multimodal transport)을 독립적인 복합운송인(multimodal transport operator)이 단일의 복합운송계약(multimodal transport contract)을 체결하고 복합운송증권(Multimodal Transport document)을 발행하여 운송(transport)의 전 과정에 대해 책임을 지고 운송하는 방식이다. 컨테이너의 등장으로 일괄운송이 가능해짐에 따라 급속히 발전한 하나의 새로운 형식의 운송방식이다.

제2절 해상운송

1. 의의

해상운송(marine transport, carriage by sea)은 선박(vessel)을 이용하여 국제무역의 대상 물품을 운송(transport)하고 운임(freight charge)을 받는 것을 말한다.

2. 특징

1) 경제성

해상운송(marine transport)은 다른 운송수단(means of transport)에 비하여 운임(freight charge)이 저렴하기 때문에 경제성이 있다. 해상운송(marine transport)은 육상 운송과 달리 도로시설(road)이나 철로(railroad) 등이 필요하지 않고 바다를 통하여 운송(transport)되고 대량의 화물(cargo)을 한꺼번에 운반하기 때문에 경제성이 있다고 할 수 있다. 수입상(buyer)의 경우 긴급을 요하지 않는 물품이라면 해상을 통해 물품(cargo)을 입수함으로써 그만큼 경쟁력이 생기게 된다.

2) 대량성

해상 운송(marine transport)은 주로 컨테이너(container)를 이용해 대량의 화물(cargo)을 한꺼번에 수송(transport)할 수 있으므로 항공기에 비해 신속성은 떨어지지만 대량성이 확보된다. 화물(cargo)을 수송하는 선박(vessel)은 보통 수만 톤 급에서부터 수십만 톤의 화물선도 있다.

3) 원거리 수송

해상운송(marine transport)은 인접한 나라들은 물론이거니와 대양을 횡단하는 원거리 운송(transport)이 더 보편적이다.

4) 위험성

해상운송(marine transport)은 뜻하지 않은 기후의 변화 선박의 충돌(collision of ships) 등의 위험(risk)에 노출되어 있다. 이러한 위험(risk)을 대비하여 대부분의 경우 선박보험(hull insurance)과 적하보험(insurance on goods)을 가입하게 된다.

3. 기능

1) 무역거래의 촉진

해상운송(marine transport)은 그 경제성 및 대량성으로 무역거래가 촉진되는 기능을 지니고 있다. 또한 긴급을 요하는 물품(cargo)이 아닌 경우에는 선박

(vessel)을 통해 운송되므로 그 비용(cost)이 저렴한 만큼 가격경쟁력이 확보되기 때문에 무역거래를 보다 많이 성사시키는 것이 가능하게 된다.

2) 관련 산업의 발전

해상운송(marine transport)이 발달함에 따라 선박을 건조하는 조선업(shipbuilding industry)이나 철강 산업(steel industry)이 발달하게 되고, 해상에서 발생하는 멸실(loss) 손상(damage)에 대비하기 위하여 보험업(insurance)이 발달하고 기타 통관업, 창고업, 다른 운송업에도 영향을 미친다.

3) 국제분업 촉진 기능

해상운송(marine transport)이 발달됨으로써 무역거래가 촉진되고, 무역거래가 촉진되면 비교 우위에 있는 국가가 생산을 담당하여 물품을 공급하게 되어 국제 분업화를 촉진시키는 역할을 하게 된다.

4. 형태

1) 정기선(Liner)

정기선(Liner)은 정해진 항로를 운항계획에 따라 규칙적으로 운항하며 화주(shipper)들로부터 사전에 정해진 운임율에 따른 운임을 적용한다.

예정된 항구 사이를 규칙적으로 운항하면서 불특정 다수의 화주(shipper)의 화물(cargo)을 운송(transport)하는 방식이다. 때로는 정해진 항로에서 동맹선사간의 과당 경쟁을 하여 운임율이 떨어지는 것을 방지하기 위하여 공동운임율표를 적용하기도 한다.

해운동맹(Shipping conference)

해운동맹(Shipping conference)이란 일정수준의 운임을 유지하기 위해 특정항로에 취항하고 있는 2개 이상의 선박회사들이 일정수준의 운임을 유지하기 위해 맺는 가격동맹을 말한다. 가맹을 희망하는 선박회사에게 무조건으로 가입을 희망하는 개방적 동맹(open conference)과 일정한 조건을 붙여 가입을 인정하는 폐쇄적 동맹(closed conference)이 있다.

2) 부정기선(Tramper)

정기선(liner)이 일정한 항구 사이를 예정된 스케줄에 따라 운항한다면 부정기선(tramper)은 화주(shipper)와의 계약에 따라 항로나 운항 일정을 정해 주로 대량화물인 곡물(grain), 원유(crude oil), 광석(Bulk Cargo) 등의 운송을 하며 운임(freight)은 화주(shipper)와의 계약에 의해 결정되기 때문에 가격은 정해진 운임에 따르지 않고 개별계약에 의한다.

화주(shipper)가 선박을 선주(shipowner)로부터 선박의 전부 또는 일부를 빌리기 때문에 용선자(charterer)라고 부르기도 한다. 용선자(charterer)가 선박의 공간(Ship's space)을 사용하는 범위에 따라 전부용선(full charter) 또는 일부용선(partial charter)이라고 하며 이러한 경우에는 선박에 선원과 장비 등을 갖춘 상태로 용선(charter)을 하게 된다. 전부용선(full charter)과 구별되는 것으로 배의 선원과 장비 등의 의장을 제외하고 오직 배만 빌리는 계약을 체결할 수도 있는데 이를 나용선(Demise Charter)이라 하며 선원의 임금 연료 및 선용품 등에 대한 부담은 용선자(charterer)가 부담하게 된다.

(1) 용선계약의 하역비 부담 조건

선적 및 양륙시의 하역비(port loading and unloading cost)를 선주와 화주 중 누가 부담할 것 인가에 따라서 4가지로 구분된다.

① Berth Terms(Liner Terms) : 선적 및 양륙시의 하역비를 모두 선주가 부담하는 조건

② FI(Free In) : 선적시의 하역비는 화주가 부담하고 양륙시의 비용은 선주가 부담하는 조건.

③ FO(Free Out) : 선적시의 하역비는 선주가 부담하고 양륙시의 비용은 화주가 부담하는 조건

④ FIO(Free In & Out) : 선적 및 양륙시의 하역비를 모두 화주가 부담하는 조건

(2) 용선계약의 정박기간(Lay day)

용선계약(charter party)에 있어 용선자(charterer)가 화물(cargo)의 선적(loading) 또는 양륙(unloading)을 위해 선박을 항구에 정박할 수 있는 정박기간(lay day)과 관련하여 정박기간(lay day)을 산정하는 방법에 따라 정박기간(lay day)의 계산이 조금씩 차이가 날 수 있다. 즉 정박기간(lay day) 초과 시 용선주가 선주에게 체선료(demurrage)를 지급하고, 기간 단축 시에는 선주가 화주에게 조출료

(dispatch money)를 지급하게 되는데 그 산정기준 다음과 같다.

① 지속일(Running Lay days)

실제 하역 여부와 관계없이 하역 개시 일부터 종료 시까지 경과 일수를 모두 정박 기간(lay day)에 포함시키는 방법으로 악천후, 파업 및 불가항력 등 어떤 경우에도 모두 정박기간(lay day)에 포함시키는 방법이며 일요일 및 공휴일도 특약이 없는 한 정박기간에 포함된다.

② 호천 하역일(Wether Working Days)

기후가 양호하여 실제 하역이 가능한 날만 기간에 산입하는 방법이며 가장 보편적으로 사용되는 방법이다. 하역가능여부는 화물의 종류에 따라 차이가 있으며 용선자(charterer)와 선주(ship owner)가 합의(agreement)하여 결정한다.

ⓐ WWDSHEX(Whether Working Days Sundays and Holidays Excepted)
일요일과 공휴일은 제외하는 방법

ⓑ WWDSHEXUU(Whether Working Days Sundays and Holidays Excepted Unless Used)
일요일과 공휴일에 작업을 했다면 포함시키는 방법

③ 관습적 조속하역(Customary Quick Dispatch)

가능한 빨리 선적 및 양륙을 하는 조건으로 정박기간(lay day)의 계산 방법은 당해 항구의 해사 관행에 따라 정한다.

> **체선료(demurrage)**
> 약정기일 내에 작업을 끝내지 못한 경우 화주가 선주에게 지불해야 하는 위약금 조출료 (dispatch money) : 계약기간 보다 일찍 작업이 완료된 경우 선주가 화주에게 지급하는 금액

제3절 항공운송

1. 의의

항공화물운송(Air Transport)이란 항공기를 통하여 항공기의 space를 이용하

여 화물을 운송하는 것을 말한다.

2. 특징

1) 신속성

항공기는 다른 운송수단과 비교해 보면 가장 신속하게 화물을 운송(transport)할 수 있는 운송수단이다. 긴급을 요하는 물품, 부패 변질하기 쉬운 상품, 고부가가치의 상품을 신속히 운송하고자 할 때 항공기를 이용한다.

2) 고비용

항공기의 장점은 신속하고 안전하게 물품을 운송할 수 있는 반면 대량의 화물(cargo)을 운송(transport)하기에는 한계가 있으며 비용이 비싸다는 것이 단점이다.

3) 안전성

항공기는 운송 시간이 짧으면서도 안정성이 높은 운송수단이라고 볼 수 있다.

4) 대리인을 통한 거래

일반 항공화물은 주로 송하인(consignor)이 직접 항공사와 거래하지 않고 항공화물 대리점(Air cargo Agent)이나 항공화물주선인(Air Freight Forwarder)과와 같은 대리업체를 통하여 거래가 이루어진다.

3. 항공화물 운송장(Air waybill)

1) 의의

항공화물 운송장(Air Waybill)이란 항공운송에서 송하인(carrier)과 항공운송인 간에 화물의 운송계약(transport contract)이 체결되었다는 것을 나타내는 증거서류인 동시에 송하인(carrier)으로부터 화물(cargo)을 운송하기 위하여 수령(accepted for carriage)하였다는 증거이다.

2) 기능

① 운송계약의 증빙

항공화물 운송장(Air Waybill)은 항공운송인과 송하인(carrier) 사이에 항공화물운송을 위해 운송계약(transport contract)이 체결되었다는 증빙서류에 해당한다.

② 운송물품의 수령증

항공화물 운송장(Air Waybill)은 항공운송인과 송하인(carrier) 사이에 항공화물운송을 위해 화물(cargo)을 수령하였다는 증거서류에 해당한다.

③ 세관신고 서류

항공화물 운송장(Air Waybill)은 물품에 대한 수량, 중량, 물품내용 등을 나타내어 운송물품의 수입 통관(custom clearance) 시에 세관에 제출하는 서류이다.

④ 제시서류

항공화물 운송장(Air Waybill)은 통상 2부의 원본이 발행되는 데 한 부는 수출물품과 함께 같은 항공기 편으로 수입국으로 발송되고 나머지 한 부는 은행에 제시서류에 포함되는 것이 일반적이다.

3) 항공화물 운임

항공화물 운임은 국제항공 운송협회(International Ait Transport Association, IATA)에서 제정한 운임표가 세계적으로 사용되며 우리나라도 이운임표를 바탕으로 정부의 승인을 받아 사용하고 있다. 항공화물 요율체계는 일반화물요율(General Cargo Rate), 특정품목할인요율(Specific Commodity Rate), 품목분류요율(Commodity Classification Rate)로 나뉘며 특정품목할인 요율이나 품목분류요율은 일반화물요율보다 우선 적용된다.

① 일반화물 요율(General Cargo Rate)

(a) Minimum charge : 최저 화물에 적용하는 운임
(b) Normal rate : 기본요율로, 45kg 미만인 화물에 적용
(c) Quantity rate : 중량 단계별 할인요율로 45kg 이상에 적용하고 중량이 높을수록 요율은 낮아진다.

※ 1,000kg 이상일 경우는 더욱 낮은 가격으로 협상이 가능함

② **특정품목할인요율(Specific Commodity Rate)**

특정구간에 특정 품목이 지속적으로 반복 운송되는 품목에 대해 할인 해주는 요율을 말한다.

③ **품목분류요율(Commodity Classification Rate)**

품목분류요율(Commodity Classification Rate)은 품복분류에 따라 적용되는 요율로 일반화물요율(General Cargo Rate)에 대해 할증(surcharge) 또는 할인(reduction)으로 부분된다.

④ **추가요금**

(a) **유가 할증료(FSC, Fuel Surcharge)** : 유가의 변동에 따라 부과되는 할증요금

(b) **보안 할증료(SC, Security Surcharge)** : 화물검색 등 보안을 위하여 부과되는 할증요금

(c) **화물취급 수수료(Handling charge)** : 서류발급 등 추가로 발급되는 요금

제4절 선하증권(Bill of Lading)

1. 의의

선하증권(Bill of Lading)이란 물품의 인도 인수를 위하여 물품운송의 임무를 맡은 운송인(carrier)이 선적을 증명하는 증권으로서, 운송인(carrier)이 동 증권과 상환으로 물품을 인도할 것을 약정하는 권리증권(document of title)을 말한다.

2. 선하증권의 기능

1) 권리증권(Document of title)

선하증권(bill of lading)은 그 자체가 화물을 상징하는 권리증권(document of title)이다. 즉 정당하게 선하증권(bill of lading)을 소지한 자는 운송인(carrier)에게 화물(cargo)의 인도를 청구할 수 있고, 양도(transfer) 또는 배서(endorse)에 의해 타인에게 이전이 가능하다. 물품이 운송(transport) 중에 있다 하더라도 물품의 매매에 사용될 수 있으며 물품확보에 필요한 담보로서 이용될 수도 있다.

2) 운송계약의 증거(Evidence of contract)

선하증권(bill of lading)은 운송계약(transportation contract)을 전제로 발행되는 계약체결의 증빙서류(evidence of contract)이다. 실무에서는 별도의 운송계약을 증빙하는 서류가 발행되지 않기 때문에 선하증권(bill of lading)만이 운송계약의 증빙서류(evidence of contract)로 간주된다.

3) 화물수령증(Receipt for goods)

선하증권(bill of lading)은 선박회사나 그 대리인이 증권상에 기재된 화물의 내용, 수량, 중량 및 상태와 같은 물품을 송하인(shipper)으로부터 수령하였다는 추정적 증거(constructive proof)이다.

한편 선하증권(bill of lading)의 내용의 수량에는 "said to contain"이라는 표현이 있는데 이를 부지약관(unknown clause)라고 한다. 이는 선하증권(bill of lading) 발행 시 물품을 일일이 확인하여야 하는 것이 원칙이나 실지로는 운송인(carrier)이 서류상의 물품을 인수받아 선하증권(bill of lading)을 발행하기 때문에 수출상인 매도인(seller)의 증빙서류를 바탕으로 선하증권(bill of lading)이 발행되기 때문에 이러한 표현이 사용된다.

3. 선하증권의 배서(Endorsement)

유통증권인 선하증권(bill of lading)의 양도는 화물의 양도와 같은 법률적 효과를 지닌다. 기명식 선하증권(straight bill of lading)은 수하인(consignee)이 정해져 있는 경우를 말하는데 실정법에서 특별히 인정하는 경우를 제외하고 양도가 불가능하며, 지시식 선하증권(order bill of lading)의 경우에는 배서(endorsement)에 의해서 양도되며, 무기명식 선하증권인 경우에는 교부(delivery)에 의해서 양도된다. 신용장의 경우에는 위의 경우가 모두 사용되지만 지시식(Order B/L)으로 하는 것이 일반적이다.

4. 선하증권의 분류

1) 적재 여부에 따른 구분

대부분의 경우는 화물(cargo)을 실제고 본선에 적재한 이후 운송인(carrier) 또는 운송인을 대리한 대리인이 선하증권(bill of lading)을 발행하는데 이를 선적선하증권(Shipped B/L. On board B/L)이라고 하며 선하증권의 발행일자(the date of issuance of the bill of lading)가 곧 선적일자(date of shipment)가 된다. 한편 수취선하증권(Riceived B/L)이란 화물(cargo)을 본선적재를 위해 수취한 상태에서 발행되는 선하증권(bill of lading)으로 수취 선하증권(Riceived B/L) 발행 후 본선적재 날짜(the date on which the goods have been shipped on board)와 선박명(name of the actual vessel)을 별도로 부기해야 선적선하증권(Shipped B/L)과 동일한 효력을 가진다. 선하증권(bill of lading)이 선박명과 관련하여 예정된 선박("intended vessel") 또는 이와 유사한 표시를 포함하는 경우에는 선적일고 실제 선박명(name of the actual vessel)을 표시하는 본선적재 표기(on board notation)가 요구된다.

2) 사고 유무에 따른 구분 : 무사고 선하증권(clean bill of lading), 사고부선하증권(Foul B/L, Dirty B/L, Claused B/L)

무고장 또는 무사고 선하증권(clean bill of lading)이란 사고 문언이 없는 대부분의 선하증권(bill of lading)이 이에 해당된다.

대부분의 경우에 정상적으로 발행되는 경우는 무사고 선하증권(clean bill of lading)이라 볼 수 있다. 한편 화물(cargo)이 양호하지 못한 상태로 수량이 맞지 않거나 포장(packing)이나 물품(cargo)에 하자가 있는 상태에서 본선에 적재된 경우 선하증권(bill of lading) 비고란(remark)에 사고 문언이 기재된 선하증권을 사고부 선하증권(Foul B/L, Dirty B/L, Claused B/L)이라고 한다. 은행은 사고부 선하증권(bill of lading)을 거절하기 때문에 송하인(shipper)은 선박회사에 파손화물보상장(Letter of indemnity)을 제출하고 무사고 선하증권(clean bill of lading)을 교부받을 수 있다.

3) 발행자에 따른 구분(Master B/L, House B/L)

Master B/L은 운송주선인(freight forwarder)이 목적지가 같은 소량의 화물들을 다수의 송하인(shipper)들로부터 집하하여 하나의 그룹으로 선사에 인도하는데 이때 선사가 운송주선인(freight forwarder)이에게 발행하는 선하증권(Master B/L)을 말한다. House B/L은 운송주선인(freight forwarder)이 선사로부터 발급받은 Master B/L에 기초하여 개개의 화주(shipper)들에게 발행하는 선하증권(House B/L)을 말한다.

4) 기간경과 선하증권(Stale bill of lading)

기간경과 선하증권(Stale bill of lading)이란 신용장(letter of credit)에 명시된 서류제시기간(period of presentation)을 넘긴 선하증권(bill of lading)으로 특별히 "Stale B/L Acceptable"이라는 명시적 조항이 없는 한 은행은 이러한 서류를 수리하지 않으므로 신용장에 기재된 제시 기일 내에(within period of presentation) 선하증권을 제시하여야 함을 유의하여야 한다.

5. Surrender B/L

1) 의의

Surrender B/L이란 해상운송인에게 화물의 운송을 의뢰한 송하인(shipper)이 수입상의 편의를 제공하기 위하여 또는 기타의 사유로 수입상(buyer)이 선하증권 원본(original bill of lading)을 입수하기 이전 수입상(buyer)에게 수입화물을 교부하여 줄 것을 의뢰하는 경우 선사에 제출된 B/L을 말한다.

Surrender B/L은 물품 대금을 미리 선불로 수출상(shipper)이 결제받았거나 기타의 사유로 물품의 도착지와 서류의 도착지가 상이하여 통관에 많은 시간이 소요되는 경우 예외적으로 발급된다.

일반 신용장거래에서는 은행의 책임 하에 서류가 제시되는 것이므로 이러한 거래는 거의 발생하지 않는다.

※ 이론적으로는 위와 같지만 실무에서는 매수인(buyer)이 대금결제를 하고 Surrender B/L을 요청하는 경우 최초 선적요청서(Shipping Request)를 운송인에게 보냄과 동시에 Surrender B/L을 요청하므로 처음부터 바로 Surrender B/L 발급하는 경우가 대부분이다.

2) 문제점

수입상은 B/L이 surrender 되면 B/L 원본을 입수하지 않은 상태에서 물품을 인수할 수 있으므로 손쉽게 물품(cargo)을 확보할 수 있으나 화주(consignor)인 수출상(shipper,)은 대금결제가 이루어지지 않은 상태에서 이러한 방법을 이용하면 물품(cargo)에 대한 채권 확보가 곤란하고 또한 송하인(shipper)이 B/L을 surrender한 사실을 안 자가 수하인(consignee) 이외의 자로서 사기행위(fraud)를 통해 물품을 인수해 간다면 문제가 발생할 여지도 있다.

제5절 해상화물 운송장

1. 의의

해상화물 운송장(sea waybill)은 해상 운송인(carrier)이 운송화물의 수령사실을 증명하고 운송계약(transport contract)의 내용을 증빙하기 위하여 송하인(shipper)에게 발행하는 서류(document)로서 권리증권(document of title)이 아닌 유통성이 없는 운송서류(nonnegotiable documents)를 말하며 신용장 통일규칙에서는 유통성이 없다 하여 비유통 해상화물 운송장(Non-Negotiable Sea waybill)으로 표기하고 있다. 이는 비유통증권이면서 화물운송의 증빙서류이기 때문에 매매양도가 불가능하며(non-transferable) 수하인(consignee)을 기명하는 기명식으로 발행되는 운송서류(transport document)이다.

2. 효용 및 문제점

1) 효용

① 화물인수의 신속성

수하인 기명식으로 발행되므로 간단한 확인절차에 의해 화물(cargo)을 신속히 인수할 수 있다.

② 위험의 경감

선하증권(bill of lading)은 권리증권(document of title)이기 때문에 분실하게 되면 복잡한 절차를 거쳐 화물(cargo)을 인수해야하는 불편이 있으나 해상화물 운송장(sea waybill)은 권리증권이 아니므로 그런 위험성(risk)은 없다.

2) 문제점

① 운송 중의 물품의 매매 곤란

해상화물 운송장(sea waybill)은 유가증권(document of title)이 아니고 유통성이 없으므로 운송 중인 물품에 대하여 매매가 어렵다.

② 운송물품에 대한 담보권

해상화물 운송장(sea waybill)은 매도인(seller)이 물품을 선적한 경우에도 물품에 대한 처분권을 매도인(seller)이 가진다. 따라서 서류의 취득으로 물품에 대한 담보권을 매수인(buyer)이 가지는 것이 아니므로 매수인(buyer)은 대금지급 시에 물품을 원활하게 확보할 수 있도록 주의를 기울여야 한다.

제6절 국제 복합운송

1. 의의

UN 국제 화물복합운송조약에 의하면 국제복합운송(International multimodal transport)이란 복합운송인(MTO : Multimodal Transport Operator)에 의해 화물이 인수된 한 국가 내에 있는 일정한 장소로부터 다른 국가 내에 위치한 인도 예정된 일정한 장소까지 복합운송계약(multimodal transport contract)에 의거하여, 적어도 두 개의 다른 운송방식(at least two different mode of transport)에 의한 화물의 운송(carriage of goods)을 말한다고 규정하고 있다.

2. 요건

1) 다른 운송수단의 결합(different modes of transport)

국제복합운송(International multimodal transport)은 복합운송인(multimodal transport operator)이 적어도 둘 이상의 운송수단(at least two different mode of transport)을 결합하여 일관운송(through transportation)을 하는 것을 특징으로 한다.

2) 단일 책임(uniform liability)

국제복합운송(International multimodal transport)은 복합운송인(multimodal transport operator) 1인이 전 구간의 운송에 대하여 책임을 진다. 과거에 각 운송 구간별로 분할하여 책임을 졌으나 이러한 경우 책임의 분기점을 확정하기가 어려웠으나 복합운송(multimodal transport)의 경우 한 사람이 전 구간에 대해 책임을 지므로 책임의 분기점을 논할 필요가 없어진다.

3) 일관운송(through carriage)

국제복합운송(International multimodal transport)은 복합운송인(multimodal transport operator) 1인이 전 구간의 운송에 대하여 책임을 지며 또한 출발지에

서 목적지에 이르기까지 일관운송(through carriage, through transportation) 서비스를 제공하고 운송 중의 멸실(loss), 손상(damage) 등에 대하여도 일관책임(Uniform Liability system)을 부담한다.

4) 일관운임(through rate)

국제복합운송(International multimodal transport)에서의 운임은 구간별로 각각 다르지만 복합운송인(multimodal transport operator)이 이를 산정하여 화물의 1 단위당 또는 중량 및 용적당 단위가격을 설정하여 일관운임(through rate)을 적용한다.

5) 복합운송증권(multimodal transport document)

국제복합운송(International multimodal transport)에서 발행되는 운송증권은 각 구간별 운송증권이 아닌 하나의 복합 운송증권(multimodal transport document)이 발행된다.

3. 복합운송인(Multimodal Transport Operator)

1) 의의

복합운송인(MTO : Multimodal Transport Operator)이란 UN 국제 화물복합운송조약 제1조 제2항에 의하면 "스스로 또는 대리인을 통하여 복합운송계약을 체결하고, 대리인 또는 송하인이나 복합운송작업에 참여하는 운송인(carrier)을 위해서가 아니라 주체로서 행위(act as principal)를 하며 또한 계약의 이행에 대한 책임(responsibility for the performance of the contract)을 부담하는 자"를 복합운송인(MTO : Multimodal Transport Operator)이라 규정하고 있다.

2) 유형

① 실제운송인형 복합운송인

실제운송인(carrier)형 복합운송인은 자신이 직접 일부구간의 운송수단을 보유하면서 복합운송인의 역할을 수행하는 자를 말한다. 즉 운송의 수단이라고 할 수 있는 선박, 차량 등을 보유하고 운송의 전부를 담당하는 운송인을 의미한다.

② **계약운송인형 복합운송인**

계약운송인(forwarder)형 복합운송인(Multimodal Transport Operator)은 자신이 운송수단을 직접 보유하지 않으면서 운송의 주체자로서 기능과 책임을 다하는 자를 말하며, 운송주선인(Freight Forwarder)형 복합운송인(Multimodal Transport Operator)이라고도 한다.

3) 운송주선인(Forwarder)

(1) 의의

운송주선인(Freight Forwarder)이란 자신이 운송수단을 직접 보유하지 않으면서 운송(transport)을 위탁한 고객을 대리하여 화주(shipper)의 화물과 관련된 운송연관업무를 주선하고 화주(shipper)가 요구하는 목적지까지 운송해주는 복합운송인(Multimodal Transport Operator)을 말한다.

(2) 운송주선인의 기능

① **일관운송 책임의 주체**

국제복합운송에서 운송주선인은 전 구간에 걸쳐 일관운송(through transportation)의 책임(liability)을 진다.

② **소량화물의 통합**

선박회사 등과 거래할 경우에는 컨테이너(Full Container)당 가격이 주어지므로 물량(cargo volume)이 컨테이너 규모(volume)가 안 되는 경우에는 운송주선인이 여러 화주의 소량화물(Less than Container load)을 모아서 컨테이너에 통합(consolidation)하여 운송인(carrier)에게 의뢰하는 역할을 한다.

(3) 효용

① **일관운송 서비스 공급**

운송주선인(Multimodal Transport Operator)은 구간별로 요금을 따로 받는 것이 아니라 일관운송(through transportation) 서비스를 공급하고 요금도 일관 운송서비스 요금(through rate)을 그 대가로 수령한다. 화주(shipper)는 운송주선인(Multimodal Transport Operator)에게 운송계약체결(multimodal transport contract)을 의뢰함으로써 개별운송인과 운송계약을 체결할 필요가 없다.

② **국제운송의 편리성**

단일한 요율과 간단한 운송서류(multimodal transport document)만으로 운송주선인(Multimodal Transport Operator)을 통해 국제 운송이 이루어지므로 복잡하거나 번거로움이 적고 편리하다.

③ **화물의 통합(Consolidation)**

운송주선인(Multimodal Transport Operator)은 개별화주의 화물(cargo)을 모아서 컨테이너 분량에 맞게 조정하고 통합(consolidation)하는 기능을 수행한다.

4. 랜드브리지 시스템(Land Bridge System)

1) 의의

랜드브리지 시스템(Land Bridge System)은 해상과 해상을 잇는 교량을 역할을 하는 육상구간이 가교역할을 한다고 하여 랜드브리지(land bridge)라고 하며 운송시간과 비용을 절감할 수 있는 장점이 있다. 다양한 구간이 있으나 대표적 랜든브리지 시스템에 대하여 언급하고자 한다.

2) 복합운송의 주요 경로

① **아메리카 랜드브리지(American LB)**

아메리카 랜드브리지(American land Bridge)는 한국과 일본 등과 같은 극동과 유럽 간의 화물(cargo) 운송에서 미국대륙의 횡단철도를 이용한 극동 - 유럽 간의 복합운송(multimodal transport)을 말한다. (극동 - 미국횡단철도 - 유럽)

② **시베리아 랜드브리지(Siberian LB)**

시베리아 랜드브리지(Siberian land Bridge)는 극동지역에서 해상운송을 통해 시베리아 횡단철도가 시작되는 보스토치니 등으로 화물을 운송하여 유럽이나 중동으로 운송하는 복합운송(multimodal transport)을 말한다. (극동 - 시베리아 철도 - 유럽 및 중동)

③ **캐나다 랜드브리지(Canadian LB)**

캐나다 랜드브리지(Siberian land Bridge)는 극동지역서 캐나다 서부해안까지 화물(cargo)을 운송하고 내륙운송을 통해 화물(cargo)을 운송한 다음 유럽대륙까지 해상운송(carriage by sea)을 통해 화물을 운송하는 방식이다. (극동 - 캐나다

대륙수송 - 유럽)

5. 운송수단 결합 방식

1) 의의

복합운송(multimodal transport)은 적어도 둘 이상의 서로 다른 운송수단(two different means of transport)이 결합된 형태이기 때문에 결합방식에 따라 다양한 유형이 존재한다. 이러한 경우 연계되는 운송수단(means of transport)의 결합 형태를 가지고 구분하면 다음과 같다.

2) 운송수단의 결합 방식에 의한 구분

① Piggy-back system
컨테이너를 철도에 실어 수송하는 방식
ex) 육상운송 중 차량 운송과 철도 운송의 결합

② Birdy-back system
컨테이너를 항공기에 실어 수송하는 방식
ex) 육상운송과 항공 운송의 결합 (차량운송 + 항공기운송)

③ Fishy-back system
컨테이너를 배에 실어 수송하는 방식
ex) 육상운송과 해상운송의 결합 (차량운송 + 선박운송)

제3부 무역계약의 이행

6. 복합운송증권

1) 의의

복합운송증권(multimodal transport document)은 전 운송구간을 포함하기 위해 등장한 운송서류(transport document)로써 복합운송인(Multimodal Transport Operator)이 물품을 수령하였고 복합운송계약(multimodal transport contract)의 약정에 따라 목적지에서 물품을 인수할 것을 약속하는 운송서류를 말한다. 복합운송증권(multimodal transport document)은 발행주체에 따라 실제운송인이 발행한 복합운송증권(multimodal transport document)과 운송주선인(Multimodal Transport Operator)이 발행한 복합운송증권(multimodal transport document)

으로 구분된다.

2) 복합운송증권의 유형

(1) 실제 운송인이 발행한 복합운송은 해상운송일 경우에 사용되며 B/L 명칭을 사용하여 Multimodal Transport B/L, Combined Transport B/L, International Transport B/L, Through B/L 등으로 불린다.

(2) 운송주선인이 발행한 복합운송증권

① MTD(Multimodal Transport document)

운송주선인(Multimodal Transport Operator)이 발행한 복합운송증권(Multimodal Transport document)은 UN에서 제정한 "UN 국제복합운송조약"(United Nations convention on International Multimodal Transport of Goods)에 의한 복합운송증권(Multimodal Transport document)이다.

② CTD(Combined Transport Document)

국제상업회의소(ICC)는 복합운송증권상의 복합운송인(Multimodal Transport Operator)의 책임(liability)과 증권발행조건을 명확하게 하기 위해 "복합운송증권에 관한 통일규칙"(Uniform Rules for a Combined Transport Document)을 제정하였고 여기서 채택하고 있는 복합운송증권의 명칭은 CTD(Combined Transport Document)이다.

제7절 컨테이너 운송

1. 의의

컨테이너(Container)란 포장(packing), 운송(transportation), 보관(storage), 하역(cargo-working) 등의 과정에서 신속성, 경제성, 안정성을 최대한 충족시키고 운송(transport) 중의 화물의 이적 없이 통운송(through transport)을 실현시킨 혁신적인 운송 용구를 말한다.

컨테이너(Container)의 등장으로 무역거래에서 오는 물품의 파손(damage), 멸실(loss)의 위험(risk)요소들이 상당히 줄어들었고, 화물(cargo)이 한 컨테이너를 가득채운 경우(FCL : full container load) 선적지에서 물품을 선적하고 봉인(SEAL)을 한 후 도착지(place of discharge)에서 화주(consignee)가 물품을 열어보기 때문에 중간에 도난 사고가 발생하였다면 바로 사실을 확인할 수 있다. 지금은 해상에서 뿐만 아니라 육상, 항공운송 등에서도 컨테이너(Container)를 이용하는 회수가 상당히 많이 증가되었다.

2. 컨테이너 운송의 필요성 및 장단점

1) 컨테이너 운송의 필요성

(1) 비용의 절감

화물을 컨테이너(Container)에 적입하여 운송(transport)하는 경우 화물(cargo)의 운송료(freight fare), 보관료(storage charge) 등이 절감되어 화물의 단위당 비용절감 효과가 있다.

(2) 화물의 안전성 확보

화물(cargo)이 컨테이너(Container)에 적입되어 운송되는 경우 외부의 환경으로부터 화물(cargo)을 보호할 수 있고 분실 도난으로부터 안전하고 봉인(Seal)을 통해 이를 확인할 수 있으며 기후의 악조건에도 적재(load) 및 양륙 가능하다.

(3) 적재 및 양륙시간 단축

컨테이너(Container) 화물(cargo)은 대량의 화물(cargo)을 컨테이너(Container)에 적입시켜 운송(transport)하는 것이므로 크레인(crane) 등의 장비(equipment)를 이용하여 적재(loading) 및 양륙(unloading)을 하므로 시간절약 효과가 있다.

2) 컨테이너 운송의 장점

(1) 신속성

컨테이너(Container)는 대형의 운송용 기구로서 보통 20Feet와 40Feet가 주류를 이룬다. 이러한 컨테이너(Container)를 적재 또는 양륙하는 경우에 크레인(crane)과 같은 장비(equipment)를 사용함으로써 신속한 적재(loading) 또는 양륙(unloading)작업이 가능하고 악천후에도 적재 양륙이 가능하다.

(2) 경제성

컨테이너 운송(Container Transport)으로 신속성이 보장되면서 이로 인한 수송기간(period of transport)이 단축되어 운임(freight charge)이 절약되는 효과가 있고, 컨테이너(Container) 자체가 또 하나의 외장 역할을 수행하기 때문에 포장비(packing cost) 절감의 효과가 있다. 또한 컨테이너(Container)는 대부분 비 또는 눈과 같은 악천후에서도 물품(cargo)이 손상(damage)이 가지 않도록 제작 설계되었기 때문에 별도의 창고(warehouse) 역할을 하므로 창고(warehouse)에 반입해야 할 필요가 없다. 따라서 창고료(storage charges) 등의 경비절감 효과도 있다.

(3) 안정성

컨테이너(Container)는 비 또는 눈과 같은 운송 중의 기후변화에 대해서도 견딜 수 있도록 견고하게 설계 제작되었으므로 물품을 보다 안전하게 수송할 수 있다.

3) 컨테이너 운송의 단점

(1) 자본의 문제

컨테이너, 컨테이너 하역장비, 컨테이너 전용선 등은 고가이므로 대자본이 소요된다.

(2) 부적합 화물

컨테이너(Container) 중 가장 많이 활용되는 것은 20Feet이며 대량 또는 대형의 화물(cargo)은 주로 40Feet를 이용한다. 그러나 화물(cargo)의 규격이 컨테이너(Container) 규격과 적합하지 않은 경우도 있을 수 있다.

3. 컨테이너의 종류

1) 크기에 따라

현재 보편적으로 사용되는 컨테이너(Container)는 20Feet, 35Feet 및 40Feet가 있으나 직물류는 대부분 20Feet를 많이 활용한다. 이러한 규격은 컨테이너(Container)의 길이를 표준으로 한 것이며 높이와 폭은 특수한 것을 제외하고 '8×8'이다.

2) 사용 목적에 따라

(1) 일반화물 컨테이너(general cargo container)

드라이컨테(Dry container)이너라고도 하며 온도의 조절이 필요 없는 일반 잡화(general goods)를 운송하는 데 이용하는 것으로 우리가 보편적으로 가장 많이 사용하는 컨테이너(Container)의 일반적 형태이다.

(2) 온도 조절용 컨테이너(thermal container)

온도 조절용 컨테이너(thermal container)는 물품이 온도 변화에 따라 부패 또는 손상의 염려가 있는 경우에 사용하는 컨테이너(Container)이다.

① 냉동 컨테이너(reefer container)

냉동 컨테이너(reefer container)란 고기, 어류 등 냉동보존을 필요로 하는 물품을 운송하는 데 사용되는 컨테이너(Container)로서 보통 -26℃에서 -28℃까지 유지된다.

② 단열 컨테이너(insulated container)

단열 컨테이너(insulated container)란 내벽에 보온재를 넣은 구조로서, 단기 수송용 냉장화물의 운송에 많이 이용된다. 보냉 성능을 가지 컨테이너로 과일 야채 등을 운반할 때 화물의 온도 상승을 방지하는 컨테이너(Container)를 말한다.

③ 통풍 컨테이너(ventilated container)

통풍 컨테이너(ventilated container)란 과일, 야채, 동물, 식물 등의 호흡작용을 위해 통풍이 되도록 설계 제작된 컨테이너(Container)를 말한다.

(3) 특수 컨테이너(special container)

컨테이너는 일반 컨테이너 이외에 온도조절용 컨테이너를 제외하고 기타 특수한 목적으로 설계 제작된 컨테이너(Container)도 있는데 이를 특수 컨테이너로 분류한다.

① 탱크 컨테이너(tank container)

석유라든가 기타 액체상태의 식품, 주류 및 화학제품을 운송하기 위해 사용되는 컨테이너(Container)를 말한다.

② **오픈 탑 컨테이너(open top container)**

중량품과 기계류 등을 수송하기 위해 지붕이 없도록 설계 제작된 개방형의 컨테이너(Container)를 말한다.

③ **차량 컨테이너(car container)**

자동차의 수송을 위해 자동차의 크기와 높이 등에 적합하도록 설계 제작된 컨테이너(Container)로서 2단 적재도 가능하도록 설계되어 있다.

3) 하역방식에 따라

컨테이너를 하역할 때는 주로 다음과 같은 방법으로 하역이 이루어진다.

① **LO/LO방식(Lift On/Lift off)**

LO/LO방식(Lift On/Lift off)은 크레인 또는 기타 화물 처리 장비를 이용하여 화물을 컨테이너에 싣거나 내릴 때 사용하는 방법이다. 무거운 화물이나 비정형 형태의 화물을 다룰 때도 활용하는 방법이다.

② **RO/RO방식(Roll on/Roll off)**

RO/RO방식(Roll on/Roll off)은 선박이나 플랫폼 상에서 차량, 트럭, 또는 철도차량과 같은 자동차 및 이동수단이 선내경사로를 통하여 선박의 개구부로 들어가는 방식으로 하역작업이 이루어지는 방법을 말한다.

③ **FO/FO방식(Float on/Float off)**

FO/FO방식(Float on/Float off)은 부선에 컨테이너를 적재하고 부선에 설치되어 있는 크레인 등의 장비에 의하여 하역하는 방식을 말한다.

4. 컨테이너 화물의 운송형태

컨테이너 화물(Container cargo)이 집하되는 장소는 CFS(container freight station) 또는 CY(container yard)라고 볼 수 있다. 소량의 화물(cargo)을 즉 한 컨테이너(Container)를 채울 만큼의 분량이 되지 않는 화물을 LCL(Less than container load) 화물(cargo)이라고 하며 한 컨테이너(Container)를 가득 채울 수 있는 양의 화물을 FCL(Full Container Load) 화물(cargo)이라고 한다. CFS(container freight station)는 물품이 수량이 적을 때 다수의 송하인(Shipper)이 화물(cargo)을 보내면 운송주선업자(freight forwarder)가 다수 송하인(Shipper)의 화물(cargo)을 혼재(consolidation)하여 컨테이너 분량의 FCL(Full Container Load)

분량의 화물을 만드는 장소를 말하며 CY(container yard)란 FCL(Full Container Load) 분량의 화물이 집하하는 야적장을 말한다.

1) CFS/CFS 운송

CFS/CFS 운송이란 선적항의 CFS(container freight station)에서 도착항의 CFS(container freight station) 까지 운송하는 가장 기본적인 운송 형태를 말한다.

주로 소량의 화물을 CFS(container freight station)에서 집하하여 도착항의 CFS(container freight station)에서 다수의 수입상(consignee)에게 화물을 인도하는 형태를 말한다.

2) CFS/CY 운송

CFS/CY 운송이란 선적항의 CFS(container freight station)에서 도착항의 CY (container yard)까지 운송하는 운송 형태를 말한다. 수입상(consignee)이 컨테이너(Container) 분량의 화물을 수입 하는 경우 다수의 수출상(shipper)이 선적항의 CFS(container freight station)에서 화물(cargo)을 집하하고 수입상은 한꺼번에 전체화물을 인수하는 경우에 사용되는 형태이나 수출상(shipper)도 컨테이너(Container)를 수출상(shipper)의 물품출발지에서 바로 작업하지 않고 CFS(container freight station)에서 작업하여 하나의 컨테이너 분량을 채우는 경우도 있다.

3) CY/CFS 운송

CY/CFS 운송이란 선적항의 CY(container yard)에서 도착항의 CFS(container freight station)까지 운송하는 운송 형태를 말한다. 한 사람의 송하인이 다수의 수하인에게 화물을 운송하는 경우에 이용하면 효과적이다.

4) CY/CY 운송

CY/CY 운송이란 선적항의 CY(container yard)에서 도착항의 CY(container yard)까지 운송하는 운송 형태를 말한다. 수출물품이 컨테이너(Container) 분량의 물품(cargo)인 경우에는 수출상의 공장 또는 창고에서 CY(container yard)까지 운송하고 그 컨테이너(Container)가 다시 목적항의 CY(container yard)까지 운송되는 형태이다. 운송도중 컨테이너의 개폐 없이 출발지점에서 봉인(seal)

을 하고 최종 수입상(consignee)이 물품을 인수한 후 이를 개봉하는 DOOR TO DOOR 서비스가 가능한 형태이다. 보통은 컨테이너(Container)를 채울 수 있는 분량의 물품을 수출상의 창고 또는 공장으로부터 수입상의 창고 또는 공장으로 물품을 수송하고자 할 때 많이 이용되는 방법이다.

제8절 육상운송

1. 의의

육상운송(Inter Road Transport)이란 열차를 이용한 철도운송(Carriage of Goods by Rail)이나 차량을 이용한 도로운송(Carriage of Goods by road)을 말한다.

2. 육상운송의 특성

1) 철도운송

철도운송(Carriage of Goods by Rail)은 도로 운송(Carriage of Goods by road)에 비해 대량의 화물을 한꺼번에 운송이 가능하며 원거리 운송에 운임이 저렴하여 경제적이며 또한 교통사고율도 낮기 때문에 안전성도 확보된다. 또한 일정거리를 일정 시속으로 운행하는 경우 도착 예정시간이 거의 정확한 장점이 있으나 철도 시설이 완비되어야만 철도 운송(Carriage of Goods by Rail)이 가능하고 시설을 완비하기 위해 대 자본이 소요되는 문제가 있다.

2) 도로운송

차량을 이용한 도로 운송(Carriage of Goods by road)은 주로 LCL(Less than container load) 화물(cargo)의 운송에 많이 이용되며 또한 FCL(Full container load) 화물(cargo)도 운송이 가능하다. 선적이 용이하고 출발시간을 조정할 수 있는 장점이 있으나 철도에 비해 안정성은 떨어지며 교통상황 등으로 인해 정확한 도착예정시간을 예측하는데 어려움도 있을 수 있다.

CHAPTER 5

무역보험

제1절 해상보험(Marine insurance)

1. 의의

영국 해상 보험법에 의하면 해상보험계약(contract of marine insurance)이란 보험자(insurer)가 피보험자(assured)에 대해 그 계약에 의거하여 합의한 방법 및 범위 내(in manner and to the extent thereby agreed)에서 해상사업에 수반되는 손해를 보상할 것을 약정하는 계약을 말한다.

▶▶ A contract of marine insurance is a contract whereby the insurer undertake to indemnity the assured, in manner and to the extent thereby agreed, against marine losses, that is to say, the losses incident to marine adventure.

일반적으로 보험은 우연한 사고에 기인하여 발생하는 손해에 대비하여 발생하는 손해를 보상하는 제도로서 보험자(insurer)가 위험(risk)을 인수하고 이에 대한 보험료(insurance premium)을 받게 되며 피보험자(assured)의 손해가 발생하였을 경우 그 손해액을 금전으로 보상하는 것을 내용으로 하고 보험계약자로부터 보험금(insurance benefit)를 지급하는 것을 말한다.

2. 해상보험의 기본용어

1) 보험자(Insurer)

보험자(Insurer)는 보험계약자(Policy Holder)로부터 보험료(Insurance Premium)를 받고 그 위험을 인수하는 자를 말한다. 보험자(Insurer)는 위험을 인수하고 보험사고 발생 시 손해를 보상하는 의무를 지닌다.

2) 보험계약자(Policy Holder)

보험계약자(Policy Holder)란 보험계약을 청약하는 자로서 보험료(Insurance Premium)를 지불하고 보험 청약 시 보험인수 여부에 관한 중요한 사실을 고지할 의무를 부담하는 자를 말한다.

3) 피보험자(Insured)

피보험자(Insured)란 보험사고 발생 시 발생한 손해에 대하여 보험자(Insurer)로부터 보상을 받을 권리를 향유하는 자를 피보험자(Insured)라 한다.

4) 보험의 목적(Subject Matter Insured)

보험의 목적(Subject-matter Insured)이란 위험의 대상이 되는 객체를 말하는 것으로 선박과 선적된 화물이 그 대상이 되므로 선박보험(hull insurance)과 적하보험(insurance on goods)에 가입하게 된다.

5) 피보험이익(Insurable Interest)

피보험이익(insurable Interest)이란 보험사고 발생 시 경제적 손해를 입힐 우려가 있는 경우 보험의 목적(Subject-matter Insured)과 피보험자(Insured, Assured)의 경제적 이해관계를 말한다. 피보험이익(insurable Interest)은 보험계약체결 당시 확정되어 있어야 하는 것은 아니지만 보험사고 발생 시는 피보험이익이 확정될 수 있어야 한다.

6) 보험료(Insurance Premium)

보험계약자(Policy Holder)가 보험자(Insurer)의 위험인수에 따라 지불해야하는 금전상의 대가를 보험료(premium)라고 한다.

7) 보험가액(Insurable Value)과 보험금액(Insured Amount)

보험계약체결 시에 피보험자(Insured)가 입게 되는 손해액의 최고한도액을 보험가액(Insurable Value)이라고 하며 보험금액(Insured Amount)은 보험사고 발생 시 보험자가 피보험자(Insured)에게 보상하는 보상의 최고 한도액을 말한다. 이는 보험가액의 범위 내에서 지불하는 실제 지급 보험금의 최고 한도로서 약정된 금액이다.

8) 보험가액과 보험금액과의 관계

(1) 전부보험(Full Insurance)

보험가액(Insurable Value)과 보험금액(Insurable Value)이 동일한 보험으로 해상적하보험의 경우 일반적으로 전부보험(Full insurance)의 형태가 대부분이라 할 수 있다.

(2) 일부보험(Under Insurance)

보험가액(Insurable Value)보다 보험금액(Insurable Value)이 적은 보험으로서 손해발생 시 피보험자(Insured)는 보험금액의 보험가액에 대한 비율에 따라 보상을 받게 된다.

(3) 초과보험(Over Insurance)

보험금액(Insurable Value)이 보험가액(Insurable Value)을 초과하게 되면 초과보험(Over Insurance)이라고 하고 초과된 부분의 보험계약은 무효가 된다.

(4) 중복보험(Double Insurance)

중복보험(Double Insurance)은 동일한 피보험이익(insurable Interest)에 대하여 두 개 이상의 보험계약이 존재하고 이 보험금의 합계액이 보험가액(Insurable Value)을 초과하는 경우를 말한다.

(5) 공동보험(Co-Insurance)

동일한 피보험 이익(insurable Interest)과 위험에 대해 2인 이상의 보험자가 공동으로 인수하는 경우이며 보험금액(Insurable Value)의 합계는 보험가액(Insurable Value)과 동일하다.

9) 보험금(claim)

보험금(claim)은 보험증권상 담보된 위험에 의해 피보험자(Insured)에게 손해가 발생했을 때 보험자(Insurer)가 피보험자(Insured, Assured)에게 손해보상금으로 지급하는 금전을 말한다.

10) 보험기간(Duration of Insurance Risk)과 보험계약기간(Duration of policy)

보험기간(Period of Insurance)(Duration of Insurance Risk)은 보험자(Insurer)가 보험사고를 보장하는 기간으로 피보험자에게 보험금을 지급할 책임을 지는 기간이므로 책임기간 또는 위험기간(Duration of Insurance Risk)이라고도 한다.

보험계약기간(Duration of policy)은 보험계약이 유효하게 존속하는 기간을 말한다. 일반적으로 보험기간과 일치하지만 소금약관을 포함한 소급약관(Lost or not Lost Clause)이 적용되는 경우와 예정보험(open cover)의 경우에는 일치하지 않는다.

3. 해상보험의 기본원칙

1) 최대 선의의 원칙(The Principle of Utmost Good Faith)

최대 선의의 원칙(The Principle of Utmost Good Faith)이란 보험계약자가 보험청약을 할 때 인수 여부에 중대한 사항을 최대한 성실하게 고지하여야 할 의무를 부담한다는 원칙을 말한다.

2) 근인주의(The doctrine of Proximate cause)

근인이란 손해보상을 결정할 때 사고발생과 시간적으로 근접한 것 또는 사고발생에 가장 직접적이고 지배적인 원인을 말하는 것으로 근인을 위주로 손해보상을 결정하여야 한다는 원칙이다.

3) 담보(warranty)

담보(warranty)란 보험계약의 피보험자가 보험자에 대하여 반드시 지켜야 할 명시적 묵시적 담보를 말한다. 명시담보(Express Warranty)란 보험계약자나 피보험자가 보험자에게 반드시 지켜야 하는 약속으로서 보험증권상에 명시된 것을 말하며 묵시담보(Implied Warranty)란 명시되지는 않았으나 피보험자가 반드시 준수해야 할 사항을 말한다.

묵시담보(Implied Warranty)에는 항해사업이 적법한 목적에 사용되어야 한다는 적법성(Warranty of Legality)과 선박이 항해를 개시한때 특정의 항해를 감당할 능력을 갖추고 있어야 하는데 이를 감항성담보(Warranty of Seaworthiness)라 말한다. 보험계약자나 피보험자는 담보를 반드시 준수하여야하며 담보를 위반한 경우 보험자는 보상책임을 면하고 보험계약을 해지할 수 있는 권리를 가진다.

4. 해상보험의 종류

1) 부보 형태에 따라

(1) 확정보험(Definite insurance, Definite policy)

확정보험(Definite insurance, Definite policy)은 보험계약을 청약할 때 보험의 목적의 수량, 가액, 금액 등의 계약상 필요한 모든 사항이 확정되어 있는 경우 확정보험이라 한다.

(2) 예정보험(Open policy, Floating policy, Open cover)

예정보험(Open policy, Floating policy, Open cover)이란 보험계약을 청약할 때 보험의 목적의 수량, 가액, 금액 등 보험계약상의 필요한 사항의 일부가 미정상태로 되어있는 상태에서 보험계약을 체결하는 것을 말한다.

2) 피보험 이익에 따라

(1) 적하보험(Insurance on goods)

화물의 위험을 담보하는 보험으로 대부분이 이 경우에 해당된다.

(2) 선박보험(Hull insurance)

선박의 위험을 담보하는 보험이다.

(3) 배상책임보험(Liability insurance)

제3자에 대한 배상 책임을 부담하는 경우 이를 배상책임보험이라 하는데 충돌배상책임보험과 재보험(Reinsurance)이 있다.

제2절 해상보험계약

1. 의의

해상보험계약(contract of marine insurance)은 우연히 발생할지도 모를 해상손해(Marine loss)에 대해서 보험계약자(policy holder)가 보험료(premium)를 지불하고 보험자(Insurer)는 피보험자(Insurred, Assured)가 입게 될지도 모를 손해를 보상하겠다는 약속으로 성립하는 계약(contract)이다.

이는 보험계약자의 청약에 대한 보험자의 승낙으로 성립하는 낙성 계약(Consensual contract)이며 불요식계약(Informal contract)이다.

2. 법적 성격

1) 불요식 낙성계약

해상보험의 보험계약자의 청약(proposal of the assured)에 대한 보험자의 승낙(accepted by the insurer)이라고 하는 의사의 합치에 의해서 성립되고 일정한 절차나 문서의 작성 등의 형식을 필요로 하지 않기 때문에 불요식계약(Informal contract)에 해당한다.

2) 유상 쌍무계약

보험계약은 보험계약자(policy holder)가 약정 보험료(premium)를 지불하고 보험자(Insurer)가 보험사고 발생 시 일정한 보험금액(claim)을 지급할 것을 약정하는 유상계약(Remunerative contract)이며 쌍방이 의사의 합치에 의해 서로의 의무를 부담한다는 측면에서 쌍무계약(Bilateral contract)으로 본다.

3) 부합계약

보험계약은 1인의 보험자(Insurer)와 다수의 보험계약자(policy holder) 간에 이루어지는 관계이다. 따라서 계약서마다 일일이 계약조건을 모두 명시하기는 어려운 일이다(물론 중요사항은 특약이 가능함). 이러한 사정으로 보험은 보험자(Insurer)가 일방적으로 정한 보험약관에 의하여 체결되고 있는데 이를 부합계약(adhesive contract)이라고 하며 선하증권(Bill of lading)의 경우에도 부합계약의 성격을 갖는다고 할 수 있다(특송업체의 수령증 포함).

3. 보험계약의 당사자

1) 보험자(Insurer, Assurer, Underwriter)

보험자(Insurer, Assurer)란 보험계약자로부터 보험료(premium)를 받고 그 위험을 인수하는 자를 말한다. 보험자(Insurer, Assurer)는 위험을 인수하고 보험사고 발생 시 손해를 보상하는 의무를 지닌다.

2) 보험계약자(Policy holder, Insurance contractor)

보험계약자(Policy holder)란 보험계약을 청약하는 자로 보험료(premium)를 지불하고 보험 청약 시 보험인수 여부에 관한 중요한 사실을 고지할 의무를 부담하는 자를 말한다.

3) 피보험자(Insured, Assured)

피보험자(Insured, Assured)란 보험사고 발생 시 발생한 손해에 대하여 보험자(Insurer, Assurer)로부터 보상을 받을 권리를 향유하는 자를 말한다.

4) 기타의 당사자

(1) 보험대리점(Insurance Agent)

보험대리점(Insurance Agent)이란 보험계약자를 대리하여 보험계약의 체결을 대행하는 자를 말한다. 보험대리점(Insurance Agent)은 일정한 보험자(Insurer, Assurer)를 위하여 계속적 반복적으로 대리 중개한다.

(2) 보험 중개인(Insurance Broker)

보험 중개인(Insurance Broker)이란 불특정 보험자(Insurer, Assurer)를 위하여 보험자와 보험계약자 간의 보험계약의 체결을 중개하는 자를 말한다. 보험 중개인(Insurance Broker)은 보험대리점(Insurance Agent)과는 달리 특정한 보험자(Insurer, Assurer)에게 종속되지 않는다.

4. 당사자의 의무

1) 보험자의 의무

(1) 보험증권 교부의무

보험자(Insurer, Assurer)는 보험이 성립되고 나면 지체없이 보험계약자에게 보험증권(insurance policy)을 작성 교부하여야 한다. 수출선적 구비서류에 보험증권(insurance policy)을 첨부하여야 하는 경우가 많으므로 신속히 작성 교부하여야 하며 최근에는 인터넷에 의한 승인을 통하여 신속하게 발급받는다.

(2) **손해발생 시 보상의무**

보험자(Insurer, Assurer)는 보험사고 발생 시 약정된 보험금(claim)을 피보험자(Insured, Assured)에게 보상하여야 한다.

(3) **보험료 반환**

보험계약(contract of marine insurance)이 유효하게 성립하지 않아 무효가 되거나 보험계약(contract of marine insurance)을 해지한 경우에는 보험료(premium)를 반환할 의무가 있다.

2) 보험계약자 및 피보험자의 의무

(1) **보험료 납입의무**

보험계약(contract of marine insurance)이 성립되면 보험계약자(policy holder)는 해당 보험료(Insurance premium)를 지급하여야 한다. 해상보험(marine insurance)의 경우에는 보통 한 번에 즉시납부로 하는 것이 일반적이나 실무적으로 약간의 경과는 통상적으로 인정하고 있는 것이 현실이다.

(2) **통지의무**

보험계약자(policy holder)는 보험가입에 관한 중요한 사항을 성실하게 고지할 의무를 지고 있으며 위험의 변경 또는 증가 시에도 그 사실을 통지하고 보험사고(perils insured) 발생 시는 보험금(claim)을 지급받기 위하여 그 사실을 통지하여야 한다.

(3) **손해의 방지 또는 경감의무**

보험계약자(policy holder) 또는 피보험자(Insured, Assured)는 보험사고(perils insured) 발생 시에 손해의 방지와 경감을 위해 노력해야 하는 의무를 부담한다.

제3절 해상보험증권

1. 의의

해상보험증권(marine insurance policy)은 보험계약의 성립과 내용을 증명하기 위해 보험자(Insurer, Assurer)가 작성하고 기명날인 또는 서명하여 보험계약자(policy holder)에게 교부하는 증서이다.

보험증권은 배서(endorsement) 또는 인도(delivery)에 의하여 양도(transfer)될 수 있다. 보험증권(insurance policy)에는 피보험자(Insured, Assured), 보험자(Insurer, Assurer), 보험목적(Subject-matter Insured), 보험가액(Insurable Value), 등이 명시되어 있고 뒤편에는 부합계약(adhesive contract)의 내용이 조그마한 글씨로 새겨져 있다.

2. 해상보험증권의 성질

1) 요식 증권성

보험증권(insurance policy)은 요식증권으로서 법정사항을 기재하는 것이 원칙이다. 그러나 법적 기재사항이 일부 불비 되었다 하더라도 보험증권의 효력에는 영향이 없다.

2) 증거 증권성

해상보험증권(marine insurance policy)은 보험계약의 성립과 내용을 증명하기 위해 보험자(Insurer, Assurer)가 발행 교부하는 일종의 증거 증권이다.

보험증권(insurance policy) 자체가 계약의 성립 요건은 아니나 계약의 성립과 내용을 증명하는 증거 증권인 것이다.

3) 유가증권성

보험증권(insurance policy)은 일반적으로 기명식으로 발행되지만, 신용장 개설의뢰인(Applicant)인 매수인(buyer)의 요청에 의하여 지시식 또는 무기명식으로 발행되어 배서(endorsement)를 하는 경우도 있다. 따라서 유가증권성이 인정된다.

3. 보험증권 해석원칙

1) 수기문언 우선 원칙

해상보험증권(marine insurance policy)은 신양식의 경우 본문 약관이 있고 구양식의 경우 본문약관, 난외약관, 스탬프약관 수기문언 등으로 구성되는데, 동일증권의 각 약관의 내용이 서로 다른 경우 수기문언(Handwritten Wording)을 가장 우선적으로 적용한다.

2) P.O.P 원칙

보험증권(marine insurance policy)은 학문적으로 해석되는 것이 아니고 평이한(Plain Method) 방법, 일반적(Ordinary method) 방법, 대중적인(Popular method) 방법으로 해석되어야 한다.

3) 문서 작성자 불이익의 원칙

보험약관의 내용이 불분명한 경우에는 보험자(Insurer, Assurer)에게 불리하고 보험계약자(Policy Holder)에게 유리하게 해석하여야 한다는 원칙으로 이를 불명확성의 원칙이라고도 한다.

제4절 해상위험과 해상손해

1. 의의

해상위험(Maritime peril, Marine Risks)은 항해에 기인하거나 부수하여 발생하는 위험을 말하는 것으로 화재(fire), 전쟁위험(war perils), 투하(jettisons) 등과 같은 위험을 말한다.

해상손해(Marine Loss)란 적하(cargo), 선박(vessel), 기타 보험의 목적(Subject-matter Insured)이 해상위험(maritime peril)으로 인해 피보험이익(insurable Interest)의 전부 또는 일부가 멸실 또는 손상되어 피보험자(Insured, Assured)가 입게 되는 재산적, 경제적 불이익을 말한다.

▸▸ "Maritime peril" means the perils consequent on, or incidental to, the navigation of the sea, that is to say, perils of the seas, fire, war perils, pirate, rovers, thieves, captures, seizures, restraints, and detainment's of the princes and peoples, jettisons, barratry, and any other perils, either of the like kind or which may be designated by the policy.

2. 담보위험과 면책위험

담보위험(Perils Covered, perils Insured Against)이란 보험자(Insurer)가 위험에 의해서 발생한 손해(marines losses)를 보상할 것을 약속한 위험을 말한다. 담보위험(Perils Covered, perils Insured Against)은 '피보험위험'이라고도 부르며, 보험자(Insurer)가 보상할 책임이 있다는 점에서 '보험사고'(perils Insured)라고도 한다. 이러한 담보 위험(Perils Covered, perils Insured Against)은 보통약관으로 담보되는 위험과 특별약관으로 담보되는 위험이 있다.

면책위험(Risks Excluded)은 보상자의 보상책임이 면제됨을 명시하고 있는 위험을 말한다. 담보위험(Perils Covered, perils Insured Against)과 면책위험(Risks Excluded)은 명시적으로 나타나있지만 담보나 면책여부를 밝히고 있지 않은 부담보위험(Risks Uncovered)은 보험에 의해 보호되지 않는다.

3. 해상손해

1) 의의

해상손해(Marine Loss)란 해상 위험(Maritime peril)에 의하여 발생된 손해로 피보험이익(insurable Interest)의 전부 또는 일부가 소멸 또는 감소되는 것을 말한다. 해상손해(Marine Loss는 일반적으로 물적손해(Physical Loss), 비용손해(Expense Loss), 배상책임손해(Liability Loss)로 구분된다.

2) 물적손해(Physical Loss)

물적손해(Physical Loss)는 피보험목적을 전부가 멸실되거나 손상정도가 심해서 구조나 수리비용이 부보된 금액보다 많은 경우 전손(Total Loss)이라 하고 피보험 목적물의 일부분이 손상을 입는 것을 분손(Partial Loss)라고 한다.

(1) 전손(Total Loss)과 추정전손(Constructive Total Loss)

전손(Total Loss)은 피보험목적물 전부가 담보위험에 의해 멸실되거나 본래의 성질이 상실된 경우로써 피보험자는 보험금전액을 회수할 수 있다. 전손은 발생형태에 따라 현실전손(actual total loss)과 추정전손(constructive total loss)으로 구분한다.

① 현실전손(actual total loss)

현실전손(actual total loss)은 보험의 목적물(subject-matter insured)이 전부 멸실 또는 손상된 경우로 실질적인 멸실, 성질의 상실 등의 사유로 회복할 수 없을 경우에 해당된다.

② 추정전손(constructive total loss)

추정전손(constructive total loss)은 보험의 목적물(subject-matter insured)이 현실적으로 전멸한 것은 아니지만 현실전손(actual total loss)이 불가피한 것으로 보이거나 그 수선 및 수리비가 보험목적물이 갖는 가치보다 큰 경우를 말하며 전손으로 처리되기 위해서는 위부(abandonment)행위가 있어야 한다.

※ 참고 용어

① 위부(abandonment)

위부(abandonment)란 추정전손(constructive total loss)의 사유로 전손에 대한 보험금(premium)을 청구하기 위하여 피보험자(Insured, Assured)가 보험목적물(subject-matter insured)이에 대해 갖고 있는 일체의 권리를 보험자(insurer)에게 양도하는 것을 말한다.

② 대위(subrogation)

대위(subrogation)란 보험자(insurer)가 보험목적물(subject-matter insured)에 관련되는 일체의 권리를 피보험자(Insured, Assured)로부터 승계받는 것을 말한다. 보험자(insurer)가 피보험자(Insured)에게 보험금(claim)을 지급한 경우 피보험목적물(subject-matter insured)에 대한 손해 발생에 과실이 있는 경우 제3자에 대한 구상권 등을 승계할수도 있고 보험목적물(subject-matter insured)에 대한 소유권도 승계받을 수 있다.

(2) 분손(Partial Loss)

분손(Partial Loss)이란 보험목적물의 일부분이 멸실되거나 손상을 입는 것을 말하며 전손에 상대되는 개념이다. 분손(Partial Loss)은 손해를 단독으로 부담하는가 또는 공동으로 부담하는가에 따라 단독해손(particular average)과 공동해손(general average)으로 구분된다.

① 단독해손(particular average)

단독해손(particular average)은 해상손해에서 보험목적물의 부분적 손실(partial loss)에 대하여 화주나 선주가 단독으로 담보하는 해손을 말한다.

② **공동해손(general average)**

공동해손(general average)이란 해상에서 해상재산이 공동의 위험에 처한 경우 그중의 일부를 희생시키거나 공동의 비용을 지출함으로써 다른 재산을 구조하였을 경우 이해관계자가 이러한 특별한 희생(extraordinary sacrifice) 또는 의도적 또는 합리적(intentionally and reasonably)인 비용지출(expenditure)로 인해 받은 이익의 비율에 따라 손해 또는 비용을 부담하는 것을 말한다.

(3) 비용손해(expense)

비용손해(expense)는 물체의 파손이나 멸실과는 관계없이 보험목적물(subject-matter insured)이 해상보험증권상의 담보위험에 처해 있을 때 손해(loss)를 경감 또는 방지하기 위해 지출된 경비, 보수 등 부득이하게 지출된 비용을 말하며 비용손해는 손해방지비용(Sue & Labour charge), 구조비(Salvage charge), 특별비용(particular charge) 등이 있다.

① **손해방지비용(Sue & Labour charge)**

손해방지비용(Sue & Labour charge)은 보험자(insurer)가 부담하는 손해를 방지, 경감하기 위하여 피보험자(insured)자 지출한 비용을 말한다. 이런 결과로 인해 발생한 비용은 특약이 없어도 보험자(insurer)가 손해방지 비용을 부담하고 손해방지비용이 보험금액(claim)을 초과해도 보험자(insurer)가 부담한다.

② **구조비(Salvage charge)**

구조비(Salvage charge)는 해상사고로 인하여 발생되는 손해를 방지하기 위해 지출한 비용으로 보험사고 발생 시 하지 않고 해상법에 따라(under maritime law) 구조계약과 관계없이 독립적으로 화물이나 인명을 구조한 경우(salvor independently of contract)지급하는 대가를 말한다.

③ **특별비용(particular charge)**

특별비용(particular charge)은 보험목적물(subject-matter insured)의 안전(safety)이나 보존(preservation)을 위하여 피보험자(assured) 또는 피보험자(assured)를 대리하여 지출된 비용을 말한다.

▸▸ Expenses incurred by or on behalf of the assured for the safety or preservation of the subject-matter insured, other than general average and salvage charges, are called particular charge.

(4) 배상책임손해(Liability Loss)

배상책임손해(Liability Loss) 피보험 선박이 타 선박과 충돌함으로써 발생하는 손해에 대하여 손해가 발생한 피보험선박 자체와 피보험자의 제3자에 대한 손해배상을 보험자가 보상해주는 것을 말한다.

제5절 협회적하약관

1. 의의

보험은 물품의 인도를 위해 물품을 수송하는 도중 물품의 멸실 또는 손상의 위험에 대비하여 보험계약자(Policy holder)가 피보험자(assured)를 위하여 보험자(insurer)와 보험계약(insurance contract)을 체결한다.

이러한 경우에(당사자의 특약이 없는 한) 보험계약의 내용을 일일이 나열하는 것이 아니라 협회적하약관을 채택하여 이를 보험증권(insurance policy)에 명시하게 되고 그에 따라 보상의 범위가 정해지는 것이다.

협회적하약관(Institute Cargo Clause)이란 보험자(insurer)와 보험계약자(Policy holder) 사이에 체결되는 보험계약내용을 정형화한 약관이라고 할 수 있다.

2. 보험증권 양식

1779년 영국의 Lloyd's 총회에서 채택된 보험증권 양식은 최근까지 세계 각국에서 이 증권에 포함된 내용을 그대로 사용하였다. 그러나 구증권은 해석상의 어려움, 고어체 문장, 상충되는 약관 등으로 비판을 받아 오다가 1982년 새로운 New Lloyd's Policy로 개정되었다.

단순한 양식으로 구성되어 본문 약관에는 중요사항만 남기고 나머지는 모두 삭제되고 담보위험 등은 모두 협회약관으로 흡수시켰다.

3. 구협회적하약관

1) 의의

초기의 해상보험은 구보험 증권 양식으로만 체결되었으나 보험내용이 다양

해지고 점점 복잡해져 보험증권 양식만으로는 대응 할 수 없게 되자 특별약관을 첨부하는 방식을 채택하게 되었고 누적된 특별약관들의 정리, 통합한 것이 구협회 약관이다.

2) 약관

(1) 분손부담보조건(FPA : Free From Particular Average)

분손부담보조건(free from particular average)이나 좌초(stranding), 침몰(sinking) 및 충돌(collision)에 의한 특정 분손(partial loss)은 담보한다.

담보의 범위는 아래와 같다.

① 전손 : 현실전손 및 추정전손

② 분손 : 공동해손과 선박 또는 부선의 최초, 침몰, 화재로 인하여 발생한 단독 해손

③ 선적, 환적 또는 양하작업 중의 포장단 전손

④ 충돌, 화재, 폭발, 본선, 부선, 운송용구의 물을 제외한 외부물체와의 접촉에 기인하는 멸실과 손상

⑤ 조난항에서 양하 작업 중의 멸실과 손상

⑥ 중간기항항, 대피항에서 발생한 적재, 창고, 운반을 위한 특별손해방지비용, 구조비, 조난항, 피난항에서의 특별비용

(2) 분손담보조건(WA : With Average)

원칙적으로 단독해손(particular average)을 담보하고 분손부담보조건(FPA : free from particular average)에서 담보하지 않는 분손(partial loss)도 담보한다. 다만 면책율약관(memorandum clause)이 적용되어 일정비율 미만의 손해에 대해서는 원칙적으로 담보하지 않는다. 전부 보상받으려면 면책률 부적용 분손담보조건(WAIPO : With Average Irrespective of Percentage)으로 하여야 한다.

(3) 전위험담보조건(A/R : All Risks)

전위험담보조건(all risks)은 면책위험(risk excluded)을 제외한 일체의 위험을 담보하는 조건이다. 전쟁(war clause)이나 동맹파업(strike clause) 등은 면책위험에 속하므로 이를 담보하려면 추가 특약을 첨부해야 한다. 한편 지연 또는 보험 목적의 고유의 하자(delay or inherent vice) 또는 성질에 기인하는(nature of the subject-matured insured) 멸실, 손상은 어떠한 경우에도 담보되지 않는다.

4. 신협회적하약관

1) 의의

구협회적하약관의 전위험담보(A/R : all risks) 조건이 표제와 달리 각종 면책위험이 존재하여 빈번하게 분쟁이 발생하고 분손담보조건(WA : with average) 조건과 분손부담보조건(FPA : free from particular average) 조건 간의 담보 범위가 불명확하여 피보험자(assured)들에게 혼란을 야기시켰다. 이에 따라 런던보험협회에서는 1982년, ICC(A), ICC(B), ICC(C)의 약관으로 표제를 정하여 새로운 신협회적하약관을 발표하게 되었다.

2) 신협회적하약관의 구성

ICC(A), ICC(B), ICC(C)의 약관은 각각 19개 조로 구성되어 있다. 1조, 4조, 6조의 내용만 다르고 나머지 16개 조의 내용은 동일하다.

(1) 담보위험(Risk Covered)

① **ICC(A)** : 면책위험(risk excluded)을 제외하고는 모든 위험을 담보하는 규정이다. 구약관의 전위험담보조건(A/R : all risk)과 담보위험은 동일하다.

② **ICC(B), ICC(C)** : 담보되는 위험이 나열되어 있고 열거되지 않은 위험은 담보되지 않는다.

(2) 면책위험(Risk Excluded)

① **절대면책조건** : 제4조 일반면책약관, 제5조 불내항성, 부적합성면책약관에 열거된 위험으로부터 기인한 손해는 어떠한 경우에도 보험자(insurer)가 피보험자(assured)에게 보상하지 않는다.

② **특약면책조건** : 전쟁 및 동맹 파업 위험은 제6조와 제7조에 포함되어 있지만 면책위험(risk excluded)에 속한다. 이를 담보받기 위해서는 특약에 가입해야 한다.

3) 협회특별약관

(1) 협회전쟁약관(Institute War clause)

전쟁위험은 면책위험(risk excluded)에 속하므로 별도의 보험료(insurance premium)를 부담하고 특약에 부보해야 한다.

(2) 협회동맹파업약관(Institute Strike clause)

스트라이크 위험은 면책위험(risk excluded)에 속하므로 별도의 보험료(insurance premium)를 부담하고 특약에 부보해야 한다.

4) 기타부가위험담보조건

ICC(B), ICC(C)의 경우 추가보험료를 더 지불하고 다음과 같은 위험에 추가로 부보하거나 다음의 특정 위험 중 필요한 부분에 대해서만 부보할 수 있다.

① 도난, 발화, 불착위험(TPND : Theft, Pilferage and Non- Delivery)

② 빗물 및 담수에 의한 손해(RFWD : Rain, Fresh Water Damage)

③ 석유 및 타 화물과의 접촉(COOC : Contact with Oil and/ or other Cargo)

④ 갑판유실(WOB : Washing Over Board)

⑤ 습기와 가열(sweating, heating)

⑥ 파손(Breakage)

⑦ 누손과 부족손(Leakage and/or Shortage)

⑧ 곡손(Denting & Bending)

⑨ 갈고리 위험(Hook & Hole)

⑩ 선박 전손으로 인한 화물 전손(TLO by TLV : Total loss only by Total Loss of Vessel)

제4부

무역계약의 종료

CHAPTER 1 _ 무역계약의 종료

CHAPTER 2 _ 무역 클레임과 해결방안

CHAPTER 1

무역계약의 종료

제1절 무역계약의 종료

1. 의의

무역계약의 종료(termination)란 매도인(seller)과 매수인(buyer) 사이에 성립되었던 계약의 효력이 소멸되는 것(discharge)을 말한다. 무역계약이 종료되는 경우는 매도인(seller)과 매수인(seller)이 양자 간의 계약을 원만히 이행하는 경우(performance of contract, discharged by performance) 자연스럽게 계약의 효력이 소멸되고, 당사자 간의 합의(mere agreement), 기간만료 등으로 무역계약이 종료될 수 있으며 이행불능(impossibility of performance), 계약의 위반(breach of contract) 같은 사유로 무역계약은 해지되어 종료될 수 있다.

2. 무역계약의 소멸사유

1) 계약의 이행에 의한 소멸(Discharge by Performance)

무역계약의 양 당사자가 모든 의무를 이행(performance of obligation)함으로써 계약은 종료(termination)되며 이에 따라 계약의 효력은 소멸된다. 대부분의 경우가 이에 해당된다.

2) 합의에 의한 소멸(Discharge by Agreement)

무역계약은 양 당사자의 단순한 합의(mere agreement)로 변경(modification)되거나 종료(termination)될 수 있다(CISG 29조).

3) 기간만료에 의한 소멸(Discharged by expiration)

계약에 유효기간(period of validity)이 있는 경우 기간이 만료되고 갱신(renewal)에 대한 합의(agreement)가 없다면 이 계약은 종료된다.

4) 이행불능에 의한 소멸(Frustration, Discharge by Impossibility, Impossibility of performance)

이행불능(Discharge by Impossibility, Impossibility of performance)이란 무역계약의 당사자가 자신의 의무(obligation of party)를 이행할 수 없는 것을 이행불능이라고 한다. 이행불능은 원시적 불능(Existing or Initial Frustration)과 후발적 불능(Subsequent Frustration)으로 구분된다.

(1) 원시적 불능(Existing or Initial Frustration)

원시적 불능이라(Existing or Initial Frustration) 함은 계약 성립 당시부터 실질적으로 이행이 불가능함으로 계약이 무효(invalidity)가 되는 것을 말하며 당사자는 어떠한 추가적인 채무도 부담하지 않는다.

(2) 후발적 불능(Subsequent Frustration)

후발적 불능(Subsequent Frustration)이란 계약 당시에는 불능 상태가 아니었지만 당사자의 책임 없는(사망, 전쟁, 후발적 위법) 사유로 발생한 사건에 의해 계약의 이행이 불가능하게 되는 것을 말한다. 당사자 일방이 의무의 불이행이 자신의 통제를 벗어난 장애(an impediment beyond his control)에 그 원인이 있다는 점과 계약체결 시 그 장애를 고려하거나 극복하는 것이 합리적으로 기대될 수 없었다는 사실을 증명하는 경우(if he prove that he could not reasonably be expected to have taken the impediment into account at the time of the conclusion of the contract)에는 의무 불이행에 대하여 책임을 지지 아니한다. 이러한 경우 계약은 소멸되나 당사자의 귀책사유가 있는 경우에는 계약의 위반(breach of contract)에 해당한다.

5) 계약위반에 의한 소멸(Discharge by Breach of Contract)

당사자의 어느 일방이 계약 내용을 이행하지 않은 경우 그 위반이 중대한 위반(fundamental breach of contract)인 경우에는 계약은 해지의 통지(declaration of avoidance of the contract)에 의하여 소멸될 수 있다. 이때 계약이 해지된다 하더라도 위반 당사자에 대한 손해배상 책임은 여전히 존재한다.

3. 무역계약의 소멸의 효과

무역계약(international trade contract)이 소멸하면 매도인(seller)과 매수인(buyer)은 계약관계로부터 벗어나지만 어느 일방의 책임(liability) 있는 사유로 상대방에게 손해(damage)를 가한 것이 있다면 손해(damage)를 입은 당사자는 상대방에게 손해배상을 청구(claim damages)하게 되고 이에 따라 다른 상대방은 손해배상청구에 응해야 한다.

제2절 무역계약의 위반 및 당사자의 구제

1. 의의

무역계약(international trade contract)은 쌍무계약(bilateral contract)이므로 무역계약(international trade contract)이 체결되면 양 당사자는 각각 일정한 의무(obligation)를 지게 된다. 무역계약 위반(breach of contract)이란 일정 의무(obligation)를 부담하고 있는 당사자(party)가 자신의 의무(obligation)를 지연, 해태, 거절, 미이행 혹은 불완전하게 이행하는 것과 이행불능(Frustration)의 경우에 일방의 귀책사유(liability)가 있는 것을 말한다.

2. 무역계약 위반의 유형

1) 이행지체

이행지체(late performance)란 당사자가 계약의 이행기에 있고 이행(performance)이 가능함에도 정당한 이행(performance)을 하지 않고 지연(delay)시키는 것을 말한다.

2) 이행거절

이행거절(rejection of performance)이란 이행시기의 도래 전후를 불문하고 계약의 당사자가 의무(obligation of the party)를 이행하지 않겠다는 명시적 또는 묵시적 의사표시를 말한다.

3) 불완전 이행

불완전 이행(lack of performance, imperfect performance)이란 채무의 이행(performance)은 이루어졌지만 그 이행의 정도가 완전하지 못한 경우를 말한다.

4) 이행불능

이행불능(Frustration)이란 무역계약의 당사자가 자신의 의무(obligation)를 이행(performance)할 수 없는 것을 말한다.

3. 매도인의 의무와 매수인의 권리구제

1) 매도인의 의무(Obligations of the seller)

① 물품인도의 의무(Delivery of the goods)
② 물품서류 교부의 의무(Handing over of document)
③ 소유권이전(Transfer the property)

2) 매수인의 권리구제(Remedies for breach of contract by the seller)

① 대금 감액청구권

▸▸ The buyer may reduce the price in the same proportion as the value.

② 추가기간 설정권

▸▸ The buyer may fix an additional period of time of reasonable length for performance by the seller of his obligations.

③ 계약해제권

계약의 본질적 위반(fundamental breach of contract)이나 추가기간 내의 인도불이행 등

④ 손해배상청구권

▸▸ The buyer retains any right to claim damages as provided for in this Convention.

⑤ 특정이행청구권

매수인은 매도인에게 그 의무의 이행을 청구할 수 있다.

▶▶ The buyer may require performance.

⑥ 대체품인도청구권

▶▶ The buyer may require delivery of substitute goods.

⑦ 하자보완청구권

▶▶ The buyer may require the seller to remedy the lack of conformity by repair.

4. 매수인의 의무와 매도인의 권리구제

1) 매수인의 의무(Obligations of the buyer)

① 물품대금의 지급 의무(Payment of the price)

② 물품인도의 수령 의무(Taking delivery)

2) 매도인의 권리구제(Remedies for breach of contract by the buyer)

① 추가기간 설정권

▶▶ The seller may fix an additional period of time of reasonable length for performance by the buyer of his obligations.

② 물품명세 확정권

▶▶ The seller may make the specification himself in accordance with the requirements of the buyer that may be known to him.

③ 특정이행 청구권

▶▶ The seller may requite the buyer to pay the price, take delivery or perform his obligations.

④ 손해배상 청구권

▶▶ The seller is not deprived thereby of any right he may have to claim damages for delay in performance.

⑤ 계약해제권 : 계약의 본질적 위반(fundamental breach of contract), 추가기간 내에 대금지급을 하지 않거나, 인도를 수령하지 않는 등의 경우

CHAPTER 2

무역 클레임과 해결방안

제1절 무역 클레임

1. 의의

클레임(claim)이란 매매 당사자 중 어느 일방이 매매계약 내용을 불이행 하거나 혹은 불완전하게 이행함으로써 상대방에게 손해(damage)를 입힌 경우 손해(damage)를 입은 일방(party)이 손해(damage)를 입힌 상대방(other party)에게 제기하는 금전적 손해배상 또는 기타의 청구를 의미한다. 클레임은 매수인(buyer)이 제기하는 경우가 대부분이다.

2. 클레임의 원인

1) 직접적 원인

(1) 계약의 성립(formation of contract)에 원인이 있는 경우

청약(offer)과 승낙(acceptance)의 과정에서 계약의 성립(formation of contract) 여부나 문언해석 등에 관한 해석(interpretation)의 차이로 분쟁(dispute)이 발생할 수 있다. 이는 무역계약이 이행(performance of contract)되기 전 단계에서 발생하는 것이므로 치유하여 계약을 유효하도록 할 수 있으며 대부분 금전적 배상과 같은 심각한 문제가 발생할 소지는 적다.

(2) 계약의 내용(content of the contract)에 원인이 있는 경우

계약서 청약서 내용이 불완전하거나 불충분한 경우에 발생한다. 계약을 명확하게 해서 분쟁(dispute)의 소지를 줄이고 분쟁해결(settlement of dispute) 조항을 삽입하여 두는 것이 좋다.

(3) 계약의 이행(performance of the contract)에 원인이 있는 경우

품질불량, 수량부족, 선적지연, 대금지불지연, 포장불량 등의 사유로 클레임(claim)은 제기될 수 있다. 매도인(seller은 계약과 일치하는 물품을 제공해야할 의무가 있으므로 계약의 잘못된 이행에 의해 클레임(claim)이 제기되는 경우는 금전적 배상 또는 기타 심각한 문제가 발생하기 쉬우므로 매도인(seller)은 특히 유의하여야 한다.

또한 클레임(claim) 발생의 대부분의 원인이 계약의 이행(performance of contract)과 관련되므로, 매매 당사자는 계약의 이행(performance of contract)에 관하여 특히 주의를 요한다.

2) 간접적 원인

직접적인 클레임(claim)의 원인 이외에도 의사소통(communication)와 관습(usage of trade), 법률(law) 등에 의해서도 클레임(claim)은 발생할 수 있다.

3. 클레임의 종류

1) 일반적 Claim

매매 당사자 일방의 과실이나 태만에 의하여 계약(contract)이 완전히 이행(performance)되지 못하였을 때 발생되는 가장 일반적인 클레임(claim)이다.

2) Market Claim

시장상황이 좋지 않을 경우 매수인(buyer)이 매도인(seller)으로부터 구입한 물품에 경미한 하자 혹은 하자가 없는데도 클레임(claim)을 제기하는 경우도 있다.

3) 계획적 Claim

고의적인 의도가 있는 클레임(intentional claim)으로 계획적으로 계약서나 신용장(letter of credit)에 함정을 설정하여 계약이행(performance of contract)을 방해하여 제기하는 클레임(claim)을 말한다.

4. 클레임의 내용

1) 금전의 청구

① 손해배상 청구

② 대금지급거절 및 대금 감액 요청

2) 금전 이외의 청구

① 상품의 인수거절

② 계약의 이행 청구

③ 대체품 청구

④ 잔여분의 계약 해제

제2절 클레임의 해결방안

1. 의의

클레임(claim)은 무역거래(international trade)에 있어서 원만한 거래를 저해하는 장애(barrier) 요소이다.

이는 분쟁(dispute)으로 이어져 어느 한 쪽이 양보하거나 이해가 부족한 경우 당사자 간의 설득을 위한 노력(compromise)에 의해서 해결하는 경우도 있고, 알선(recommendation), 조정(Mediation), 중재(Arbitration) 또는 소송(Litigation)으로 이어지는 경우도 있다.

2. 당사자 간 해결

1) 청구권의 포기(Waiver of Claim)

단순히 주의만을 촉구하고, 향후 보다 발전적 거래를 위해 클레임(claim)을 철회하는 경우에는 청구권을 포기(Waiver of Claim)하는 경우도 있다.

2) 타협과 화해(Compromise, Amicable Settlement)

쌍방의 타협으로 원만하게 클레임(claim)을 해결하는 방법으로 대부분의 클레임(claim)은 타협을 통해서 해결(Compromise)된다.

3. 제3자의 개입에 의한 해결

1) 알선(recommendation)

알선(recommendation)이란 당사자의 일방 또는 쌍방의 요청에 의해 공정한 제3자가 사건에 개입하고 당사자가 그 조언에 합의하는 것을 말한다. 당사자는 알선에 응할 의무가 없고 거부할 수 있기 때문에 조정력이 약한 편이다.

2) 조정(Mediation)

조정(Mediation)이란 양 당사자가 공정한 제3자를 조정인으로 선임하고 조정인이 제시하는 조정안에 양 당사자가 합의함으로써 분쟁(dispute)을 해결하는 방법이다. 조정안이 받아들여지면 중재 판정과 같은 효력이 있으나 조정안을 수락할 의무는 없으므로 일방이 거부하면 조정은 실패로 돌아간다.

3) 중재(Arbitration)

중재(Arbitration)란 당사자 간의 합의로 제3자인 중재인을 선임하여 그 판정에 절대 복종함으로써 해결하는 방법이다. 중재판정은 강제성을 가지며 효력은 당사자에게는 법원의 확정 판결과 동일하다.

4) 소송(Litigation)

소송(Litigation)은 법원의 판결에 의하여 분쟁을 해결하는 방법이다. 한 나라의 재판권은 상대국에 미치지 않으므로 피제기자가 거주하는 국가에서 소송을 제기해야 하는 불편함이 따른다.

찾아보기

국 문

영 문

실전 무역영어

▸ 저자소개

원 문 희

- 숭실대학교 영어영문학과 졸업
- 육군 현역 KATUSA 만기 제대
- 올림픽 방송요원(KBS 스위스 타이밍 룸 근무)
- 한국 섬유직물수출조합 근무(수출 자율규제, 섬유쿼터 운영, 해외시장 조사)
- (주)명보섬유 근무(해외영업, 영업 및 생산관리)
- (주)케이아이씨 텍스 총괄임원(무역사절단, 해외전시회 참가, 해외영업)
- (주)엠비텍스타일 임원
- 한국섬유수출입 협회 자문위원
- (주)갤리언 컨설팅그룹 전무이사
- (주)덕산엔터프라이즈 상무이사
- 서일대학교 겸임교수

_ 강의 경력

- 한국무역협회
- 대한상공회의소
- 국경관리연수원(관세청)
- 금융연수원
- YBM 커리어 캠퍼스
- 한국경영교육원
- 한국섬유수출입협회
- 한국아웃도어스포츠산업협회
- 한국섬유산업연합회
- 한국섬유개발연구원
- 올윈에듀
- 충남대학교
- 경상대학교
- 서일대학교

_ 저 서

- 무역실무 따라잡기(도서출판 정법)
- 실전무역실무(도서출판 두남)

_ 주요 자격

- 직업상담사
- 유통관리사
- 관광통역안내사
- 무역영어 1급

실전 무역영어

초　판 1쇄 인쇄 —— 2024년 8월 27일
초　판 1쇄 발행 —— 2024년 9월　2일

지은이 —— 원 문 희
펴낸이 —— 전 두 표
펴낸곳 —— 도서출판 두남
서울시 강동구 성내로 6길 34-16 두남빌딩
신 고 : 제25100-1988-9호
TEL : 02) 478-2066, 2067
FAX : 02) 478-2068
E-mail : dnbooks@dunam.co.kr
http://www.dunam.co.kr

정가 26,000원

ISBN 978-89-6414-163-2　93320